知行

财经类专业规划教材

省级教学团队系列课程配套教材

现代企业管理概论

李 林 孟 鑫◎主 编

MODERN ENTERPRISE MANAGEMENT

上海财经大学出版社
SHANGHAI UNIVERSITY OF FINANCE & ECONOMICS PRESS
上海学术·经济学出版中心

图书在版编目(CIP)数据

现代企业管理概论 / 李林, 孟鑫主编. -- 上海 : 上海财经大学出版社, 2025. 8. -- (知行·财经类专业规划教材). -- ISBN 978-7-5642-4742-3

Ⅰ. F272

中国国家版本馆 CIP 数据核字第 20257K71S1 号

□ 责任编辑　徐　超
□ 联系信箱　1050102606@qq. com
□ 封面设计　贺加贝

现代企业管理概论

李　林　孟　鑫　主编

上海财经大学出版社出版发行
(上海市中山北一路 369 号　邮编 200083)
网　　址:http://www. sufep. com
电子邮箱:webmaster @ sufep. com
全国新华书店经销
上海景条印刷有限公司印刷装订
2025 年 8 月第 1 版　2025 年 8 月第 1 次印刷

787mm×1092mm　1/16　15. 75 印张　403 千字
印数:0 001—3 000　定价:48. 00 元

前　言

党的二十大报告指出："培养什么人、怎样培养人、为谁培养人是教育的根本问题。育人的根本在于立德。全面贯彻党的教育方针，落实立德树人根本任务，培养德智体美劳全面发展的社会主义建设者和接班人。"

《现代企业管理概论》是省级一流本科专业建设点市场营销专业全面推进本科教学改革的成果之一，编写小组坚持立德树人根本任务，力求对接高素质应用型人才培养目标，推动思政课程与课程思政同向同行协同育人。教材力求满足学生爱读和易懂的需要，理论深度适中，兼顾内容全面、结构合理，以期为学生系统地学习后续专业课程奠定较为扎实的基础。

(1)现代企业管理主要研究现代企业基本特征、运作规律及管理方法。本教材系统介绍现代企业管理的基本原理及基本理论。全书分为3篇9章。

第一篇是现代企业管理导论，包括第一章现代企业概述、第二章管理与管理理论。

第二篇是企业管理与战略思维，包括第三章企业管理概述、第四章企业文化、第五章企业战略管理。

第三篇是企业职能管理，包括第六章市场营销管理、第七章供应链管理、第八章财务管理、第九章人力资源管理。

(2)开篇案例、知识链接、小思考、微阅读、小案例等关注现代企业管理理论新发展及本土优秀企业管理新实践，以突显本书的实际指导意义。

(3)按照统一的形式设置章后习题，以便与学生的知识巩固训练无缝对接。

本书由李林教授、孟鑫副教授任主编，叶小芬副教授、刘凌云副教授、张瑞林副教授、陈琴弦副教授任副主编，胡杨讲师、陈鼎彰讲师参编。李林负责大纲的拟定、总纂和定稿。编写分工如下：陈鼎彰编写第一章，张瑞林编写第二章，孟鑫编写第三章，陈琴弦编写第四章，刘凌云编写第五、九章，李林编写第六章，胡杨编写第七章，叶小芬编写第八章。

本书获得了湖北省普通高校人文社会科学重点研究基地(培育类)湖北农业现代化与农村发展研究中心资助。本书参考和引用了周三多、陈传明、赵曙明、王永贵、罗宾斯、波特、科特勒等专家学者的著作，在此，向各位尊敬的专家学者表示感谢！同时也向支持本书编写工作的各级领导及有关工作人员致以诚挚的谢意。

本书适用于应用型高校工商管理类、经济学类、电子商务类、数字经济类等相关专业的学生使用，可为学生将来从事企业管理工作奠定基础，也可以作为工商管理、市场营销、电子商务等从业人员学习及培训的参考书。

在编写过程中，编写组虽力求完善，但难免存在不足，恳请广大同行和读者批评指正，以便本书再版时修订。可联系的电子邮箱是：marketinglee@126.com。

李　林

2025年5月30日于武汉

目　录

第一篇　现代企业管理导论

第二篇　企业管理与战略思维

第三篇 企业职能管理

第一篇

现代企业管理导论

第一章　现代企业概述

主要知识结构图

- 现代企业概述
  - 现代企业内涵
    - 现代企业的含义及特征
    - 现代企业的基本类型
    - 现代企业的组织结构
    - 现代企业的目标与责任
  - 现代企业制度
    - 现代企业制度的含义及特征
    - 企业制度的基本形式
    - 现代企业制度的建立
    - 现代企业的公司治理结构

教学目标

● 帮助学生了解现代企业的含义及特征、基本类型及现代企业制度的含义及特征。

● 帮助学生理解现代企业的组织结构、现代企业的目标与责任及现代企业制度的基本形式。

● 帮助学生掌握现代企业的公司治理结构。具备分析公司治理结构、根据实际需要设计治理机制以及有效协调各方权责关系的专业技能。

● 引导学生紧密结合国内外现代企业，特别是本土企业建设的优秀理论及实践成果，帮助学生建立社会责任感。

开篇案例

鄂城钢铁：长江之畔的国企智变样本

在湖北鄂州，鄂城钢铁的智慧管控中心大屏上，5G 无人料场正自动抓取铁矿石，数字孪生系统实时模拟着高炉内的化学反应。这家始建于 1958 年的老牌国企，通过“数智化＋绿色化”双引擎驱动，三年间从传统钢企蜕变为长江经济带工业互联网标杆，成为湖北国企改革“尖子生”。

制度突破：协同重构治理体系

2018 年纳入中国宝武集团一级子公司序列后，鄂钢依托集团“四个一律”战略启动三年智慧制造计划，宝武集团协同 300 余名技术专家，经过 302 天奋战完成国内首个钢铁智能化经营管控系统建设，该系统涉及公司经营理念、企业文化、管理逻辑、供产销全流程等方方面面，使得治理体系向着智能化与协同化的方向转型升级。

技术革新：5G 重塑智造基因

鄂钢投资建设华中首个“5G＋工业互联网”钢铁基地，部署大量智能传感器构建全要素数字镜像。转炉冶炼周期效率提升 18.4%，混匀矿成分合格率提升 6.6%；铁水运输效率提升 30.3%，吨钢铁耗降低 150 公斤。自主研发的“数字孪生炼钢系统”实现高炉远程一键开堵铁口等智能化操作，使得生产在提升效率的同时更加安全。

绿色担当：长江生态守护者

鄂城钢铁以“高于标准、优于城区、融入城市”为目标，构建起覆盖“取、制、供、用、排、回用”全流程的智慧水循环体系。通过实施雨污分流改造，累计完成 7 100 米排水管网、1 500 米新水管道改造，切除漏失点 27 处，实现厂区污水分流收集。投资建设的 47.6 万平方米生态湿地公园，通过水处理模块与景观模块协同作用，既保护了生态，又美化了城市。

智变效应：从效率革命到模式创新

在管理智能化的改革下，鄂钢打造的“基于工业互联网的数智鄂钢建设”入选工信部 2020 年工业互联网试点示范项目，《宝武集团鄂城钢铁有限公司 5G 智慧钢厂》获评 2020 年湖北省“5G＋工业互联网”十大标杆案例。更加以人为本的生产模式在数智技术的使用下被确立，使钢铁生产告别“黑大傻粗”作业环境，身着白衬衣远程操控成为智能工厂新常态。

鄂城钢铁以“数字基因”重铸楚钢精魂，完成从经验驱动到数据驱动的范式跨越。这座矗立江畔的“钢铁智脑”，正以 5G＋工业互联网的创新实践，解码传统制造转型密码，让千年炉火淬炼出高质量发展新动能。

资料来源：

蔡亚文. 鄂城钢铁实现工业废水零排放[EB/OL]. (2020-01-02). https://www.ezhou.gov.cn/sy/ezyw/202001/t20200102_319492.html.

张兮. 鄂钢奋力开创“智慧炼钢”新时代[EB/OL]. (2021-03-29). https://www.ezhou.gov.cn/gk/zdlyxxgk/lwlb/bcylgyl/202103/t20210330_388951.html.

鄂城钢铁：5G 赋能，数智建设，我们在路上[EB/OL]. (2022-04-02). http://www.csteelnews.com/xwzx/djbd/202204/t20220402_61586.html.

第一节　现代企业内涵

一、现代企业的含义及特征

（一）现代企业的含义

自1771年英国曼彻斯特建立的机器纺纱厂成为世界上第一家工厂企业以来，企业的形式和功能发生了巨大的变化，但始终与生产息息相关。在现代经济社会，企业、消费者和政府共同成为市场经济不可或缺的一部分，党的二十大报告中强调“坚持社会主义市场经济改革方向，构建高水平社会主义市场经济体制，充分发挥市场在资源配置中的决定性作用，更好发挥政府作用”，明确指出要推动有效市场和有为政府更好结合，企业在科技创新、经济增长、产业升级等方面的地位不可替代。

在现代，企业被定义为集合土地、资本、劳动力、技术、信息等要素，从事生产、流通等经济活动，为满足社会需要生产产品或劳务并获取盈利，进行自主经营，实行独立核算的基本经济单位。

对企业的理解应把握以下几点：

(1)企业以营利性为根本目标。区别于非营利性社会组织，作为经济实体，其核心任务是通过生产、流通或服务等经营活动获取利润。

(2)企业具备独立性与自主经营权。企业在合法范围内自主决策生产经营活动，独立核算成本收益，自负盈亏并承担经济责任。

(3)企业通过整合人力、资本、技术等资源形成规模化运作体系，在资源有限性和市场竞争压力下，不断从外部整合资源，输出产品或服务，并依赖创新、成本控制与动态适应能力维持生存与发展。

(4)企业是国民经济的基本细胞。作为市场经济背景下构成国家经济体系的基础单元，其生产效率和创新能力直接决定社会经济资源的配置效率。

【微阅读】　企业的定义

与“企业”相对应的词，英语中称为“enterprise”，它由“enter”和“prise”两部分组成，前者具有“获得，开始享有”的含义，可以引申为“盈利、收益”；后者具有“撬起、撑起”的意思，可以引申为“杠杆、工具”。两个部分结合在一起，表示“获取盈利的工具”。

日本在引进该词时，意译为“企业”，从字面上看“企”表示企图，“业”表示事业，企业顾名思义是企图从事某种事业，专用于商业领域，则表示企图冒险从事某项获取利润的事业。企业作为一种社会组织，是指“应用资本赚取利润的经济组织实体”。

美国《现代经济词典》把企业定义为设在一定地点、拥有一个或一个以上的雇员的工厂、商店或办事机构。

《中国企业管理百科全书》将企业定义为从事生产、流通等经济活动，为满足社会需要并获取盈利，进行自主经营，实行独立核算，具有法人资格的基本经济单位。

资料来源：企业的产生与发展[EB/OL].（2011-10-19）. https://wenku.baidu.com/view/6683fd0f844769eae009ed51.

（二）现代企业的特征

现代企业作为社会生产力高度发展的产物，是在技术革新与制度变革的双重推动下形成的先进组织形式。相较于传统企业形态，现代企业表现出以下特征：

1. 注重现代技术

现代技术是现代企业的生产力来源。对于现代企业，在技术、资本、土地、劳动力四大生产要素的选择上，技术往往排在首位，其他生产要素都要受到技术这个要素的影响。与传统生产相比，现代企业普遍将机械性、重复性劳动移交设备执行，通过信息技术实现流程控制与决策优化，进行精细的劳动分工和协作，组成复杂的、连续的生产过程。科技的出现和广泛应用，使得一些企业的技术基础发生了革命性的变化，现代企业对现代科学技术的依赖性愈加突出。

2. 所有权与经营权可分离

所有权与经营权的分离促进了现代企业的扩张。传统企业所有者往往直接参与日常经营决策，形成“两权合一”的治理模式。而对于现代企业而言，一方面，资本募集的社会化需求推动股份制成为主流组织形式；另一方面，经营复杂化催生职业经理人群体，促使资产所有者向战略监督者角色转型。既释放了专业管理效能，又使企业可以通过社会募集资本。

3. 管理科学化

管理科学化是现代企业高效运转的保障机制。随着技术的不断进步，劳动分工呈现出工序拆解精细化、岗位设置专门化的特征，因而要求在精细分工的基础上形成愈加严密的管理。企业管理科学化是适应现代生产力发展的客观要求，运用科学的思想、组织、方法或手段，对企业的生产经营进行有效管理，是创造最佳经济效益的过程。

4. 重视环境适应能力

环境适应能力是现代企业应对复杂市场生态的核心素养。在全球化竞争与不确定性加剧的背景下，市场环境上存在经济周期波动、技术迭代加速、消费需求升级等多重变量的干扰，现代企业必须关注内外部环境的变化，在战略方向、组织结构、生产方式等方面做到及时更新，确保企业可以在不断变化的环境中持续捕获新兴机遇。同时，承担社会责任，重视环境、社会与公司治理的结合也成为现代企业适应环境变化的重要方向。

5. 规模扩张趋势明显

现代企业呈现出显著的规模扩张趋势。与传统企业注重单一行业发展不同，现代企业倾向于通过纵向整合、横向并购、混合经营等战略不断延伸业务边界。这种规模化发展不仅产生经济效益，更培育出跨区域资源配置能力，形成连接全球的运营网络，使企业成为推动生产力革新的重要枢纽。

【微阅读】 宁德时代：三位一体锻造动力电池帝国

宁德时代新能源科技股份有限公司成立于2011年，是全球领先的新能源创新科技公司，致力于为全球新能源应用提供一流解决方案和服务。2024年3月，宁德时代发布2023年年度报告，2023年宁德时代营业总收入约为4 009亿元，同比增长22.01%；归属于上市公司股东的净利润约为441亿元，同比增长43.58%。在福建宁德总部，智能工厂的AI质检系统正以0.1秒/个的速度扫描锂电池极片，这个速度是人工检测的300倍。这个场景折射出当代制造业的三大变革基因：

制度突破：通过“限制性股票＋研发对赌”机制，将2 000名研发人员转化为“技术合伙人”，在保持曾毓群控股的同时实现研发团队决策赋权；

技术革命：独创“巧克力换电模块”技术，通过CTP3.0无模组设计将电池包体积利用率提升至72%，带动每kWh成本下降15%；

管理进化：构建"灯塔工厂+数字孪生"管理体系，苏州工厂通过虚拟仿真将设备调试时间从30天压缩至72小时。

这种创新体系使宁德时代动力电池装机量连续6年全球第一，2023年市占率达37.4%。从攻克-20℃低温析锂难题到布局锂矿闭环供应链，宁德时代印证了现代企业的成长逻辑：用股权激励突破治理边界，凭材料创新重构产业标准，借数字孪生再造制造流程。其"锂矿—材料—电池—回收"的垂直生态，正推动新能源汽车产业从产品竞争转向系统竞争。

资料来源：根据宁德时代企业官网、经济参考网等网络资料整理。

二、现代企业的基本类型

(一)按生产资料所有制形式分类

1. 国有企业

国有企业又称全民所有制企业，其全部生产资料和劳动成果归全体劳动者所有或由国家代表全体劳动者行使所有权。在计划经济时期，国有企业由国家直接经营；在市场经济体制下，国有企业通过改革逐步实现市场化运作，但仍承担国民经济命脉和关键领域的职能。国有企业是我国国民经济的主体力量，是社会主义现代化建设的骨干力量，作为中国经济的重要组成部分，国企在国家经济建设和社会发展中具有不可替代的重要作用。根据国务院国有资产监督管理委员会数据，2023年中国共有国企46万家。截至2023年底，全国国有企业资产总额371.9万亿元。

2. 集体企业

集体企业又称劳动群众集体所有制企业，是部分劳动群众集体拥有生产资料的所有权，共同劳动并实行按劳分配的经济组织。其生产资料和劳动成果归特定范围内的劳动者共同所有、使用和支配。这类企业通常由社区、乡镇或行业组织创办，经营灵活性强，注重满足集体成员的经济和社会需求，是我国公有制经济的重要组成部分。乡镇企业是集体所有制企业的典型代表。

3. 民营企业

从广义上看，非国有独资企业和国有绝对控股企业均为民营企业。从狭义的角度来看，民营企业仅指私营企业和以私营企业为主体的企业。民营企业是中国经济发展活力和竞争力的重要组成部分，在促进就业、技术创新和经济增长中发挥重要作用。根据中国国家市场监管总局数据，截至2025年1月底，中国民营企业数量达5 670.7万户。

4. 外资企业

外资企业通常由外国投资者单独或与中国投资者共同投资设立。外资企业依据中国法律设立，受中国法律管辖，享有合法权益，同时需遵守中国相关政策法规。外资企业在引进先进技术、管理经验和促进国际贸易方面发挥重要作用。

5. 混合所有制企业

混合所有制企业是指具有两种或两种以上所有制经济成分的企业，如中外合资经营企业、中外合作经营企业、国内具有多种经济成分的股份制企业等。

民营经济促进法

【知识链接】　中华人民共和国民营经济促进法

2025年5月20日，我国首部专门针对民营经济的基础性法律《中华人民共和国民营经济促进法》正式施行。这部法律首次以立法形式确立了民营经济的法律主体地位，围绕投资融资促进、科技创新、服务保障等建立完善相关制度机制。

（二）按企业生产力各要素所占的比重分类

1. 劳动密集型企业

劳动密集型企业是指主要依赖大量劳动力进行生产，技术装备水平较低，人工工资支出占产品成本比重较大的企业。这类企业的核心优势在于灵活性强、初始投资较小，但生产效率和技术附加值相对较低。其代表性行业有：纺织业、食品加工业、传统农业等。

劳动密集型企业在我国经济发展初期占据重要地位，尤其在吸纳就业、推动城镇化进程中发挥关键作用。随着技术进步和产业升级，部分劳动密集型企业正逐步向自动化、智能化转型。

2. 知识密集型企业

知识密集型企业以高度集成现代科学技术为核心竞争力，具有“三高”（高智力、高投入、高效益）和“两低”（人力需求低、物资消耗低）的特点。其发展依赖于持续研发投入、专业人才储备和技术创新。其代表性产业有：电子计算机、航空航天、精密仪器制造、人工智能、大数据与云计算服务等。

知识密集型企业是推动国家科技实力和产业升级的核心力量，代表未来经济发展的战略方向，是各国抢占全球科技制高点的关键载体。

3. 资本密集型企业

资本密集型企业以高额资本投入为特征，单位产品成本中资本占比远高于劳动成本，技术装备复杂且自动化程度高，劳动者人均占用资本金额大。这类企业规模效应显著，但进入壁垒高、投资回收周期长。其代表性产业有：钢铁冶炼、石油化工、有色金属加工、能源等。

资本密集型企业是国民经济的基础性行业，为其他产业提供原材料和关键设备支持。这类企业通常需要政府政策扶持或大型财团投资，且对市场周期波动较为敏感。

【微阅读】 申洲国际是个大“地瓜”：一家“代工厂”是怎么做到全球最大的？

无论在纺织服装行业，或是整个制造业领域，申洲国际集团控股有限公司都是“另类”的存在：尽管不做自主品牌，可年营收规模却近300亿元，且多年来的净利润率保持在20%左右，出口额、利润、税收连续多年位居国内服装行业首位；尽管被视作“夕阳产业”，却凭借近30倍的市盈率，成为国内唯一一家跻身港股“大蓝筹”的纺织企业；累计境外投资达14.5亿美元，整合与吸收全球优质资源为己所用……4月1日，浙江省委书记易炼红赴宁波调研高质量参与“一带一路”建设和推进开放提升工作，就专程来到申洲国际考察。

一家“代工厂”如何能攀登价值链上游，申洲国际这个大“地瓜”是怎样将藤蔓延伸到全球的？近日，记者走进申洲国际集团控股有限公司寻找答案。

以技术创新攀登高峰浙江纺织服装企业数以万计，可许多企业的净利润率不足10%，加之劳动密集型的生产模式，由此背负了“低端产业”“夕阳产业”的帽子。可在董事长马建荣看来，产业究竟是“低端”还是“高端”，发展路径才是最终的决定性因素。走进申洲国际宁波基地，我们深切地感受到智能装备让传统纺织服装行业焕发出工业文明之美。

染整车间内，数十台机器臂上下翻飞，通过静电吸附、传输着不同类型的面料；

剪裁车间内，大型裁床左右平移，根据电脑制图样式自动完成一体化剪裁；

缝制车间内，数十台无人物料运输车，在磁性导轨引导下，穿梭在指定线路上，自动将各种面辅料准确送至不同工位。

马建荣说，“我们将‘数字化’融入各个生产环节，工人们通过物联网简单操控，就能完成自动化生产。”

在改造设备和改良工艺上，马建荣这个“技术控”“花钱不眨眼”。

2000 年前，他将公司 90%的利润都投入技改。2005 年上市后，他仍坚持将半数左右的利润用于引进设备和技术研发。2019 年至今，他更是投入数十亿元资金，尝试进行纺织服装生产领域的数字化和自动化改造。

“服装面料种类多，产品款式多，把它们集成到同一智能操控平台上，并不容易。目前，我们已实现了区块化智能制造，仍在进行探索。”马建荣骄傲地告诉记者。

不仅在制造环节，申洲国际还借助新面料研发，提高服装产品竞争力，赢得更多“话语权”。

在公司展厅，我们看到了一款“咖啡碳”面料的保暖内衣。申洲面料科创中心相关负责人解释说，“它是一种从咖啡中提取的功能性粉体，通过特殊工艺深加工，具有升温保暖、抑菌除臭、吸湿透气等功效。”截至目前，申洲国际已设立大千面料工程技术中心、申洲面料工程技术中心、申洲科创中心等 10 余个创新研发中心，引入海外工程师及国内优秀人才。仅在新材料面料方面获得的专利授权达 200 余项。在节能降耗上，申洲国际投入也绝不含糊，投资 3 000 万元建设国内最大的万吨中水回用系统、冷却水回用系统，同时大规模改造用电设备，使每万元 GDP 能耗降到 0.39 吨标准煤以下。

资料来源：申洲国际是个大“地瓜”：一家“代工厂”是怎么做到全球最大的？[EB/OL].(2023-04-06). http://jxj.ningbo.gov.cn/art/2023/4/6/art_1229561617_58936475.html.

(三)按经济部门的类型划分

按照经济部门，常见的企业类型如下：

1. 农业企业

农业企业是指从事农、林、牧、副、渔等生产经营活动的企业。农业企业主要以动植物和微生物为劳动对象，以土地为基本生产资料，应用现代化技术装备和生产工具，培育植物和饲养动物，生产满足人们需要的产品。

2. 工业企业

工业企业是指以机械或机器体系作为劳动手段，采掘自然资源和对工业品、农业品原料进行加工、经营等活动的企业。工业企业主要包括冶金企业、电力企业、燃料企业、化工企业、机械制造企业、食品加工企业、纺织企业、造纸企业及文化用品生产企业等。

3. 商业企业

商业企业是指专门从事商品和劳务流通的商业贸易企业与服务企业。商业企业通过商品的购销活动，把商品从生产领域转到消费领域。

4. 金融企业

金融企业是指专门经营货币和信用业务的企业，其业务范围包括吸收存款、发放贷款、发行有价证券，从事保险、投资、信托业务，发行信用流通工具，办理货币支付、转账结算、国内外汇兑业务，经营黄金、白银、外汇交易等，以及提供其他金融服务等。

5. 物流企业

物流企业是指从事物流活动的经济组织，至少从事运输(含运输代理、货物快递)或仓储中的一种经营业务，并能够按照客户的物流需求对运输、储存、装卸、包装、流通加工、配送等基本活动进行组织和管理，具有与自身业务相适应的信息管理系统。

6. 房地产企业

房地产企业是指从事房地产综合开发、经营或中介服务等活动的企业。具体可划分为房地产开发企业、房地产经营租赁企业、物业管理企业及中介服务机构。

此外，还可对行业进一步细分，如工业企业按照生产加工产品的不同又可以划分为以原材料、能源生产为主的基础工业企业和以生产制成品为主的加工制造业企业。按行业划分企业的类型，有利于企业明确经营范围，并实施具有行业特色的管理。

【知识链接】 《国民经济行业分类》国家标准

《国民经济行业分类》国家标准于1984年首次发布，分别于1994年和2002年进行修订，2011年第三次修订，2017年第四次修订。该标准(GB/T4754—2017)由国家统计局起草，国家质量监督检验检疫总局、国家标准化管理委员会批准发布，于2017年10月1日实施。

国民经济行业分类

(四)按企业规模分类

根据工业和信息化部、国家统计局、国家发展改革委、财政部《关于印发〈中小企业划型标准规定〉的通知》(工信部联企业〔2011〕300号)，依据从业人员、营业收入、资产总额等指标或替代指标的不同，企业可以划分为大型、中型、小型、微型等四种类型。

规模不同的企业，其内部组织结构、运行方式以及在市场竞争中所占的优劣势地位各不相同，对经营者素质的要求也不同。另外，以企业生产规模为标准进行划分也为企业确立了合理的经济规模划分标准，为获得规模经济效益创造了条件。

【知识链接】 关于印发《中小企业划型标准规定》的通知

为贯彻落实《中华人民共和国中小企业促进法》和《国务院关于进一步促进中小企业发展的若干意见》(国发〔2009〕36号)，工业和信息化部、国家统计局、发展改革委、财政部研究制定了《中小企业划型标准规定》(工信部联企业〔2011〕300号)。

中小企业划型标准规定

三、现代企业的组织结构

(一)现代企业组织结构的定义

现代企业的组织结构是指为实现目标而设计的管理框架与权责关系体系，旨在通过科学分工与协作提升运营效能。现代企业需针对规模扩张需求，从三个维度分解管理任务：

(1)职务设计。基于目标分解明确职务类别、数量及对应权责，建立岗位素质模型与绩效考核标准。

(2)部门架构。按工作性质与关联性整合职务单元，形成专业化管理部门。

(3)系统构建。结合人力资源配置调整部门结构，平衡工作负荷并界定管理权限，最终形成权责明晰的协作网络。

组织结构设计需遵循动态适配原则，综合考虑行业特性、生产规模、技术复杂度及管理能力等变量。科学的结构设计能显著提升管理效率，反之则易引发运营混乱。

(二)现代企业的常见组织结构类型

1. 直线制

直线制组织结构是简单的集权式组织结构，它将组织中最低层到最高层直接实现组织目标的人和机构按纵向层次进行权力划分。这种组织其上下级关系简单，组织层级严格，组织权责明确，是简单高效的一种组织结构形式。其主要特征是没有独立的职能部门，直接传达和贯彻上级命令。其组织结构如图 1.1 所示。

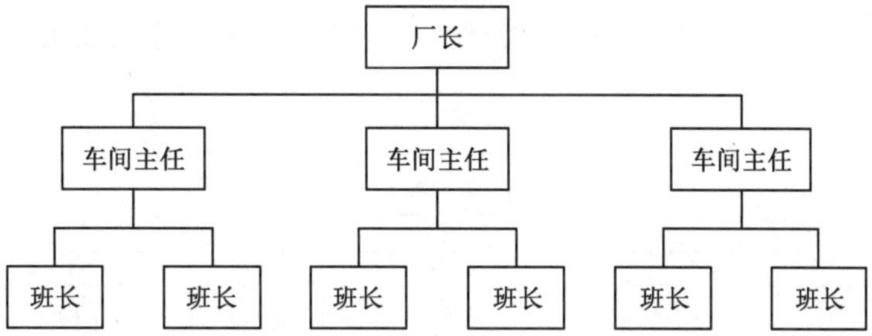

图 1.1　直线制组织结构示意图

直线制的优点在于：权责清晰，管理者指令可直达基层；管理成本低，结构简单，管理人员少；执行力强，避免多头领导，行动统一。

缺点在于：对管理者要求高，管理者须具备全面的管理技能，否则决策失误概率高；灵活性差，缺乏专业分工，难以应对复杂任务；横向协调不足，各个部门间的协作能力相对较弱。

因此，直线制组织结构适用范围相对有限，适用于劳动密集型、传统生产型企业组织；或是刚起步，业务结构简单，目标单一的企业组织。

2. 职能制

职能制组织结构在直线制形式的基础上，按照具体职能如生产、销售、财务配置对应人员和部门，并根据对应的职能参与组织管理，体现了集权和分权的相互结合，而对于下级而言，可能接受多部门指令。其组织结构如图 1.2 所示。

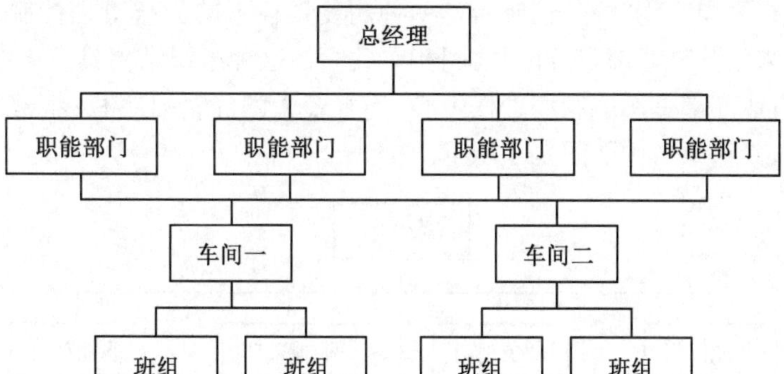

图 1.2　职能制组织结构示意图

职能制的优点在于：实现专业化分工，通过专业分工提升职能领域效率；降低管理成本，根据职能将同类资源集中配置减少冗余；领导决策压力低，弥补领导在专业管理知识上的欠缺，提高领导决策的正确性。

缺点在于：存在多头领导，员工需应对多部门指令，导致权责混乱；易出现协作壁垒，部门各自为政，跨职能项目推进困难；决策迟缓，需多部门协调，降低响应速度。

因此，职能制组织适用于劳动密集、重复劳动的大中型企业。

3. 直线职能制

直线职能制结构是一种以直线型组织为基础，兼具职能型组织结构特点的混合型组织。其结构基础为直线制结构，在直线制的各层级下增加职能部门。这些部门以参谋的形式作为管理者的战略顾问，而不直接参与管理，实现统一指挥和职能部门参谋与指导的有效结合，其组织结构如图 1.3 所示。

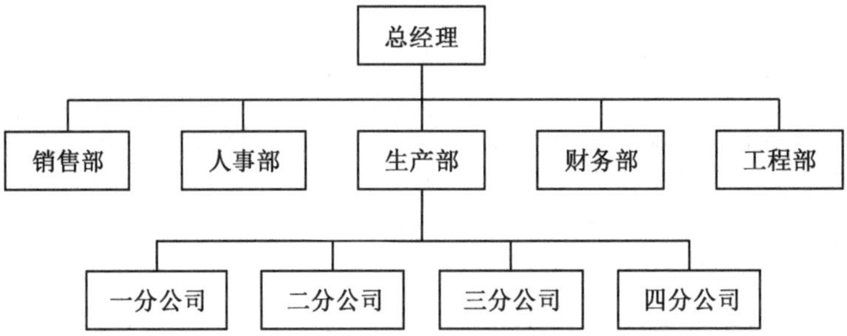

图 1.3 直线职能制组织结构示意图

直线职能制的优点在于：有效平衡效率与专业，在保持集中指挥能力的同时，最大限度地发挥参谋人员的作用；明确直线与职能部门权责，业务与辅助职能分离，减少冲突。

其缺点在于：权力集中于直线领导，职能部门没有必要的自主权，仅有参谋建议权；企业各环节信息流动的路径较长，信息的完整性难以保证，易产生脱节和矛盾；职能部门作为参谋可能存在权责分离，难以确定责任归属。

直线职能制适用于需兼顾效率与专业化的组织，例如传统制造业。

4. 事业部制

事业部制组织结构又称"分公司制"，是一种高度集权下的分权管理体制，通常按产品、地区或目标客户等来划分事业部，各部门之间相对独立。这种组织结构具有集中决策、分散经营的特点，每一个事业部都是一个利润责任中心，拥有较大的经营自主权，各部门之间可以合作也可以相互竞争，其组织结构如图 1.4 所示。

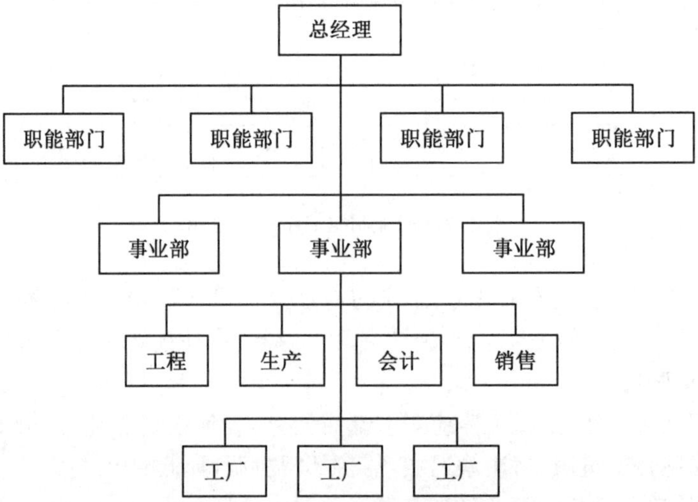

图 1.4 事业部制组织结构示意图

事业部制的优点在于：应变能力强，各个事业部贴近具体市场，可以快速响应需求；总部管理压力低，总部摆脱日常事务，专注长期规划；有利于人才全面发展，事业部经理需统筹全局，培养综合能力。

事业部制的缺点在于：资源冗余，各事业部重复配置职能团队，成本高；内部竞争强，存在个别事业部追求局部利益，损害整体协同的风险；研发分散，难以调动充足资源投入科研。

事业部制适用于产品种类繁多、规模巨大、市场分布广泛、多元化经营的大型企业集团或跨国公司。

5. 矩阵制

矩阵制组织结构是一种融合职能型与项目型结构的混合管理模式，形成以项目或产品为主体的横向指挥链与职能部门为主体的纵向双重指挥链，根据业务的需要，选取所需的员工形成临时性团队，业务完成后解散，员工需同时向职能经理和项目经理汇报。这种结构打破传统单一层级，强调资源共享与跨部门协作，兼具专业分工与灵活响应的特点，其组织结构如图1.5所示。

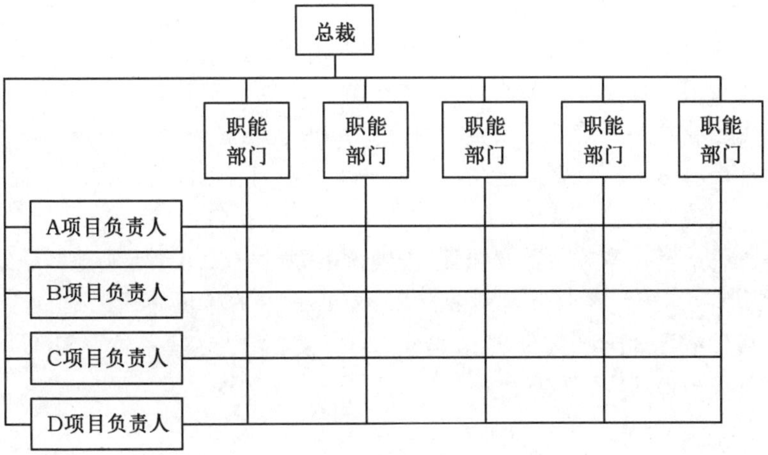

图1.5　矩阵制组织结构示意图

矩阵制的优点在于：资源共享高效，项目组从职能部门临时抽调人员，减少重复岗位配置，优化资源利用率；促进跨部门协作，不同领域专家组成临时团队，促进信息互通与知识整合；灵活适应市场变化，项目组可随任务快速组建或解散，应对复杂多变的市场环境。

矩阵制的缺点在于：权责界定模糊，双重领导易引发冲突，员工可能陷入多头管理的困境；管理成本较高，横向与纵向协调需频繁沟通，决策效率较低；存在资源争夺风险，项目组与职能部门可能因人力、预算等资源产生内部竞争。

矩阵制适用于技术复杂度高、产品迭代快、需多领域协作的组织，例如高科技企业、工程公司、咨询机构，或需要同时推进多个创新项目的中大型企业。

6. 虚拟组织结构

虚拟组织结构是以信息技术为支撑的动态联盟体系，通过契约整合外部资源，打破物理边界限制，形成以核心企业为中心的弹性协作网络。其架构创新体现在模块化业务切割与数字化流程协同，核心团队专注战略规划及品牌运营，将生产制造等环节外包给专业机构，借助云端协作平台完成跨机构资源调度与运营数据同步。

该模式的优点在于：资源配置弹性化，通过开放型架构吸纳全球顶尖供应商，构建可伸缩的资源配置体系；成本结构轻量化，采用固定资产租赁模式替代重资产投入，结合外包策略分散运营风险；市场响应敏捷化，模块化单元支持快速重组，有效应对技术升级与需求波动双重挑战。

其缺点在于：技术依存度高，云端管理系统或区块链节点的故障可能导致全链条瘫痪；合作稳定性弱，伙伴企业的技术泄密风险可能引发核心竞争力流失；管理复杂度大，多主体协作需要完善的法律协议体系与动态信用评估机制支撑。

虚拟组织形态在人工智能研发、影视制作等创新密集型领域应用广泛，特别适合处于快速成长期的中小企业。在数字化转型深入发展的商业生态中，其价值创造能力得到充分验证。

【微阅读】 希音的数字化虚拟供应链网络

SHEIN（中文名希音）是一家全球领先的时尚和生活方式在线零售商，通过追求技术革新与效率提升，满足全球消费者在多样性、性价比和好服务上的时尚需求，致力于让"人人尽享时尚之美"。2023年，希音正式宣布推出平台模式，将有更多全球第三方卖家入驻希音平台，与自营品牌一起，更好满足消费者日益增长的在线消费需求。

希音构建了典型的虚拟型组织结构，通过数字化平台整合全球6 000余家服装工厂与设计师资源。其核心团队仅保留产品设计、数据分析和品牌运营等核心职能，将生产、物流等环节外包给珠三角产业集群的柔性供应链。每天，希音的智能系统实时抓取TikTok、Instagram等社交平台的时尚数据，经AI算法生成3 000＋新款设计方案，通过云端协同平台分发给合作工厂。位于广州的中央控制系统动态监控各工厂产能、面料库存和交货进度，运用区块链技术实现订单全流程追溯。当某款碎花裙因"关键意见领袖"（KOL）带货突然爆红时，系统能在48小时内完成从设计迭代、原料调配到首批2 000件成衣的跨境物流配送。这种结构使希音的库存周转周期压缩至30天（仅为Zara的1/3），年度"最小存货单位"（SKU）超30万件，成为中国快时尚品牌出海的"独角兽"。

资料来源：根据希音官网及网络资料整理。

四、现代企业的目标与责任

（一）现代企业的目标

现代企业的目标是企业在一定时期内要实现的发展方向和要求，既是组织使命的具体化，也是衡量管理有效性的核心标准。一般来说，现代企业目标有以下几种：

1. 利润目标

利润目标是现代企业最为关注的核心目标之一。利润代表着企业的经营成果和财务健康状况。企业需要通过合理的定价策略、成本控制和市场拓展等手段来实现利润的增长。同时现代企业需要科学规划利润分配结构，平衡资本积累与股东回报，实现企业价值创造能力的持续提升。

2. 生存与发展目标

生存是企业发展的基础，发展是企业生存的保障。生存目标包括维持企业的正常运营、保证现金流的稳定等。企业需要通过合理的资金管理和风险控制，确保在市场波动和经济周期中能够稳健经营。发展则是现代企业在生存基础上的更高追求，包括扩大市场份额、提高产品竞争力、拓展业务领域等，保证企业可以在动态竞争环境中实现可持续竞争优势。

3. 客户满意度目标

客户满意度直接关系到企业的市场份额和盈利能力。企业需要以客户为中心，提供优质的产品和服务，满足客户的需求和期望。客户满意度目标包括提高产品质量、优化服务水平、增强客户体验等方面。例如，企业可以通过建立完善的质量管理体系，确保产品质量的稳定性和可靠性；通过加强员工培训，提高员工的服务意识和专业技能，为客户提供优质的服务；通过创新营销手段和客户关系管理，增强客户的体验感和忠诚度。

4. 员工满意度目标

员工是企业发展的核心动力，员工满意度直接影响到企业的生产效率和创新能力。企业需要关注员工的需求和期望，提供良好的工作环境和发展机会，提高员工的满意度和忠诚度。员工满意度目标包括提供有竞争力的薪酬福利、创造良好的工作环境、提供职业发展机会等方面，从而激发员工的工作积极性和创造力，推动企业的持续发展。

5. 创新目标

创新是企业应对外部环境的出路。党的二十大强调了创新驱动发展的重要性，企业应将创新驱动作为核心目标之一。企业需要通过技术创新、管理创新和商业模式创新，不断提升自身的竞争力。例如，企业可以通过加大研发投入，开发新技术、新产品，提高产品的附加值和市场竞争力。

（二）现代企业的责任

现代企业在其商业运作中，除了追求经济利益外，还需要关注其对社会、环境和利益相关者的影响，并承担起相应的责任。履行社会责任有助于提升企业形象与品牌价值，赢得消费者的信任和支持，增加市场份额。同时，现代企业通过履行社会责任，能够增强与社会的互动和联系，促进企业与社会的和谐关系，为企业的长远发展奠定基础。此外，现代企业社会责任强调对环境、社会和经济的综合考虑，有助于企业实现可持续发展。

1. 对员工的责任

企业应保障员工的合法权益，提供公平的就业机会，杜绝歧视。同时，企业要为员工创造良好的工作环境，关注员工的身心健康，定期组织健康体检，提供心理健康咨询服务。此外，企业还应关注员工的职业发展，提供培训和晋升机会，帮助员工提升综合素质，实现个人职业发展目标。

2. 对消费者的责任

企业必须向消费者提供安全、合格的产品和服务，这是企业最基本的义务。在产品设计、生产、销售等各个环节，企业都要严格把控质量关，确保产品符合国家相关标准和行业规范。同时，企业还应关注消费者的使用体验，提供完善的售后服务，尊重消费者的知情权，提供真实、准确的产品信息。

3. 对生态环境的责任

企业作为经济活动的主体，是资源的主要消耗者和污染物的主要排放者，因此在生态环境保护方面承担着重要责任。企业应遵循国家的环保法律法规，积极采取措施减少污染物排放，注重资源的节约和循环利用，提高资源利用效率。此外，企业还可以积极参与生态保护项目，为改善生态环境贡献力量。

4. 对国家的责任

企业对国家的责任体现在多个方面。首先，企业要遵守国家的法律法规和政策方针，依法经营。在财务、税收、劳动用工等方面，要严格按照国家规定执行，接受相关部门的监督和管理。其次，企业要为国家的经济发展做出贡献，通过自身的生产经营活动，创造就业机会，促进经济增长。此外，企业要积极参与国家战略，推动产业转型升级，促进区域协调发展，为构建新发展格局贡献力量。

5. 对社会公益的责任

社会公益是企业回馈社会的重要方式，也是企业履行社会责任的重要体现。企业可以通过捐赠资金或物资，支持教育、医疗、扶贫等公益事业。此外，企业还可以组织员工参与志愿者活动，如社区服务、环保行动等，在回馈社会的过程中提升企业的社会形象和品牌价值。

【微阅读】 中核集团发布2023年社会责任报告

2024年5月12日，中核集团成功举办2023年度社会责任“1＋N”报告发布仪式，向全社会展示中核集团过去一年积极履行社会责任的实践和成效。

发布会举行了“1＋N”报告发布仪式，共同发布中核集团2023年度企业社会责任报告及旗下中国核电、中国核建、中核资本、同方股份和中国同辐的2023年度ESG报告，以快闪视频的形式向公众展示了履责成绩，共同展现中核集团贯彻落实国家战略，积极发展新质生产力，为建设安全、绿色、和谐美好社会作出的贡献。此次发布的社会责任报告包括聚焦主业、科技创新、安全环保、携手员工、共同富裕等社会责任议题，诠释了中核集团的社会责任内涵和价值，展现了2023年社会责任履责实践和成效。

资料来源：中核集团发布2023年度企业社会责任报告[EB/OL]. (2024-05-13). https://www.cnnc.com.cn/cnnc/xwzx65/zhyw0/1428178/index.html.

第二节 现代企业制度

一、现代企业制度的含义及特征

(一)现代企业制度的含义

企业制度是特定历史条件下企业经济关系的体现，以产权制度为基础，是企业组织和管理制度的外在形式，涵盖企业组织、运营、管理等行为规范和模式，包括法律政策、组织结构、岗位说明、工作流程、管理表单等。

经过市场经济的发展，现代企业制度被定义为在现代市场经济体制下，适应社会化大生产需要，具有产权清晰、权责明确、政企分开、管理科学特点的新型企业制度，是规范现代企业行为的准则或法规。其实质是以产权制度为核心，以公司制为主要形态，以科学管理为手段的市场竞争主体。

(二)现代企业制度的特征

现代企业制度的核心内涵在于通过赋予并保障企业应有的权利促使企业真正成为市场主体以维持市场经济正常运行。因为只有当企业成为真正的市场主体，才能在利润目标驱动下对市场信号做出及时的反应，从而保证由消费者和企业这两个微观主体所构成的市场经济的基本循环过程在市场机制和政府宏观调控的引导下顺利进行。为此，现代企业制度的特征如下：

1. 产权明晰

产权明晰是指通过法律明确界定企业产权的主体与边界，建立出资者所有权与企业法人财产权相分离的产权制度。在所有权方面，企业资产的终极所有权归属于投资者，出资者通过股权等凭证享有资产收益、剩余财产分配等权利，投资者投入企业的财产与投资者的其他财产以股权为边界严格分开。在法人财产权方面，企业依法取得法人财产权，独立行使对企业名下资产的占有、使用、收益和处置权。

通过所有权与法人财产权的分离，企业成为独立承担民事责任、享有民事权利的法人实体，其财产运营具有连续性和稳定性。投资者不得直接干预企业经营管理，仅可通过转让所有权退出，从而为企业自主经营和资产保值增值提供了制度保障。

2. 权责明确

权责明确是指在产权明晰的前提下，清晰划分企业法人与投资者之间的权益与责任，既保障企业的经营自主权，又分散了投资者风险。

对于企业法人，权利和责任体现为：企业作为法人主体，以其全部法人财产依法自主经营、自负盈亏，承担资产保值增值责任，并对经营后果独立负责；若长期亏损或资不抵债，则须依法破产清算。

作为出资者权利和责任则体现为：按投入资本额享有资产收益、重大决策参与、管理者选择等权利，但不得直接干预企业经营活动，仅以出资额为限对企业债务承担有限责任。

3. 政企分开

政企分开是指通过制度与法律建设，使政府与企业依法成为各自独立的主体，彻底改变传统行政隶属关系。当政府作为社会管理者时，只能通过政策法规和经济手段调控市场，引导企业经营方向，不得直接干预企业具体运营。当政府作为出资者时，政府与其他投资者地位平等，仅通过股东大会行使权利。企业则需完全摆脱对政府的依赖，按照市场需求自主组织生产经营，独立承担经营风险，不承担行政或社会职能。

特别对于国有企业，自党的十八大以来，我国国有企业改革不断深化，习近平总书记强调建立现代国有企业制度必须坚持好两个“一以贯之”，即坚持党对国有企业的领导是重大政治原则，必须一以贯之；建立现代企业制度是国有企业改革的方向，也必须一以贯之。对于长期经营不善、资不抵债的企业，依法实施破产程序。政企分开的核心在于消除行政权力对企业效率的制约，推动国有企业向市场化、竞争化转型，构建公平有序的市场环境。

4. 管理科学

管理科学要求建立与现代企业制度相适应的组织架构和治理机制，通过科学的领导体制、决策程序与管理制度，协调所有者、经营者与职工之间的关系，形成激励与约束相结合的经营管理模式。科学管理通过制度创新实现资源高效配置，是现代企业制度区别于传统企业组织的本质特征，也是企业持续创新与发展的根本保障。

【小案例】　中国联通的企业制度改革

作为全国电信行业首个集团层面混改试点的中国联通，通过股权重构建立现代企业制度框架。2017 年引入腾讯、阿里等 14 家战略投资者，国有资本持股比例从 62.7%降至 36.7%，形成国资、民资与员工持股平台三方制衡的股权结构。改革后构建多元化董事会，民营资本派驻 5 名董事参与战略决策，国资委以股东身份通过资本回报率考核行使监督权。政府监管模式从“管企业”转向“管资本”，取消 63 项行政审批事项，90%以上二级公司实施职业经理人市场化选聘。同步建立“三会一层”治理架构，配套员工限制性股票激励和经营层业绩对赌机制。2020 年 7 月 3 日，中国联通以纵深推进混合所有制改革“扁平化、短流程、宽层级”要求为契机，开始在总部试点单位构建部门负责人领导下的总监负责制。2024 年 3 月 19 日，中国联通披露2023年业绩报告。2023年,中国联通实现营业收入达3 726亿元,同比增长5.0%,归母净利润达82亿元,同比增长12%,连续7年实现双位数提升;净资产收益率达5.1%。在显著的成绩下,该模式为国企构建市场化经营机制提供制度范本。

资料来源:根据中国联通官网、新浪财经等网络资料整理。

二、企业制度的基本形式

现代企业制度是一个历史范畴。它随着企业的产生和发展,经历了一个从简单到复杂、从不完善到完善的过程。在市场经济条件下,企业制度的基本形式主要有三种,即个人独资企业、合伙制企业和公司制企业。这三种基本形式是在市场经济数百年的发展过程中形成的,也是目前世界各国企业存在的三种主要形式。

需要说明的是,严格意义上的现代企业制度一般以"产权清晰、权责明确、政企分开、管理科学"为核心特征,因此,在这三种企业制度中,仅公司制企业具有符合这一系列特征的可能性,而个人独资企业与合伙制企业虽广泛存在于现代市场经济,但属于历史演进中延续下来的传统企业形式。

(一)个人独资企业

个人独资企业,又称个人业主制企业或自然人企业,是指由个人单独出资兴办、业主自主经营并承担全部经营风险的企业形式,是历史最悠久、结构最简单的企业形态。其核心特征体现为产权与经营权高度统一,即业主拥有企业全部资产所有权,同时直接参与经营管理,决策权高度集中。根据权责对等原则,由于业主拥有全部资产所有权,因此个人独资企业是无限责任制度,当企业资产不足以清偿债务时,需以个人财产进行偿付,经营风险与个人财产高度绑定。这导致了个人独资企业通常存在规模上的局限性,作为个人经营的企业,受限于个人资金积累能力、信用水平及管理精力,企业规模普遍较小,资本扩张主要依赖利润再投资,难以支撑大规模生产经营。然而,从诞生至今,个人独资企业在绝大多数国家的市场中在数量层面遥遥领先于其他形式的企业,其主要优点有:

第一,设立与退出便捷。企业注册、转让或关闭仅需履行简单行政登记程序,产权流转灵活。

第二,经营自主性强。由于所有权与经营权合一使决策过程迅速高效,使得管理者能够灵活应对市场变化,且商业信息保密性高,有利于在竞争中保持优势。

第三,激励效应显著。由于业主独享全部经营利润,有助于激发其成本控制与盈利动力,同时获得个人成就满足感。

第四,税收负担较少。根据《中华人民共和国个人独资企业法》,对于个人独资企业所得的收入,仅需缴纳个人所得税,而不需要缴纳企业所得税,这避免了公司制企业的双重课税问题。

另一方面,以下缺点限制了个人独资企业扩张规模:

第一,经营风险集中。无限责任制度可能导致业主因经营失败而面临倾家荡产的风险。

第二,发展能力受限。融资渠道狭窄,难以通过外部融资扩大规模;管理能力依赖业主个人素质,专业化程度较低。

第三,存续稳定性弱。企业生命周期与业主个人状况紧密关联,业主的疾病、死亡或转业均可能导致企业终止。

因此,在现代商业社会中,尽管个人独资企业在数量上占据绝对优势,但由于其经营规模与市场影响力有限,通常存在于本地化、低资本需求的细分市场。这类企业通过提供灵活多样的商品与服务，填补了大规模生产的空白，在促进就业、活跃基层经济中发挥不可替代的作用，是现代市场经济生态的重要组成部分。然而，由于其自然人属性，无法实现产权明晰、权责分离，不符合现代企业制度的严格定义。

（二）合伙制企业

合伙制企业，是指由两个或两个以上合伙人通过订立书面协议共同出资、联合经营、共担风险、共享利润的企业形式。其核心特征体现为联合经营与权责共担。合伙人共同出资并签订具有法律效力的合伙协议，明确出资方式、利润分配、责任划分等事项，既可全体参与经营管理，也可委托部分合伙人执行事务。与个人独资企业类似，根据权责对等原则，通常合伙人对企业债务承担无限连带责任，即当企业资产不足清偿债务时，合伙人需以个人财产偿付，且存在连带清偿义务，即如其他合伙人无力偿债时，有能力的合伙人需代为承担。

合伙制企业的优势主要体现在：

第一，筹资与信用能力增强。通过多个合伙人共同出资，可扩大资金来源；无限连带责任机制提升了企业信用水平，降低银行贷款风险。决策质量优化。

第二，运营能力增强。集合不同合伙人的专业知识与经验，尤其在合伙人专长互补时，能显著提高市场竞争力。

第三，发展潜力提升。由于合伙人的出资可以是资金或其他财物，也可以是权利、信用和劳务等，相较于个体独资企业，其在资金筹措与管理能力上的优势为业务扩张提供了更多可能性。

然而，其缺点亦制约了发展空间：

第一，决策效率相对低下。重大事项需全体合伙人一致同意，易因意见分歧导致决策延误。

第二，存续稳定性不足。合伙人变动需重新修订协议，甚至可能引发企业解散。

第三，个人财产风险高企。无限连带责任使普通合伙人面临倾家荡产的风险，尤其是替其他合伙人代偿债务时。

第四，产权流转受限。合伙人转让产权需经全体一致同意，资本流动性较差。

第五，规模扩张瓶颈。融资渠道仍依赖合伙人追加投资或利润留存，难以通过股权融资实现跨越式发展。

因此，合伙制企业虽在特定领域如专业服务、技术咨询方面具有灵活性与协作优势，其通过专业化分工与风险共担机制，在补充社会化生产链条、激活细分市场活力方面仍扮演着独特角色，然而，合伙制企业与个人独资企业一样，因产权未实现完全分离、责任承担无限性等特点，不符合现代企业制度的严格定义，也因此导致其市场规模相对有限。

（三）公司制企业

公司制企业，是指由两个或两个以上出资人依法设立、具有独立法人资格的经济组织，由股东共同出资构建，能够以法人财产独立承担民事责任。作为现代企业制度的核心形态，其法律属性为法人主体，与个人独资企业、合伙企业等自然人企业形成根本区别，广泛适用于制造业、金融业、科技产业等资本密集型领域，是现代市场经济中大型企业的主流组织形式。其核心特征包含法人独立地位，公司有独立法人财产权，能自主经营并独立担责；有限责任制度，股东以出资额为限担责，公司法人以全部资产为限担责，实现双重风险隔离；所有权与经营权分离，股东委托专业管理者经营，结合资本与专业能力；法人财产特性显著，资产整体性、稳定性与延续性突出，有利于企业长期稳定发展。

公司制企业优势明显，资本聚合能力强，可借助发行股票、债券等手段快速募资；存续稳定，法人独立性使股东变动不影响运营，生命周期长；管理专业化程度高，职业经理人制度提升决策科学性与市场适应性。不过它也存在局限性，设立与运营成本高，要履行严格注册程序且受多重监管；存在双重课税问题，公司利润需缴企业所得税，股东分红要缴个人所得税；还有代理成本风险，所有权与经营权分离易致管理者与股东利益冲突。

根据《中华人民共和国公司法》，我国公司制企业的主要形式为有限责任公司和股份有限公司。

1.有限责任公司

有限责任公司又称有限公司，由若干人（一般为5人）以上和若干人以下的股东所组成，股东就其出资额为限，对公司债务负有限清偿责任的公司。有限公司不得对外发行股票，股份不得任意转让。

其核心特征体现为资本封闭性与非证券化，一方面，股东人数严格受限。多数国家规定股东人数上限，例如我国为50人以下，且股东可为自然人或法人。另一方面，公司不公开发行股票，资本由股东协商认缴并取得股单作为非流通性权利凭证，出资转让需经半数以上股东同意且其他股东享有优先购买权。但由于公司具有法人资格，与自然人企业不同，存在有限责任双重隔离，即股东以出资额为限担责，公司以法人财产独立清偿债务，形成风险控制屏障。相较于其他公司形式，其优势突出体现在：

第一，设立门槛相对较低。注册资本要求较少，无公开募股程序，内部治理简化，例如可自主决定监察机构设置，适合中小规模企业快速组建。

第二，经营灵活性强。股东直接管理降低代理成本，财务信息无需公开披露，有利于保护商业机密。

第三，风险可控性高。有限责任制避免股东个人财产因公司破产受损，激发投资积极性。

局限性主要集中于：

第一，信用基础较弱。有限责任制与封闭性特征削弱债权人保障，融资能力受限。

第二，股权流动性差。股权转让程序严格，资本退出机制不畅通。

第三，存在投机倾向风险。有限公司的股东只负有限责任，易产生投机倾向，用较少的资本去冒很大的风险，一旦失败则严重损害公司债权人的利益。

第四，规模扩张受限。依赖内部增资或利润留存，难以通过资本市场大规模融资。

有限责任公司常见于股东关系紧密、业务专业化程度高且无需巨额资本的中小企业，如家族企业、技术合伙团队及区域性服务机构。据各国统计，有限公司占公司制企业总量的60%以上，其灵活性与风险隔离机制使其成为创业初期及稳定成长期企业的优先选择。然而，伴随企业规模扩大，多数有限公司倾向于改制为股份有限公司以突破融资瓶颈。

2.股份有限公司

股份有限公司，通常简称为股份公司，是指全部资本划分为等额股份、股东以其认购股份为限承担有限责任的法人企业。作为现代企业制度的最高形态，其法律属性为典型资合公司，以股票自由流通与所有权经营权彻底分离为标志，主导着制造业、金融业、科技产业等资本密集型领域。

具体形式分为上市公司与非上市公众公司两类：上市公司股票在证券交易所公开交易，需履行严格信息披露义务，接受证券监管机构监督；非上市公众公司虽可向不特定对象发行股份，例如我国新三板挂牌企业，但股票流通限于特定交易平台，信息披露要求相对宽松。

与有限公司不同，其核心特征集中表现为资本高度股份化。股份制公司将注册资本分割为等额股份，以股票形式公开发行，股票流通自由，可通过证券交易所公开交易，资本流动性极强。而且股东人数下限严格。多数国家规定发起人不少于5人，确保资本聚合基础。此外，股份有限公司的所有权与经营权彻底分离。股东通过股东大会选举董事会，委托职业经理人运营，形成专业化管理体系。

相较于其他公司形式，其优势尤为显著：

第一，资本聚合能力极强。可通过公开募股（IPO）或增发股票，迅速吸纳社会闲散资金，支撑超大规模经营。

第二，风险分散机制完善。股东仅以持股额为限担责，且小额股份降低个体投资风险。

第三，治理结构科学化。专业化管理团队与独立监督机构（如监事会、审计委员会）提升决策效率与合规性。

第四，存续高度稳定。股东变动不影响法人独立性，企业生命周期不受个人因素制约。

其局限性主要体现于：

第一，小股东权益易受侵蚀。"一股一票"原则使决策权集中于大股东，中小投资者话语权薄弱。

第二，财务透明与保密冲突。依法需定期公开财报（如资产负债表、利润表），商业机密保护难度增大。

第三，设立与监管成本高昂。注册程序复杂（如发起人审核、招股书披露），且受证券交易机构严格监管。

第四，市场投机风险突出。股票价格波动易引发市场投机，可能脱离实体经营价值。

第五，代理成本问题。管理层与股东目标偏差可能导致短期逐利行为，损害长期发展。

股份有限公司因其强大的融资能力与规模化优势，成为能源、金融、高科技等众多行业的支配性力量。据统计，全球500强企业中90%以上为股份公司。然而，其复杂治理结构及高合规成本，使其更适于成熟期企业而非创业初期项目。

三、现代企业制度的建立

（一）现代企业制度的建立历程

现代企业制度的形成与工业文明和市场经济的发展紧密交织。其起源于16世纪欧洲特许贸易公司对法人实体形式实现资本联合的首次尝试，但其无限责任特性限制了发展的规模。随后，在19世纪中叶，工业革命催生的大规模生产需求推动制度革新：1844年《英国公司法》确立有限责任公司制度，标志着企业财产与个人财产的彻底分离，现代企业制度的核心框架由此诞生。20世纪后，资本市场扩张与职业经理人阶层的兴起，加速了所有权与经营权的分离，股份制企业成为全球经济主流形态。

中国的现代企业制度探索始于20世纪80年代的经济体制改革。计划经济时代的高度集中管理模式逐步被承包制、租赁制等市场化尝试打破。1993年《中华人民共和国公司法》的颁布与同年党的十四届三中全会上提出"产权清晰、权责明确、政企分开、管理科学"的指导方针，标志着中国企业制度建设的法治化开端。21世纪以来，国有企业通过股份制改造、混合所有制改革以及多层次资本市场建设，逐步构建起适应社会主义市场经济的现代企业制度体系，实现了从行政附属向独立市场主体的历史性跨越。

(二)现代企业制度建立的理论基础

1. 产权理论

产权理论认为清晰的产权界定是提升资源配置效率的前提条件，对于企业产权，该理论强调产权完整性、产权可分割性和产权可交易性。产权完整性体现为法律主体对于其财产拥有占有、使用、收益、处置四项权能。产权可分割性指所有权可分解为股权、经营权、收益权等子权利。产权可交易性强调通过市场机制实现产权优化配置。这三个方面为赋予企业独立法人地位，实现出资者所有权与法人财产权的有效分离的理论基础。

2. 委托代理理论

在所有权和经营权分离的情况下，委托理论关注委托人(所有者)与代理人(经营者)之间因利益不一致或信息不对称而产生的矛盾，其矛盾主要表现为三方面：目标冲突，所有者追求长期价值最大化，而经营者可能倾向于短期绩效或个人利益；信息不对称，经营者掌握企业实际运营信息，所有者处于信息劣势；道德风险，经营者可能利用职权谋取私利，损害所有者权益。该理论指出企业需要考虑在治理机制设计中涵盖监督机制、激励机制与信息披露制度等方面，来避免矛盾的发生。

3. 交易成本理论

交易成本理论强调企业在达成交易的过程中会产生成本。这些成本包括信息搜寻、谈判协商以及监督执行等。企业存在的原因在于其能降低交易成本，通过内部组织协调替代市场交易，减少相关成本，从而实现更高效的资源配置。现代企业制度通过建立标准化的管理流程、专业化的职能部门与制度化的决策程序，显著降低重复性交易的成本。

(三)现代企业制度的建立路径

1. 现代企业产权制度

现代企业产权制度的核心在于建立出资者所有权与法人财产权相分离的产权结构。个体工商户、合伙企业等自然人企业能够存续于现代商业体系，源于其无限责任机制形成的简明产权关系与灵活决策特征，但受制于个体信用与资金规模，难以满足现代化大生产要求。法人企业通过法律拟制获得独立主体资格，投资者仅承担出资范围内的有限责任。这一制度创新实现了企业财产与个人财产的区隔，在控制投资者风险的同时保障了企业的持续融资能力。两类企业的本质区别体现为责任承担机制：前者实行“人企一体”的无限责任，后者建立“人企分立”的有限责任框架。

基于法律赋予企业法人主体地位，授予其对财产的完整支配权，包括占有、使用、收益和处分等权能。出资者通过股权形式保有剩余索取权，借助股东权利参与重大决策，但不得直接介入日常经营活动。法人企业以其全部财产独立承担民事责任，出资者以认缴出资为限承担债务责任。这种制度设计既维护了企业经营自主权，又通过有限责任机制分散投资风险，构建起权责明确、风险可控的现代产权体系。

2. 现代企业组织制度

企业组织制度指规范企业组织结构与权责关系的制度体系，其核心在于建立法人治理框架。通过权力机构、决策机构、执行机构和监督机构的权责划分与制衡机制，形成纵向授权、横向协调的运行模式。股东大会作为权力中枢行使重大事项表决权，董事会承担战略决策及高级管理人员选聘职责，经理层具体实施经营计划，监事会履行监督审查职能。各机构依据法定程序与公司章程确定职权范围，形成决策权、执行权、监督权既相互独立又彼此制约的治理结构。这种制度设计既保障资本所有者权益，又赋予专业管理团队经营自主权，有效提升企业决策效率与市场应变能力。

3. 现代企业管理制度

现代企业管理制度强调以科学化、规范化的管理体系支撑企业战略目标的实现。在组织运营管理方面，建立权责对等、结构合理的职能体系，重点强化研发、质量、财务等核心管理模块；在财务管理方面，构建符合现代企业特点的财务核算与资本运作规范，客观反映企业经营状况；在人事管理方面，建立与市场竞争相适应的人才选拔、激励和培养机制，注重企业文化建设与团队凝聚力提升。管理制度贯穿于企业经营的全流程，通过标准化、专业化的职能管理，确保资源配置效率与战略执行效能。

三大制度相互依存、协同作用。产权制度奠定企业独立市场主体地位，组织制度构建权责制衡的治理框架，管理制度则为持续经营提供机制保障。这一制度体系既遵循市场规律，又体现法治精神，成为现代企业参与市场竞争的核心制度支撑。

【知识链接】 中办、国办印发《关于完善中国特色现代企业制度的意见》

为贯彻落实党中央关于完善中国特色现代企业制度的战略部署，中办、国办印发《关于完善中国特色现代企业制度的意见》。意见从坚持和加强党的领导、完善公司治理结构、提升企业科学管理水平、健全企业激励创新制度、建立健全企业社会责任与企业文化体系、优化企业综合监管和服务体系等方面作出全面系统部署，重在以制度创新赋能企业发展，进一步释放微观主体活力，培育更富活力、更具韧性、更有竞争力的现代企业，为以中国式现代化全面推进强国建设、民族复兴伟业提供有力支撑。

关于完善中国特色现代企业制度的意见

四、现代企业的公司治理结构

(一)公司治理结构的内涵

公司治理结构是现代企业制度的核心组成部分，其本质是通过法律、文化和制度性安排，协调企业所有者、经营者及其他利益相关者之间的权责关系，实现权力制衡与效率优化的动态平衡。公司治理包含内部治理机制与外部治理机制两大体系，前者通过组织架构明确权责分配，后者依托市场约束与社会监督形成外部压力。

公司治理结构作为企业所有权安排的具体化形式，本质上是围绕公司控制权和资产所有权形成的制度性框架。理想的治理结构而言，一方面需要赋予经营者充分控制权以施展专业管理才能、保留必要的创新空间，另一方面则需要确保经营者决策始终以股东利益为导向，平衡好两者的关系，促使公司长期良性发展。

(二)内部治理结构的组织框架与参与主体

1. 内部治理结构的组织框架

现代公司治理遵循决策权、执行权、监督权分立原则，形成股东大会、董事会、监事会、经理层四位一体的组织体系，如图 1.6 所示。股东大会作为最高权力机构，通过选举产生董事会与监事会，构成权力传导的初始环节；董事会受托行使法人财产经营权，形成战略决策中枢；经理层在董事会授权范围内负责日常经营管理；监事会独立行使监督职能，确保权力运行合规。

2. 内部治理的参与主体

(1)股东大会

股东大会是公司治理结构中的最高权力机构，由全体股东共同组成，以会议形式行使所有

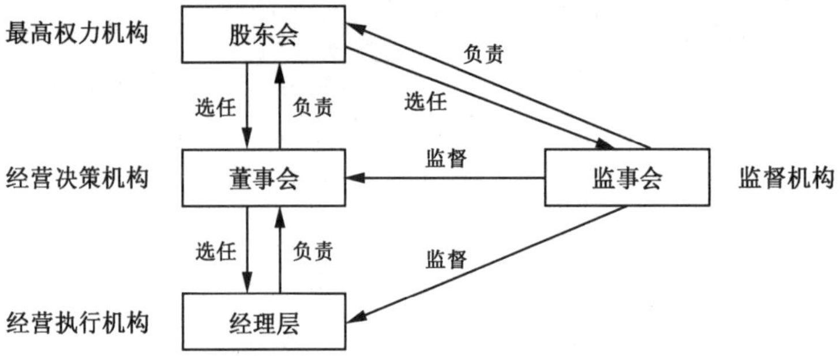

图 1.6　公司内部治理结构图示

者权利。作为非常设性机构，股东大会并非日常运作实体，而是通过定期或临时召集会议形式对公司根本性事项作出决策。其核心定位在于保障股东合法权益，平衡公司内部权力架构，确保重大战略决策符合全体股东共同利益。在权力配置体系中，股东大会处于顶层地位，其他治理机构均由其产生并对其负责，是公司所有权与经营权分离制度下股东行使终极控制权的法定平台。

股东大会的职权主要体现在以下几个方面：

在战略决策方面，根据《中华人民共和国公司法》规定，股东大会行使对公司经营方针和长期投资计划的最终决定权，这是股东作为所有者参与公司战略规划的直接体现。

在重大决策方面，股东大会独享公司章程修订权、注册资本变更权、公司合并分立解散等重大结构性调整的决策权，此类事项需经特别决议程序以绝对多数表决通过。

在人事任免方面，股东大会负责选举和罢免董事、监事，并决定其薪酬体系，形成对管理层的制衡机制。

在监督审查方面，股东大会需要审议批准董事会工作报告、财务预决算方案、利润分配方案等核心文件，确保公司经营成果合理分配与财务运作透明化。

此外，在不违反法律强制性规定的前提下，可赋予股东大会诸如审计机构选聘、社会责任事项决策等延伸性职权，但不得缩减法定职权范畴。

股东大会决议由普通决议与特别决议构成。普通决议涉及常规经营事项，通常需经出席会议股东所持表决权过半数通过，适用范围包括年度经营计划批准、董事监事选举、常规财务方案审议等。特别决议则针对公司根本性变更事项，如章程修改、资本结构调整、重大资产重组等，须经代表三分之二以上表决权的股东同意方为有效。两类决议的法定边界与表决规则既维护了股东民主决策原则，又防止少数股东滥用权利损害公司稳定性，体现了资本多数决与中小股东权益保护的平衡。

(2)董事会

董事会是由股东大会选举产生的董事组成的常设决策机构，代表股东行使公司经营管理权，是公司法人治理结构的核心枢纽。作为连接所有权与经营权的关键环节，董事会具有法定性、常设性与集体决策性三大特征，其运作质量直接影响公司战略实施效果。在法律地位上，董事会并非股东大会的附属机构，而是行使经营决策权的法人机关，既需执行股东大会决议，又拥有法定范围内的自主裁量空间，形成所有权监督与专业化经营的良性互动机制。

董事会的职权主要体现在以下几个方面：

在战略决策方面，根据公司治理准则，董事会负责制定公司年度经营计划与投资方案，将股东大会确定的战略方针转化为可操作的实施方案。

在执行监督方面，董事会需拟定财务预决算、利润分配及资本运作方案，经股东大会批准后组织实施。

在高管任免方面，董事会拥有总经理聘任解聘权及高管薪酬决定权，并通过专业委员会设置构建科学决策体系。

此外，董事会在公司重大事件和危机处置中承担特殊职责，包括拟定公司合并分立方案、制定解散清算计划等，此类职权具有不可替代性。公司章程可授权董事会决定分支机构设置、风险管理体系构建等具体管理事项，但不得逾越法定职权边界。

董事会会议实行一人一票表决制，重大事项需经全体董事过半数通过，会议记录与表决结果需要书面确认，以确保决策的可追溯性。董事长作为公司和董事会对外的代表，除主持董事会会议、检查决议执行情况等法定职责外，可在董事会闭会期间经特别授权代行部分紧急决策权，但须事后向董事会报备。而随着管理体制的完善，新诞生的独立董事制度进一步强化了决策专业性，通过设立战略、审计、薪酬等专门委员会，提升对重大投资、财务审计、高管激励等事项的审议质量，形成科学分权的治理架构。

(3)监事会

监事会是依法设立的独立监督机构，由股东代表和职工代表共同组成，专司对公司财务运营及管理层履职行为的监督职能。作为公司治理体系中的“第三极”，监事会独立于董事会与经理层，直接对股东大会负责，构成权力制衡的关键防线。其制度价值在于防范内部人控制风险，确保公司合规经营与资产安全，通过持续性监督维护股东权益与职工合法权益。监事会的资本监督与民主监督双重代表属性使其成为现代企业民主治理的重要载体。

监事会的职权主要体现在以下几个方面：

在财务监督方面，监事会需要定期核查会计资料、审计报告及资产流转记录，必要时可聘请独立第三方机构进行专项审计。

在行为监察方面，监事会有权对董事、高管履职行为进行全程监督，包括列席董事会会议、质询重大决策合法性、调查异常交易行为等。当发现管理层存在违规操作或损害公司利益的行为时，监事会可直接要求纠正，并有权提议召开临时股东大会启动问责程序。

此外，公司章程可授权监事会参与风险评估、内控体系评价等延伸职能，利用现场检查、资料调阅、听证质询等多样性的监督手段，涵盖所有执行机构，构建起立体化监督网络。

监事会行使职权不受其他机构干涉，通过工作经费单独列支的保障机制确保其独立性，但与之相对的也禁止监事会滥用监督权干扰正常经营秩序。此外，监事需定期接受专业培训，具备财务、法律等必备知识储备，监督行为须以书面记录形式存档备查。对于重大监督过失导致的损失，除证明已尽审慎义务者，监事需承担连带赔偿责任。

(4)管理层

管理层是由董事会聘任的职业经理团队，具体负责公司日常运营管理，是战略决策的执行中枢与价值创造的操作主体。作为委托代理链条的最终环节，管理层既需贯彻董事会决议，又要在授权范围内发挥专业管理才能，其行为直接决定公司经营效率与市场竞争力。法律地位上，高管人员属公司代理人而非法定机关，其权力来源于董事会授权而非直接由股东大会授予，这种间接授权机制体现了现代公司治理中所有权、控制权与经营权的三级分离特征。

管理层的职权主要体现在以下几个方面：

在战略实施方面，管理层需将董事会制定的经营计划转化为具体行动方案，通过资源配置优化与业务流程再造确保目标达成。

在日常运营管理方面，管理层需对生产组织、市场营销、成本控制等全流程进行战略指导与绩效监控，并在突发事件中行使临时决策权。

在组织建设方面，管理层负责构建分级授权体系，拟定部门设置方案与基本管理制度，并行使副经理以下管理人员的任免权。

对于管理层而言，其约束体系呈现严密的约束—激励双重特征。通常将高管的薪酬激励机制与风险责任挂钩，以绩效奖金、股权激励等市场化手段与违规行为的民事赔偿、行政处罚形成正向引导。同时，对于过程管理，内部审计制度、重大事项报告制度确保高管权力在透明化轨道中运行。董事会对高管的定期考核与离任审计，则从结果端强化了责任追溯。

【小案例】 通程控股：强化监事会履职能力，推动提升公司治理水平

长沙通程控股股份有限公司（以下简称“公司”）自 1996 年上市以来，致力于规范运作，稳健发展，治理体系健全，运行有序规范，一直保持着高质量发展的基础。特别是在监事会工作实践方面，重视有效发挥监事会的监督职能，推动提升公司的治理水平。主要的创新实践做法如下：

(1)成员构成合理，为监事会充分行使职能提供了组织保障。目前公司监事会共有监事会成员 5 名，其中股东监事 3 名，职工监事 2 名。全部成员为会计、审计、法律、内部控制方面的专业人才，既有公司总部班子成员和职能部门经理，也有公司主要产业板块的财务负责人。其中监事会召集人主管公司法务、审计及内部控制，其具有律师、注册会计师、注册税务师、注册资产评估师、证券从业资格等专业背景；两名股东监事分别为两大主业的财务负责人；两名职工监事分别为法务审计部经理和物业分公司总经理。公司监事会成员的知识背景、专业构成、工作实践经验与职位特点，为监事会提升履职水平提供了组织保障。

(2)工作机制完善、理念方法独特，为监事会行使职能提供机制保障。公司监事会常设专门办公机构为法务审计部，并指定专人负责监事会日常事务。监事会召集人必须出席行政办公会并列席董事会，所议事项均会听取监事会的意见；公司董事长及各专业业态负责人不定期与监事会相关成员进行沟通，交换意见；监事会定期与公司财务、法务、审计、资产管理等部门进行专题座谈。在理念和方法方面，公司多年来一直致力于“两化”(职业化和专业化)建设，监事会在监督理念方面，认为“监督不是目的，而只是手段，监督的目的是为了在合法合规的前提下公司效益效率的提高和风险的控制，不能简单、被动、主观地为监督而监督，而必须主动、积极、客观地监督与服务并重”。在方法方面，一是以“两化”的要求，深入基层深入实践，充分、完整、客观了解监督服务对象，不仅善于发现问题，更要善于分析问题、提出解决问题的意见和建议；二是对重大事项和建设工程等注重事前介入、全程参与。

(3)监事会与公司内部控制建设相互融合，为监事会提升监督质量提供有力支持。公司重视内部控制规范建设，监事会召集人为内部控制领导小组成员和内部控制规范办公室副主任，具体负责内部控制的建设，全体监事均为内部控制规范办公室核心成员。内部控制建设涵盖公司经营管理活动中重大环节，这与公司监事会的职能呼应，而监事会成员担任公司内部控制小组的重要职务，也能有效提高监事会行使职权的能力和效率。

资料来源：通程控股：强化监事会履职能力，推动提升公司治理水平[EB/OL].(2021-06-20).https://mp.weixin.qq.com/s?__biz=MzI0MzA5NDg2NQ==&mid=2649774320&idx=4&sn=baf3832c93eed1ed49095e0fd84c6dd2.

（三）公司外部治理机制

除了公司内部治理制度外，随着市场化的发展，随之诞生出一系列通过资本市场、产品市场和经理市场等发挥作用的市场治理，同时，通过法律法规、伦理道德和社会文化等发挥作用的外部治理也能对公司的治理提供外部约束。

1. 资本市场治理

在资本市场中，股票价格被视为判断公司经营状况的信号。因此，当股东对公司业绩或决策不满时，可以通过公开抛售股份，进而引起股价的下跌，以此给管理层施加对应的压力。另一方面，通过大量收购股份，增加持股比例也可以增强股东的话语权。此外，由于过度的债务融资会使企业的成本上升，增大企业还本付息的压力，促使投资者加强对企业的监督和控制，因而债务融资可以在一定程度上抑制企业经营者的过度投资，进而在公司治理中发挥独特的作用。

2. 产品市场治理

产品市场反映企业的直接竞争状况，在企业的产品质量、成本控制与市场占有率等指标的压力下，管理层必须持续优化运营策略，避免因市场表现不佳而面临淘汰风险。对于股东而言，则可以通过销售数据、品牌口碑等市场反馈，评估管理者的经营能力，并据此进行考核与激励。

3. 经理市场治理

经理市场是在现代公司制度下，企业自主地通过招标、招聘等方式，选择职业经理的人才市场。公司在选择经营者时，主要是根据其过去的经营业绩和表现，判断其人力资本的价值和经营能力的高低，并据此做出取舍。有效的经理市场可以甄别经理是否有能力和是否尽职，并对经理人形成压力。

4. 社会环境治理

社会环境治理通过法律规范、文化导向与伦理约束形成对企业行为的间接引导。法律法规作为强制性治理工具，通过明确权责边界、规范信息披露及设定违规惩戒条款，构建起企业合规运营的制度框架。伦理道德与社会文化作为非正式制度，通过公众价值观、商业伦理共识等软性约束，塑造利益相关者的行为模式。

此外，在特定的治理情境中，也可以将党委领导嵌入公司治理体系，既强化决策程序的规范性，又通过思想政治建设提升管理者的责任意识，形成党建引领与市场机制融合的治理特色。

本章小结

现代企业制度是企业参与市场竞争的核心制度支撑，对于现代企业而言首先要构建适应市场经济的规范运行机制，才能进行后续的管理任务。本章通过《鄂城钢铁：长江之畔的国企智变样本》的案例说明了现代企业制度对于企业运营的重要性，阐述了现代企业的含义及特征、基本类型、组织结构、目标与责任，现代企业制度的含义及特征等内容，并对现代企业制度的基本形式、现代企业制度的建立以及公司治理结构的治理机制作了较全面的说明。

习题

一、单选题

1. 企业以(　　)为根本目标。

A. 营利性　B. 非营利性　C. 公益性　D. 服务性

2. 现代企业特征不包括(　　)。

A. 注重现代技术　B. 所有权与经营权可分离

C. 管理科学化　D. 规模固定不变

3. 劳动密集型企业的核心优势在于(　　)。

A. 高额资本投入　B. 灵活性强、初始投资较小

C. 高技术附加值　D. 高智力要求

4. (　　)组织结构适用于规模巨大、市场分布广泛、多元化经营的大型企业集团。

A. 直线制　B. 职能制　C. 事业部制　D. 矩阵制

5. (　　)结构是简单的集权式组织结构,其主要特质是直接传达和贯彻上级命令。

A. 直线制　B. 职能制　C. 直线职能制　D. 矩阵制

6. 现代企业制度特征不包括(　　)。

A. 产权明晰　B. 权责明确　C. 政企结合　D. 管理科学

7. 有限责任公司的核心特征体现在(　　)。

A. 资本封闭性与非证券化　B. 股东人数有上限

C. 股份自由转让　D. 财务信息公开

8. 有限责任公司与股份有限公司区别不包括(　　)。

A. 股东人数　B. 责任承担　C. 资本募集　D. 治理结构

9. 公司治理结构中,监事会是(　　)。

A. 执行机构　B. 监督机构　C. 决策机构　D. 管理机构

10. 在现代企业制度中,股东通过(　　)行使决策权。

A. 董事会　B. 监事会　C. 股东大会　D. 经理层

二、多选题

1. 股份有限公司的特点有(　　)。

A. 股东人数无上限　B. 股东责任有限

C. 可以公开发行股票　D. 股份可以自由转让

E. 财务信息需公开披露

2. 一般情况下,公司治理结构的参与主体有(　　)。

A. 股东大会　B. 董事会　C. 监事会　D. 管理层

E. 职工代表大会

3. 现代企业的责任包括(　　)。

A. 对员工的责任　B. 对消费者的责任

C. 对生态环境的责任　D. 对国家的责任

E. 对社会公益的责任

4. 现代企业的目标包括(　　)。

A. 利润目标　B. 生存与发展目标　C. 客户满意度目标　D. 员工满意度目标

E. 创新目标

5. 公司制企业的主要形式有(　　)。

A. 有限责任公司　B. 股份有限公司　C. 上市公司　D. 非上市公众公司

E. 国有企业

三、判断题

1. 国有企业又称全民所有制企业,其全部生产资料和劳动成果归全体劳动者所有或由国家代表全体劳动者行使所有权。(　　)

2. 产权明晰需要建立出资者所有权与企业法人财产权相结合的产权制度。(　　)

3. 董事会是公司治理结构中的最高权力机构。(　　)

4. 股份有限公司的股票必须在证券交易所公开交易。(　　)

5. 对于公司制企业而言,企业依法取得法人财产权,独立行使对企业名下资产的占有、使用、收益和处置权。(　　)

四、简答题

1. 简述企业的不同分类。

2. 简述现代企业制度的定义及特征。

3. 企业组织结构的基本类型主要有哪些?

4. 简述股份有限公司的特点。

5. 简述监事会的主要职权。

五、论述题

某初创科技团队计划开发智能家居产品,创始人在选择企业组织形式时,倾向于直接注册为股份有限公司,希望通过公开募股快速获取资金。请结合股份有限公司的特点,论述该决策是否合理。

六、案例分析

阿里巴巴的组织结构革新与治理机制优化

作为中国数字经济的标杆企业,阿里巴巴近年来通过系统性的组织变革与治理创新,推动战略聚焦与全球化扩张。2023 年以来,公司围绕“AI 驱动、生态协同”战略,对管理层架构、业务单元划分及决策机制进行了深度调整,形成了“集团控股+业务集团独立运营”的治理模式。

在组织重构方面,阿里巴巴于 2024 年设立六大业务集团(淘天集团、云智能集团、国际数字商业集团、菜鸟集团、本地生活集团、大文娱集团),各集团均配置独立董事会与管理层团队。例如,云智能集团由吴泳铭兼任董事长与 CEO,下设基础设施委员会统筹技术研发,公共云、混合云、海外业务三大事业部独立运营,形成“技术研发—商业化落地—全球化拓展”的闭环管理。

在决策机制优化上,阿里巴巴推行“去中心化”略,将决策权下放至业务集团层级。如

2023 年云智能集团终止分拆后，进一步整合内部资源，成立基础设施事业部与产品架构部，强化技术底座的统一支撑能力。同时，通过事业群制与项目制结合的方式，打破传统层级壁垒，例如在双 11 等大促中组建跨部门敏捷团队，实现全链路资源调度。

在公司治理层面，阿里巴巴通过 ESG（环境、社会、治理）体系的深化，将社会责任纳入战略框架。2024 年 ESG 报告显示，公司已建立由集团 CEO 直接领导的 ESG 委员会，统筹绿色低碳、乡村振兴等议题，并通过董事会下设的审计、薪酬与提名委员会，确保治理透明。例如，在乡村振兴领域，集团通过“乡村特派员”计划与数字化技术，累计助力 27 个县域经济发展，2024 财年带动农产品销售额增长 80%。

资料来源：

阿里巴巴发布 2024 年 ESG 报告：保持前瞻、保持善意、保持务实[EB/OL].（2024-07-22）. http://www.xinhuanet.com/tech/20240722/f128f7420d164b0082b4033925e5782c/c.html.

中止分拆一周后，阿里云调整组织架构[EB/OL].（2023-11-23）. https://baijiahao.baidu.com/s?id=1783349426469819993.

阿里巴巴 CEO 吴泳铭：AI 推动生产力变革将创造巨大价值[EB/OL].（2024-11-20）. http://www.xinhuanet.com/tech/20241120/011197f52b764608b87c551a7f3c8e53/c.html.

思考：

1. 试分析阿里巴巴的改革体现了现代企业的哪些特征？
2. 阿里巴巴采用了什么样的组织结构？该结构存在哪些优缺点？
3. 阿里巴巴的 ESG 治理实践对现代企业履行社会责任有何启示？

第二章　管理与管理理论

主要知识结构图

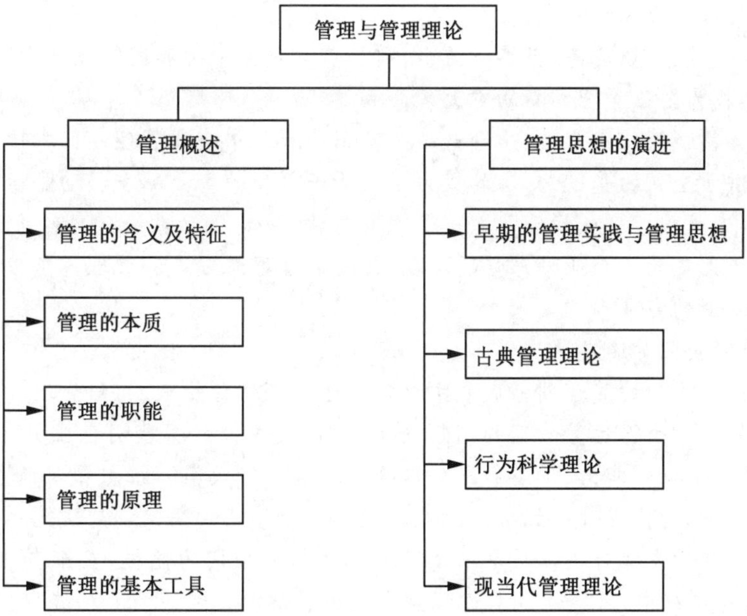

教学目标

- 帮助学生掌握管理的含义与本质、管理的职能。
- 帮助学生理解管理的特征、原理和基本工具。
- 帮助学生了解中西方早期的管理实践与管理思想，以及西方早期管理理论的萌芽。
- 帮助学生掌握古典管理理论及人际关系学说的主要思想，了解现当代管理理论。具备应用经典管理理论分析企业实际问题的能力。

- 引导学生紧密结合中国企业管理实践，树立正确的企业经营观和社会责任感。

开篇案例

企业管理创新十大热点

本文以 1 033 项报告及其相关材料为样本，基于扎根理论并应用 Python 文本分析流程，对超过 1 500 万字的申报材料文本关键词进行提取、分析与关联性研究，并据此总结企业管理创新十大热点，以期客观反映管理创新的热点主题、焦点经营管理领域及典型做法。

十大热点按照成果报告文本中的出现次数排序依次为平台、风险、融合、绿色、高质量、世界一流、管理体系、数智化、产业链、新质生产力；按照在成果标题中的出现次数排序依次为管理体系、数智化、高质量、融合、平台、新质生产力、绿色、世界一流、风险、产业链。十大热点在成果文本中的出现次数表明热点主题分布的广度和重叠度，某一热点主题不仅覆盖众多成果，而且在同一成果中高频率出现；在标题中的出现次数则直接反映热点主题的深度和覆盖度，某一热点主题出现在成果标题上凸显其核心内容地位，十大热点在成果标题中出现次数的文本覆盖度已超过一半，这说明十大热点主题具有很强的代表性。

十大热点具体可以分为三类：

一是新目标，绿色、高质量、世界一流、新质生产力是党中央和国家赋予中国企业的时代使命，新目标自然成为企业管理创新的重大方向和趋势；

二是新工具，数智化、产业链、平台是新一轮工业革命中企业管理的标志性变革，数字技术为企业管理提供了全新的手段，新工具成为企业管理创新的重要抓手和动能；

三是新思维，风险、融合、管理体系是管理聚焦化、全局化和系统化思维方式的体现，当今世界百年未有之大变局给企业带来严峻考验，传统管理思维方式和管理视角难以应对，新思维带来企业管理创新的突破。

数智化：赋能企业加速发展

“数智化”热点主题的管理创新成果主要集中于生产运营管理、组织管理、战略管理和技术研发管理四个领域。生产运营管理的高频词为计划、设备、物流，表明企业聚焦数智化应用场景建设，以提升决策计划能力、设备智能化水平和物流运行效率。组织管理领域的高频词为效率，反映企业通过数智化提升组织运作效能。战略管理领域的高频词为决策，突出数智化对科学决策和动态响应的支撑作用。技术研发管理领域的高频词为监控，显示在应用数字孪生和 AI 算法优化研发流程中，风险识别与过程监控尤为关键。计划、设备、物流、效率、决策和监控六个高频词构成企业数智化管理创新核心要点，编织出高效的数智化体系，助力企业提升竞争力。事实上，数智化不仅是技术工具的演进，更是管理理念和业务模式的系统性变革，企业各领域及各成员均需深入参与创新实践。

管理体系：引导企业管理系统化

“管理体系”主题的管理创新成果主要集中在生产运营管理、战略管理、财务管理和组织管理四个领域。生产运营管理的高频词是质量、生产、流程和控制，表明企业通过标准化与流程优化提升生产效率，并推动持续的质量改进与运营优化。战略管理的高频词是架构、绩效与合规，反映企业在构建管理体系时，注重合规性和绩效驱动的体系架构探索。财务管理的高频词为成本，突出成本控制在管理体系中的核心作用，体现管理体系对资源配置与成本优化的高度关注。组织管理的高频词为评价，表明评价机制在管理体系中起到关键作用，不仅对员工绩效进行评估，还对管理措施、流程及整体运营效果进行持续反馈，帮助企业优化管理流程。

资料来源：崔新健，张文彬，李俊超，等. 企业管理创新十大热点[J]. 企业管理，2025，526(06)：10－16.

第一节　管理概述

一、管理的含义及特征

（一）管理的含义

“管理”起源于人类的共同劳动，自古有之。当人们组成群体要实现共同目标时，就必须有管理，以协调群体中每个成员的活动。在现代社会，管理活动作为人类最重要的一项活动，广泛地存在于社会生活的各个领域，小至个人、家庭或团体，大到国家、地区或社会。可以说，现代社会的发展离不开管理。近百年来许多学者试图对管理进行定义。

弗雷德里克·温斯洛·泰勒认为，管理就是确切地了解你希望工人干什么，然后设法使他们用最好、最节约的方法完成它。

现代管理理论创始人法国实业家亨利·法约尔（Henri Fayol）于 1916 年提出，管理是由计划、组织、指挥、协调及控制等职能为要素组成的活动过程。他的论点成为后来管理定义的基础。

美国管理学大师彼得·F. 德鲁克（Peter F. Drucker）于 1954 年和 1989 年提出了他对管理的看法。管理是一种实践，其本质不在于“知”而在于“行”；其验证不在于逻辑，而在于成果；其唯一权威就是成就。德鲁克充分反映了经验主义学派的观点，他认为无论是经济学、计量方法还是行为科学都只是管理人员的工具。

管理就是决策。这是诺贝尔经济学奖获得者赫伯特·西蒙（Herbert Simon）提出的观点（1978 年）。

美国著名管理学家哈罗德·孔茨（Harold Koontz）和海因茨·韦里克（Heinz Weihrich）认为管理就是设计并保持一种良好环境，使人在群体里高效率地完成既定目标的过程（1993 年）。

斯蒂芬·P. 罗宾斯（Stephen P. Robbins）、玛丽·库尔特（Mary Coulter）指出，管理是通过协调其他人的工作有效率和有效果地实现组织目标的过程（2005 年）。

南京大学陈传明教授以马克思主义科学理论为指导，指出管理就是为了有效地实现组织目标，由管理者利用相关知识、技术和方法对组织活动进行决策、组织、领导、控制并不断创新的过程（2019 年）。

上述一些国内外知名管理学家的部分观点从不同的侧面揭示了管理的含义，或是深化了管理在某方面的属性。本书采用周三多教授的观点：管理，就是在特定的环境下，通过计划、组织、领导、控制和创新等活动，协调以人为中心的组织资源，以实现既定的组织目标的过程。

【知识链接】 世界最具影响力的管理学大师速览

世界管理学大师速览

管理学作为一门推动组织发展与变革的学科，其背后凝聚了无数大师的智慧与洞见，他们的思想和理论至今仍在指导着全球企业的实践与创新。这些大师不仅是学术研究的先驱，更是实践领域的引路人。他们的思想跨越时空，为现代管理者提供了应对复杂挑战的宝贵工具。通过了解他们的生平、理论与贡献，我们不仅能领略管理学的发展脉络，更能从中汲取灵感，为个人与组织的成长注入新的活力。

（二）管理的特征

为了更深入更全面地理解管理的概念，我们必须全面把握管理的基本特征。

1. 管理的目的是有效地实现组织预定的目标

管理是有目的的组织活动，其目的就是如何高效率地实现组织的目标。管理是一种社会现象，只要有人类社会存在，就会有管理存在，而且这种管理活动必然体现不同时期、国家和民族的人文背景及特色。

2. 管理的载体是组织

一般意义上的组织，泛指各种社团、政府、企事业单位，是指两个或两个以上的人为实现某一特定的目标或一系列目标，而按照一定结构一起工作的机构或实体。

作为实体的组织，其内部一般包括五个基本要素，即：人，物质和技术，组织机构，信息，目的与宗旨。与此同时，组织作为社会系统中的子系统，还包括九个外部要素，即：政府，政治经济形势，社会文化，行业，供应商，人才市场，资本市场，产品市场，技术市场。

3. 管理的主体是管理者

通常，一个组织的活动可以划分为作业活动和管理活动，相应地按组织成员在组织中的地位和作用不同，可将组织中的成员分成两种类型：操作者和管理者。管理者区别于操作者的一个显著特点就是管理者有下属向其汇报工作。作为管理者，一定要有下级，一定是处于操作者之上的组织层次中，但他们也可能担任某些作业职责。例如，保险索赔监督员除了负责监督保险索赔部门办事人员的工作以外，还可能承担一部分办理保险索赔的业务职责；某高校管理学院 MBA 中心主任同时还承担一线教学任务或某些具体的业务职责。

4. 管理的客体是组织的各种资源和活动

管理的客体主要是组织内部的各种资源和活动，具体包括人员、物资、资金、信息、技术、时间等要素，以及这些要素所构成的生产、经营、服务等组织活动。管理者通过对这些客体进行有效的规划、组织、协调和控制，以实现组织的目标和使命。管理的客体是管理活动的基础和对象，管理者需要充分了解这些客体的特性和需求，才能制定出科学合理的管理策略和措施，推动组织的持续发展和进步。

综上所述，管理的客体涵盖了组织内部的各种资源和活动，管理者需全面考虑这些客体的特性和需求，制定并实施科学的管理策略和措施，以推动组织的持续发展和进步。

二、管理的本质

管理的本质是对人的行为进行协调。这一观点强调了人在组织中的核心地位，以及管理在促进人员协作、提升组织效能方面的重要作用。

管理既涉及“管事”也涉及“管人”，管理的主要内容是“管事”，就是对组织内部的各种资源、流程和活动进行有效的规划、组织、协调和控制，以实现组织的目标和使命。这包括制定明确的战略目标、优化生产流程、提升服务质量、控制成本等方面。“管事”的核心在于确保组织资源的有效利用和最大化产出，提升组织的效率和效能。

然而在组织系统中，人是最重要的要素，管理活动自始至终，在每一个环节上都是与人打交道的，即“管人”。人不仅是一种活的要素，具有潜力和创造性，而且是具有感性的要素，其工作的积极性和效率在很大程度上受到感情因素的影响。首先，人的行为是组织活动的基石。无论是生产、销售、研发还是服务等各个环节，都离不开人的参与和推动。人的行为不仅影响着个人的工作效率和成果，更直接关联到整个组织的运营状态和竞争力。其次，人的行为具有复杂性和多样性。每个人的性格、能力、价值观和行为习惯都不同，这些差异导致了在工作中可能出现各种冲突和矛盾。管理需要通过对人的行为进行深入分析，理解其背后的动机和需求，从而制定出有效的协调策略。再者，人的行为具有动态性和可变性。管理需要时刻保持对人员行为的敏感性和洞察力，及时调整管理策略，以适应新的情况。这要求管理者具备高度的灵活性和应变能力，能够迅速识别并应对人员行为的变化，确保组织的稳定和持续发展。

对人的行为进行协调要求管理者具备深入了解员工行为的能力，制定有效的管理策略，以引导员工的行为与组织目标保持一致。同时，管理还需要关注员工的心理需求和职业发展，为员工提供支持和保障，从而激发员工的积极性和创造力，推动组织的持续发展和创新。

三、管理的职能

人类的管理活动具有哪些最基本的职能？这一问题经过了许多人近百年的研究，至今还是众说纷纭。自法约尔提出五种管理职能以来，最常见的提法是计划、组织、领导、控制。根据管理理论的最新发展，国内外学者对管理职能的认识也有所发展，如表 2.1 所示。

表 2.1　国内外学者对管理职能的不同观点

管理职能	古典的观点（代表人物：亨利・法约尔）	常见的观点（代表人物：彼得・德鲁克，斯蒂芬・P. 罗宾斯，玛莉・帕克・福莱特）	其他观点（代表人物：哈罗德・孔茨）	本书的观点（代表人物：亨利・明茨伯格，周三多，陈传明）
计划	√	√	√	决策
决策				
组织	√	√	√	组织
人事			√	
指导				领导
指挥	√			
领导		√	√	
协调	√			
沟通				
激励				
代表				

续表

<table>
<tr><th>管理职能</th><th>古典的观点
（代表人物：
亨利·法约尔）</th><th>常见的观点
（代表人物：彼得·德鲁克，
斯蒂芬·P.罗宾斯，
玛莉·帕克·福莱特）</th><th>其他观点
（代表人物：
哈罗德·孔茨）</th><th>本书的观点
（代表人物：亨利·明茨伯格，周三多，陈传明）</th></tr>
<tr><td>监督</td><td></td><td></td><td></td><td rowspan="3">控制</td></tr>
<tr><td>检查</td><td></td><td></td><td></td></tr>
<tr><td>控制</td><td>√</td><td>√</td><td>√</td></tr>
<tr><td>创新</td><td></td><td></td><td></td><td>创新</td></tr>
</table>

（一）决策职能

决策职能是管理的核心组成部分，它贯穿于组织运作的各个环节，从战略规划到日常运营，无一不体现决策的重要性。决策是组织在未来众多的行动可能中选择一个比较合理的方案。为选择正确的行动方向、确定合理的行动目标，管理者首先要研究组织活动的内外部环境，同时要分析企业内部在客观上拥有的资源状况以及在主观上利用资源的能力。决策是管理活动的起点，也是管理活动的归宿。正确的决策能够指导组织资源的有效配置，推动组织目标的实现；而错误的决策则可能导致资源浪费、效率低下，甚至危及组织的生存与发展。

（二）组织职能

组织是指管理者根据计划对组织活动中各种要素和人们的相互关系进行合理的安排，包括设计组织结构、建立管理体制、分配权力和资源、配备人员、建立有效的信息沟通网络、监督组织运营等。组织工作是决策工作的延伸，其目的是把组织的各类要素、各个部门和各个环节，从劳动的分工和协作上，从时间和空间的连接上，从相互关系上，都合理地组织起来，使劳动者之间和劳动工具、劳动对象之间，在一定的环境下，形成最佳的结合，从而使组织的各项活动协调有序地进行，不断提高组织活动的效率和效益。

组织目标决定着组织结构的具体形式和特点。例如，政府、企业、学校、医院、军队、教会、政党等等社会组织由于各自的目标不同，其组织结构形式也各不相同，并显示出各自的特点。反过来，组织工作的状况又在很大程度上决定着这些组织各自的工作效率和活力。

（三）领导职能

每一个组织都是由人组成的，管理者的主要任务之一是指导协调组织中的人，这就是领导。所以，领导是指利用组织赋予的权力和自身的能力去指挥和影响下属为实现组织目标而进行各种活动的过程。领导职能是指管理者带领、指挥和激励下属，选择有效的沟通渠道，营造良好组织氛围去实现组织目标的过程。有效的领导要求管理者在合理的制度环境中，针对组织成员的需要和行为特点，运用适当的方式，采取一系列措施去提高和维持组织成员的工作积极性。所以，领导职能包括协调、激励和沟通等。

（四）控制职能

人们在执行计划过程中，由于受到各种因素的干扰，常常使实践活动偏离原来的计划。为了保证目标及为此而制订的计划得以实现，就需要有控制职能。控制的实质就是使实践活动符合于计划，计划就是控制的标准。控制职能是为了保证系统按预定要求运作而进行的一系列工作；同时也是管理者在建立控制标准的基础上，衡量实际工作绩效，分析出现的偏差，并采取纠偏措施的过程。

（五）创新职能

将创新作为一种管理职能是一种新的认识。20 世纪 50 年代以来，随着科学技术的飞速发展，市场需求瞬息万变，社会关系日益复杂，管理者每天都会遇到新情况、新问题。如果墨守成规、没有创新，就无法应付新形势的挑战，从而无法完成所负担的管理任务。所以，创新是社会发展的源泉，人类社会在不断的创新中取得了进步和发展，人类本身也在不断的创新中获得进一步的完善。创新对于社会经济发展的强大推动作用已经远远超过了以往任何一个时代。

【微阅读】“坚持创新在我国现代化建设全局中的核心地位”

中国共产党第二十次全国代表大会上的报告指出：“必须坚持科技是第一生产力、人才是第一资源、创新是第一动力，深入实施科教兴国战略、人才强国战略、创新驱动发展战略，开辟发展新领域新赛道，不断塑造发展新动能新优势。”“完善科技创新体系。坚持创新在我国现代化建设全局中的核心地位。完善党中央对科技工作统一领导的体制，健全新型举国体制，强化国家战略科技力量，优化配置创新资源，提升国家创新体系整体效能。扩大国际科技交流合作，加强国际化科研环境建设，形成具有全球竞争力的开放创新生态。”“加快实施创新驱动发展战略。加快实现高水平科技自立自强。以国家战略需求为导向，集聚力量进行原创性引领性科技攻关，坚决打赢关键核心技术攻坚战。加快实施一批具有战略性全局性前瞻性的国家重大科技项目，增强自主创新能力。营造有利于科技型中小微企业成长的良好环境，推动创新链产业链资金链人才链深度融合。”

各项管理职能都有自己独有的表现形式。例如决策职能通过目标的制定和行动的确定表现出来。组织职能通过组织关系结构的设计和人员的配备表现出来。领导职能通过领导者和被领导者的关系表现出来。控制职能通过偏差的识别和纠正表现出来。创新职能与上述各种管理职能不同，它本身并没有某种特有的表现形式，它总是在与其他管理职能的结合中表现自己的存在和价值。

每项管理工作一般都是从决策开始，经过组织、领导到控制结束。各项职能之间同时相互交叉渗透，控制的结果可能又导致新的决策，开始又一轮新的管理循环。如此循环不息，把工作不断推向前进。创新在这管理循环中处于轴心的地位，成为推动管理循环的原动力。如图 2.1 所示。

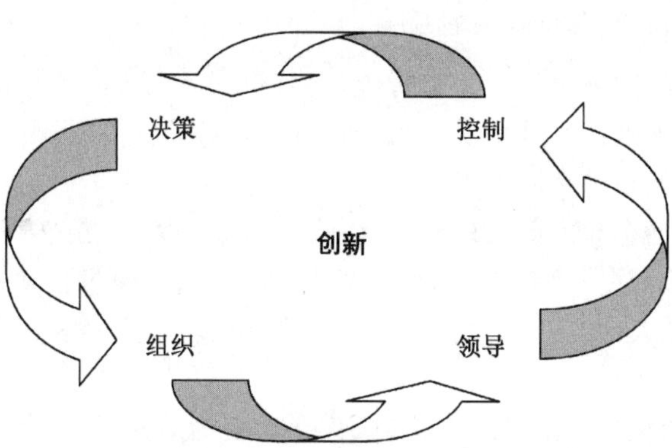

图 2.1　管理职能之间的关系

【小案例】 究竟是谁的责任

在某石油公司中,组织手册中规定:总经理负责全面主持公司的管理和业务;企管部经理作为公司综合管理部门负责人,主管公司规章制度的组织修订、监督执行以及对公司各部门的考核奖惩;加油站作为公司下属业务部门,等级上与企管部平级,其经理作为该业务部门负责人,负责实施该部门的业务运作和管理。

某天深夜,总经理偶然发现加油站员工在值班期间违规睡觉。第二天他便把企管部经理叫到办公室批评了一顿,责怪企管部监督不力,制度执行不严。企管部经理感觉很委屈:相关公司制度企管部已经认真制定完成,向公司各个部门交代沟通也很清楚,并且企管部也在认真地监督检查各部门的执行情况,但是不可能面面俱到,深夜里发生这种事,企管部也没有办法避免;况且加油站作为企管部的平级部门,企管部经理没有权力直接指挥加油站经理,发生这种事情,也就不应该由企管部承担责任(挨骂),而应由加油站经理负责。

思考:

1. 在这件事情里,到底谁应该负责任,应负什么责任?

2. 从管理的职能出发,该企业在哪方面工作中有待改进?

三、管理的原理

管理原理是指管理活动的根本依据和准则,反映了管理的基本规律。它是现实管理现象的抽象,是对各项管理制度和管理方法的高度综合与概括。

关于管理原理的体系,管理学界存在较大的分歧,许多学者曾作过深入的研究和探讨,并提出相应的管理原理体系的构成模式。根据管理科学与理论的最新研究成果,我们认为在当今的社会技术经济环境下,管理原理体系应包括以下四个基本组成部分。

(一)人本原理

人本管理,就是以人为本的管理。人本管理原理的实质在于:在管理中,应当把人看作最主要的管理对象和最重要的资源,确立以人为本的指导思想及依靠广大员工实现组织发展,运用各种激励手段,调动和充分发挥人的积极性和创造性。

组织是人的集合体,组织活动是由人来进行的,组织活动的管理既是对人的管理,也是通过人进行的管理。人是组织的中心,也是管理的中心,人本原理当是管理的首要原理。以人为中心的人本原理要求对组织活动的管理既是"依靠人的管理",也是"为了人的管理"。"依靠人的管理"一方面强调组织被管理者参与管理,参与组织活动方向、目标以及内容的选择、实施和控制,另一方面强调根据人的特性对组织、对人进行管理,重视管理的人性化。"为了人的管理"是指管理的根本目的是为人服务的。

同时,"人"不仅包括企业内部、参与企业生产经营活动的人(虽然在大多情况下,这类人是管理学研究的主要对象),而且包括存在于企业外部的、企业通过提供产品为之服务的用户。综上所述,尊重人、依靠人、发展人、为了人是人本管理的基本内容和特点。

(二)系统原理

将组织视为复杂的社会经济技术系统,把管理理解为对系统的设计、构建并使之正常、高效运转的过程。系统管理原理可以表述为:组织是一个复杂的、动态的社会经济技术系统,管理就是为了达到一定的目的、实现组织目标而设计并运作好这个系统的活动。

系统论的观点认为,任何管理都不是孤立的、个别的、单因素的行为,而是若干个和外部环境有着特定关系的、互相联系的部分有机结合而成的一个整体。因而管理是一个系统,管理活动是一种系统的活动。

管理的系统性，还表现在管理总是多方面要素的综合。人、财、物、信息等都是管理的要素。经济活动中，不存在没有人参与的管理，不存在不耗费或不需要任何财力、物资的管理，也不存在不接收或不输出任何信息的管理。充分利用各种要素，使它们紧密结合，协调行动，成为一个有机的整体，这是实施任何管理必不可少的条件。各种要素越协调，管理越有效。

管理的系统性，还表现在管理总是多种职能的统一。在社会化大生产条件下，不存在只行使一种职能便可实施的管理。计划、组织、领导、控制、协调等职能的统一才构成管理。它们既在各管理环节分别行使，又总是在同一环节中统一体现。

（三）效益原理

在资源稀缺性的基础之上，对效益的追求是管理永恒的主题。管理主要目的是创造出最大的效益，追求应有效益是组织生存和发展的前提条件。在管理中，重视效益，追求效益，以最小的消耗和代价，获取最佳的经济和社会效益，这就是管理的效益原理的基本要求。

在考察效益时，必须把经济效益与社会效益统一起来，经济效益指的是既能节约消耗，降低成本，提高产量，增加收益，又能符合市场交换的需要和人民生活消费需要的效益，它一般表现为可以用货币数量表示的盈利额，如利润、上交税金、收入等。而社会效益指的是从长远和全局看，是否符合人民生活、国家建设和社会发展的根本利益，往往是无形的、长期的、难以用货币来计量的，如生态环境、社会文化、精神文明、后代幸福等。管理实践中，坚持两种效益的统一观点，确立管理活动的效益观，把长远和当前、局部和全局的效益统一于经济和社会效益的协调之中。

【微阅读】　中国式现代化是人与自然和谐共生的现代化

中国共产党第二十次全国代表大会上的报告指出，“中国式现代化是人与自然和谐共生的现代化。”“高质量发展是全面建设社会主义现代化国家的首要任务。”“大自然是人类赖以生存发展的基本条件。尊重自然、顺应自然、保护自然，是全面建设社会主义现代化国家的内在要求。必须牢固树立和践行绿水青山就是金山银山的理念，站在人与自然和谐共生的高度谋划发展。”

“我们要推进美丽中国建设，坚持山水林田湖草沙一体化保护和系统治理，统筹产业结构调整、污染治理、生态保护、应对气候变化，协同推进降碳、减污、扩绿、增长，推进生态优先、节约集约、绿色低碳发展。”这意味着企业在追求经济效益的同时，也应注重环境保护、资源节约和生态平衡，以实现可持续发展。这实际上是对企业社会责任的一种体现，即企业不仅要对自身负责，还要对社会和环境负责。

报告中还强调，“增进民生福祉，提高人民生活品质”，并提出了一系列改善民生的举措。企业在这一过程中可以发挥积极作用，通过提供就业机会、支持公益事业、参与社区建设等方式，为共同富裕和民生改善做出贡献。在经营管理中应注重环境保护和可持续发展，实现经济效益、生态效益和社会效益的协调发展。

（四）适度原理

在管理活动中存在着许多相互矛盾的选择，管理者需要在这些选择中找到平衡点，避免过度或不足。良好的管理要求管理者在处理组织内部各种矛盾、协调各种关系时把握好度的问题。追求适度的原因在于组织管理面对的各种不确定性以及由此而决定的管理实践的艺术性特征，度的把握在很大程度上取决于管理者的直觉。

管理实践中，管理者需要根据活动环境、活动条件以及活动对象等因素的特征及其变化，艺术地运用科学的理论、手段和方法。而度的把握在很大程度上取决于管理者的直觉和经验。比如，在业务活动范围的选择上专业化与多角化的对立。专业化经营可以使企业拥有稳定的业务方向和顾客队伍，从而有利于企业完善管理；多角化经营则可以使企业有广阔的市场，从而承受较小的经营风险。组织在业务活动范围的选择上既不能过宽，也不能过窄；在管理宽度的选择上，既不能过大，也不能过小；在权力的分配上，既不能完全集中，也不能绝对分散，必须在两个极端之间找到最恰当的点，进行适度组合。

以上构成管理原理体系的四个基本管理原理，都是现代管理不可缺少的指导思想和管理哲学，是不可违背的管理的基本规律，它们既相互独立，又相互联系、相互渗透，从而构成一个有机的体系。

五、管理的基本工具

（一）权力

权力是组织中的相关个体在一定时期内相对稳定的一种关系。权力的主体根据自己的意志决定权力指向的客体的行为，权力指向的客体必须根据权力主体的要求表现符合旨意的行为。权力的实质为影响力，这种影响力使得权力主体能够对权力客体产生作用，并使其按照权力主体的意愿行事。权力作为管理的基本工具之一，能够规范和协调下属的行为，同时，在管理过程中发挥着决策与领导、激励与促进、分配与评估等重要作用；此外，权力的合法性和有效性也确保了其作为管理工具的地位。然而，权力的合理运用也面临着一些挑战，需要管理者不断提升自身的权力运用能力。

权力在管理中的作用主要体现在以下几个方面：权力使得管理者能够制定规章制度，规范下属的行为，确保组织目标的实现；权力使得管理者能够调配和组织资源，以满足组织的需求；通过奖赏和惩罚等手段，权力能够激发员工的积极性和创造力；在面对组织变革时，权力使得管理者能够推动变革的进行，确保变革的顺利实施。

然而，权力也可能带来一些负面影响，如滥用权力、权力斗争、权力寻租等问题。这些问题可能导致组织内部的矛盾和冲突，影响组织的稳定和发展。

为了有效运用权力，管理者应明确自己的权力范围，避免越权行事。根据下属的能力和需求，管理者应合理授权，以提高组织的效率和灵活性。为了防止权力滥用，管理者应建立完善的监督机制，对权力的行使进行监督和约束。并且通过培养积极的组织文化，管理者可以增强员工的归属感和忠诚度，从而降低对权力的依赖。

综上所述，权力作为管理工具在管理活动中具有重要作用。然而，管理者需要谨慎运用权力，避免其带来的负面影响。通过明确权力范围、合理授权、建立监督机制和培养组织文化等措施，管理者可以更有效地运用权力，推动组织的发展。

（二）组织文化

组织文化通常是指在狭义的组织管理领域内产生的一种特殊的文化倾向，它实质上是组织在长期发展过程中，把组织成员结合在一起的行为方式、价值观念和道德规范的总和。组织文化具有阶级性、民族性、整体性和个体性、历史连续性以及创新性等特性。这些特性使得组织文化能够成为管理的基本工具之一。

组织文化在管理中发挥着重要的作用。组织文化通过共同的价值观和行为准则，引导组织成员在参与组织活动过程中做出符合组织利益的行为选择，有助于形成统一的行为规范，提高组织的整体效率。能够增强员工的归属感和忠诚度，使员工更加认同组织的使命和愿景，有助于激发员工的积极性和创造力。组织文化通过外在的表现形式，如组织的标志、口号、工作环境等，塑造组织的独特形象，有助于提升组织的知名度和美誉度，增强组织的竞争力。组织文化还可以通过内化的方式，使组织成员自觉遵守组织的规章制度和行为规范，有助于维护组织的秩序和稳定，确保组织目标的实现。

组织文化作为管理工具具有低成本高效益的优势。组织文化一旦形成，对组织成员的影响是持续的、普遍的，且成本相对较低。通过构建合理的组织文化，管理者可以以较小的成本实现较大的管理效益。

在实践中，管理者可以通过多种方式构建和塑造组织文化，如制定组织使命和愿景、提炼核心价值观、开展文化活动、加强员工培训和教育等。这些措施有助于形成独特的组织文化，提高组织的凝聚力和竞争力。

综上所述，组织文化作为管理的基本工具之一，具有引导行为、凝聚人心、塑造形象和规范行为等多重作用。通过构建合理的组织文化，管理者可以实现低成本高效益的管理目标，增强组织的适应性和灵活性，促进组织的持续发展。

第二节　管理思想的演进

一、早期的管理实践与管理思想

从已有的文字记载来看，人类很早就开始了对管理活动规律的探索。在管理实践活动的基础上，通过思考总结开始形成零星的管理原则，并用于指导具体的管理实践。其中的一些思想对于今天的人们仍然具有很强的现实意义。

(一)中国早期管理思想

中国是一个具有几千年文明史的国家，我国古代各族人民以自己的智慧和辛勤劳动创造了许多令现代人叹为观止的著名的管理实践和极为丰富的管理思想。如由李冰父子主持修建的集分洪、灌溉、排沙诸功能于一体的都江堰水利工程，秦大将蒙恬“役40万众”建造的万里长城，隋唐人工挖建的京杭大运河，等等，这些伟大工程，无不凝聚了我们祖先的管理才能和光彩夺目的管理思想。在浩瀚的古籍中，也蕴含着十分丰富的管理思想，如《论语》《易经》《老子》《孙子兵法》《三十六计》《资治通鉴》《史记》《西游记》《菜根谭》等古书籍中所包含的管理思想，至今仍备受世界各国管理界的推崇。下面列举的仅仅是我国早期管理思想中的一部分。

1.《孙子兵法》的战略管理思想

“运筹帷幄之中，决胜千里之外。”这句古代名言充分说明我们的祖先为了在竞争和对抗活动中获胜，十分重视运筹思想与战略决策方法的应用。2 300多年前“田忌赛马”的故事是孙膑运用运筹思想的生动反映。三国时期的诸葛亮也是我们今天一直称道的一位具有非凡决策能力的思想家和军事家，他的《隆中对》就是一个高瞻远瞩、善于审时度势的决策典范。而2 500多年前由孙武创作的《孙子兵法》不仅是我国军事文化遗产中的瑰宝，而且对现代战略管理仍具有多方面的启迪作用。

(1)系统论思想

《孙子兵法》开篇就提出了“经五事，校七计”的系统思想。战争的胜败取决于各个方面的因素和情况,但关键的是“经五事”,即“道、天、地、将、法”五个方面的因素。对现代组织的战略管理有着极强的指导意义:必须指明组织的发展目标与发展方向,建设组织文化,以此来凝聚人心;抓住组织发展的有利时机;摆正组织在激烈竞争中自己所处的位置;高度重视人才并培养组织的人才;引进先进的技术设备;注重对员工的培训;建立健全组织内部的各项规章制度,以法进行规范管理等。

(2)人才论思想

“将者,智、信、仁、勇、严也”。把“将”的首要素质要求定位在“智”,即把知识和才能放在首位。现代管理非常强调人才的重要性,但什么是人才?人才的衡量标准和基本素质是什么?什么素质最重要?我们可以从中获得启发。现代管理亦要求管理者必须具备思维、规划、判断、独创和洞察等能力,应具备“信赖感”“诚实”“品德超人”“勇于负责”“敢于创新”“敢冒风险”“公平”“严于律己”等基本素质。

(3)对策论思想

“夫未战而庙算胜者,得算多也;未战而庙算不胜者,得算少也。多算胜,少算不胜,而况无算乎!”开战之前就预测到能够取胜,是因为事前筹划周密,胜利的条件充分;开战前就预计不能取胜,是因为营谋筹划不够,胜利的条件不足。筹划周密、营谋充分,条件充足就能取胜;筹划疏漏、条件不足就会失败,更何况不作筹划、毫无准备呢?这对现代管理强调决策与环境分析、战略管理、事前控制有十分重要的启迪意义。

(4)信息论思想

“知彼知己,百战不殆;不知彼而知己,一胜一负;不知彼,不知己,每战必殆。”“明君贤将所以动而胜人,成功出于众者,先知也。先知者,不可取于鬼神,不可象于事,不可验于度,必取于人,知敌之情者也。”“不知敌之情者,不仁之至也,非民之将也,非主之佐也,非胜之主也。”以上言句都体现出管理活动中对信息的高度重视。

2. 经营理财思想

(1)重视预测

在《货殖列传》中,司马迁记述了春秋末年范蠡、白圭等人的市场预测思想。他们认为“六岁穰,六岁旱,十二岁一大饥”,主张要“乐观时变”以及“水则资车,旱则资舟”“人弃我取,人取我予”“欲长钱,取下谷”的待乏原则。

(2)专业化分工

古人根据自己从事手工业生产的经验,认为专业化分工协作有利于提高人们的工作效率。

战国时期的墨子就提出了劳动分工的思想,主张“各事其能”。孟子也认为劳动分工是非常重要的,“且一人之身,而百工之所为备,如必自为而后用之,是率天下而路也。”(《孟子·滕文公上》)一个人什么事都自己去做,就会疲惫不堪,而以自己之有余以换不足,则大家都受益。孟子把劳动分工加以引申,得出“劳心者治人,劳力者治于人”的结论。

(3)理财之道

古代理财思想中最著名的莫过于陶朱公的理财十二则和十二戒。陶朱公,据说就是春秋末期越国的名臣范蠡,他在帮助越王勾践灭亡吴国之后弃官出走,先到齐国经商,后又到了卫国的定陶定居,化名陶朱公。陶朱公经商有方,屡获巨利,他把自己的经营之术称为“计然之策”。其中有理财的十二则和十二戒。十二则:能识人,能用人,能知机,能倡率,能整顿,能敏捷,能接纳,能安业,能辩论,能办货,能收账,能还账。理财的十二戒:莫悭吝,莫浮华,莫畏烦,莫优柔,莫狂躁,莫固执,莫贪赊,莫懒收,莫痴货,莫昧时,莫争趋,莫怕蓄。陶朱公的理财十二则和十二戒较全面地阐述了理财的原则。

3. 用人思想

我国古代早就注意到要“选贤任能”“任人唯贤”“唯才是举”，要“用人所长”，为了充分发挥人才的作用，要“疑人不用，用人不疑”。唐太宗讲：“致安之本，惟在得人”，“能安天下者，惟在用得贤才”。在选才方面，战国时期的墨子对当时王公大臣重用骨肉之亲而不问德行“任人唯亲”的做法非常不满，主张用人应当是“尚贤”。他指出国家在用人时应“不辨贫富、贵贱、远近、亲疏，贤者举而尚之，不肖者抑而废之”。而在采用贤哲时，要先“听其言，迹其行，察其所能”。庄子在选人方面还提出了九条原则，即“故君子远使之而观其忠，近使之而观其敬，烦使之而观其能，卒然问焉而观其知，急与之期而观其信，委之以财而观其仁，告之以危而观其节，醉之以酒而观其则，杂之以处而观其色。九征至，不肖人得矣”。

4. 奖惩思想

(1)奖惩的重要性

荀子说：“赏不行，则贤者不可得而进也；罚不行，则不肖者不可得而退也。”没有奖赏，有才德的人就得不到提拔；没有惩罚，则不贤能的人就不能被斥退。古代统治者认为，只赏不罚，必乱；只罚不赏，必怨；无赏无罚，既乱又怨；只有赏罚结合，赏罚分明，才能治。

(2)量功分禄

荀子指出：“无能不官，无功不赏”。把“官”和“赏”区别开来，把官和能相对应，把功和赏相对应。墨子也主张“量功而分禄”，他把任官(用人)与分禄分别开来，主张对有功的多给荣誉和享受，而把官授予有才能的人。

(3)奖惩的原则

管子、韩非子都主张重赏重罚。管子“赏薄则民不利，禁轻则邪人不畏”(《管子·正世》)。韩非子“赏莫如厚，使民利之；誉莫如美，使民荣之；诛莫如重，使民畏之；毁莫如恶，使民耻之”(《韩非子·八经篇》)。就是说，奖赏最好是重赏，而且该赏的一定要赏，使人们得到好处；惩罚最好是重罚，而且该罚的一定要罚，使人们感到害怕。唐太宗李世民用最精练的语言阐述了赏罚严明的原则：“赏当其劳，无功者自退。罚当其罪，为恶者戒惧”(《贞观政要》)。

5. 中国古代管理思想的特点

中国古代光彩夺目的管理实践和管理思想还可列举很多，通观中国古代管理实践和管理思想有下列特点：

(1)历史渊源长。可追溯到公元前几千年的春秋战国时代。

(2)涵盖内容广。涉及政治、经济、军事、文化、工程等各个领域。

(3)适用层次多。微观可应用于家庭、家族的日常事务管理，宏观可作为“治国平天下”之文韬武略。

(4)辐射影响大。广泛流传海内外，特别是日本、韩国及东南亚地区。

(5)思想凝练精。如“孙子兵法”的格言早就被日本、美国等发达国家应用于企业管理，被一些企业家奉若神明，视为“商界竞争必胜之武器”。

但令人遗憾的是，中国古代的管理思想比较零散，缺乏系统的整理、总结和提高，没有形成系统的管理理论。特别是到了近代以后，中国经济、政治、社会、科技、文化开始全面衰落，与西方国家的差距不断扩大，这种落后必然导致并反映到管理思想与管理理论上。

(二)外国早期的管理思想

国外有记载的管理实践和管理思想可以追溯到六千多年前，一些文明古国如古埃及、古巴比伦、古罗马等在组织大型工程的修建、指挥军队作战、教会组织的管理和治国施政中都体现出了大量高深的管理思想。

古埃及人在公元前5000年左右开始建造的金字塔，是世界上最伟大的管理实践之一。其中最大的胡夫金字塔，高146米，底边各长230米，共耗用上万斤重的大石块230多万块，动用了10万人力，费时20年得以建成。现代著名管理学家彼得·德鲁克认为那些负责修建埃及金字塔的人是历史上最优秀的管理者，因为他们当时在时间短、交通工具落后及科学手段缺乏的情况下创造了世界上最伟大的奇迹之一。

公元前2000年左右，古巴比伦国王汉穆拉比曾经颁布《汉穆拉比法典》（又名《石柱法》，因是用楔形文字刻在石柱上的）。这部法典共有280多条，包含丰富的管理思想。如其中对责任的承担、借贷、最低工资、货物的交易、会计和收据的处理、贵金属的存放等，都作了明确的规定。法典中规定"如果一个人在另一个人那里存放金银或其他东西，必须有一个证人，并拟订契约，然后再存放""如果某家的房屋倒塌，并压死了人，那么造房子的人要被处以死刑"等。

古罗马帝国的长期兴盛也为我们留下了管理方面的宝贵遗产。公元284年，狄奥克利雄大帝登上王位后，发现古罗马帝国过于庞大，属下人员太多，难以管理，于是建立了层次分明的中央集权组织，这种组织采用了按地理区域划分基层组织，并采用效率很高的职能分工，还在各级组织中配备了参谋人员。古罗马帝国当时之所以能迅速扩张并延续统治几个世纪，在很大程度上应归功于狄奥克利雄大帝卓越的组织才能。

另外，15世纪世界最大的几家工厂之一的威尼斯兵工厂，在当时就采用了流水线作业；并建立了早期的成本会计制度；实行了管理分工，工厂的管事、指挥、领班和技术顾问全权管理生产，而工厂的计划、采购、财务事宜由市议会通过一个委员会来负责。这些都体现了现代管理思想的雏形。

（三）早期管理理论的萌芽

18世纪中叶，西方国家相继发生了产业革命。产业革命大大推动了生产技术的进步，使人力资源与自然资源的大规模结合成为可能，以手工技术为基础的资本主义工场手工业开始过渡到以机器大生产为特征的资本主义工厂制度。工厂制度的产生，导致生产规模的扩大、专业化协作的发展、投入生产的资源增多等，这就带来一系列迫切需要解决的新问题，如工人的组织、分工、协作、配合问题，工人与机器、机器与机器间的协调运转问题，劳资纠纷问题，劳动力的招募、训练与激励问题，劳动纪律的维持问题等。在这种形势下，一些管理先驱者从不同角度对管理进行了理论研究，其中对以后管理理论的形成有较大影响的代表人物有亚当·斯密、罗伯特·欧文、查尔斯·巴贝奇等。

1.亚当·斯密的劳动分工与"经济人"思想

英国古典政治经济学家亚当·斯密在1776年发表的代表作《国民财富的性质和原因的研究》中，最早对劳动分工进行了研究。他以工人制造大头针为例，详细阐述了劳动分工可以极大地提高劳动生产率：如果一名工人没有受过专门的训练，恐怕一天也难以制造出一枚针来，如果把制针的程序分为若干专门操作，平均每人"一日也能成针十二磅"（大约48 000枚）。他还进一步阐述了劳动分工之所以能提高劳动生产率的原因：第一，劳动分工可以使劳动者专门从事一种单纯的操作，从而提高工人技术的熟练程度；第二，劳动分工可以减少由于变换工作而损失的时间；第三，分工使劳动简化，可以使人们把注意力集中到一种特定的对象上，有利于发现比较方便的工作方法和改进机器和工具。

亚当·斯密还提出了"经济人"的观点，认为人们在经济活动中追求的是个人利益，社会利益是由于个人利益之间的相互牵制而产生的。亚当·斯密的分工理论和“经济人”观点，对后来西方管理理论的形成有巨大而深远的影响。

2.罗伯特·欧文的人事管理思想

英国空想社会主义代表人物之一的罗伯特·欧文，从18岁创办他的第一个工厂开始，就一直致力于工厂管理的研究。他最早注意到了工厂中人力资源的重要性，并对人力资源的利用提出了独特的见解。在欧文以前，工厂的老板大多把工人看作是呆板的机器和工具，而欧文把他们看作是有感情的人，他认为工厂要获利，就必须注意对人的关心，在人际关系方面取得和谐一致。他在给他的工厂总管的信中写道：“你们对无生命的机器给予良好的保养，能够产生有利的结果，那么要是对构造奇妙的有生命的机器——人给予同样关心的话，那还有什么不能指望的呢?”他在自己管理的工厂中进行了一系列改革，如禁止招收童工，送他们去学校读书；着手改善工人的生产条件和生活条件；缩短劳动时间；禁止对工人进行惩罚；工人对任何人有抱怨，都可向他直接诉说等。所有这些使他赢得了工人的信任，他的棉纺厂的事业也蒸蒸日上。由于欧文对人力资源的重视和开拓性研究，后人把他称为人事管理的先驱。

3.查尔斯·巴贝奇的科学管理

查尔斯·巴贝奇是英国有名的数学家和机械专家，他在科学管理方面做了许多开创性工作，他曾花几年的时间到英、法等国的工厂调查与研究管理问题。他在1832年出版的代表作《论机器和制造业的节约》中，对专业分工、科学工作方法、机器与设备的有效使用、成本的记录与核算等问题进行了深入论述。此外，他还发展了亚当·斯密的劳动分工思想，第一次指出脑力劳动和体力劳动一样，也可以进行劳动分工。他还对劳动报酬问题进行研究，提出固定工资加利润分享制度，即应该比例于工人的效率和工厂的成功而付给工人奖金，以谋求劳资双方的调和。巴贝奇主张通过科学研究来提高机器工具、材料、工人的工作效率，这已展示出了科学管理的萌芽，因此后人把巴贝奇称为科学管理的先驱。

当然，这个阶段的管理理论尚处于萌芽时期，企业的管理者一般就是企业的所有者，企业主大权独揽，完全凭个人的能力和经验，来制订企业的大政方针，并实施管理。各类人员主要采取师傅带徒弟和自己摸索的经验来操作，没有统一的操作规程，没有统一的管理方法。研究的管理问题也着重在企业内部，管理内容主要局限于生产管理、成本管理、工资管理等方面，还没有形成系统化的管理理论。

二、古典管理理论

19世纪末20世纪初，伴随第二次科技革命，电力、内燃机等新技术在企业中广泛应用，大大促进了资本主义生产的发展，推动了资本的积累和集中，企业的生产规模不断扩大，生产技术更加复杂，生产的专业化、社会化程度日益提高。同时，随着自由竞争资本主义发展为垄断资本主义，企业主为了获得高额垄断利润，往往采取提高工人劳动强度、延长工人工作时间、降低工人工资等办法，导致劳资双方矛盾不断扩大。此时单凭企业主个人经验和传统管理方式已然行不通，客观上要求有科学的管理来代替传统的经验管理。

正是基于上述形势的客观需要，为了适应生产力的发展，改善管理的粗放和低水平，当时在美、法、德等国家都产生了科学管理运动，从而形成了各有特点的管理理论。

(一)泰勒的“科学管理理论”

弗雷德里克·温斯洛·泰勒被西方管理学界称为“科学管理之父”，他的代表著作有《计件工资制》《车间管理》《科学管理原理》等。这些书中的管理理论奠定了科学管理的理论基础，标志着管理科学的正式形成。泰勒的“科学管理理论”的主要观点包括以下几个方面的内容：

1. 改进工作方法，并根据工作的要求挑选和培训工人

(1)改进操作方法，以提高工效、合理利用工时。应把生产过程中每个环节的每项操作分解成许多动作，继而把动作细分为动素，然后研究每项动素的必要性和合理性，据此决定去掉那些不必要的动素，并对保留下来的必要动素根据经济合理的原则加以改进和组合，以形成标准的作业方法。同时，进一步观测和分析工人完成每项工作需要的时间，为标准作业方法制定标准作业时间。

(2)作业环境与作业条件的标准化。泰勒认为，为了使工人能够在标准时间内完成标准的操作，还必须根据作业方法的要求，使工人的作业环境和作业条件(工具、设备、材料等)标准化。

(3)根据工作要求，挑选和培训工人。泰勒认为，人有不同的禀赋才能，只要工作合适，都可以成为第一流的工人。提高工人的劳动生产率，首先要根据不同工人的不同特长来分配工作。正确地选择工人担任适当的工作后，还要根据标准的作业方法来培训工人。

2. 改进分配方法，实行差别计件工资制

泰勒认为，要刺激工人提供更多的产量，工资标准不仅应当稳定，而且应该随着产量的增加而提高，实行差别计件工资制，即在计算工资时，采取不同的工资率，未完成定额的按低工资率付给，完成并超过定额的按高工资率付给。由于完成并超过定额能以较高的标准得到报酬，工人愿意提供更多数量的劳动。

3. 改进生产组织，加强企业管理

(1)在企业中设置计划部门，把计划职能与执行职能分开。主张在企业中设立专职的计划部门，把计划(管理)职能同执行(作业)职能相分离。

(2)实行职能工长制。实行职能工长制，对管理人员的培养只需花费较少的时间，因为只需他们掌握某一个方面的技能；从事专门的职能管理，可以提高管理劳动的效率；由于计划和作业标准已在计划部门制定，现场工长只需进行指挥监督，因此低工资者也可从事复杂的工作，从而可能降低企业的生产费用。

(3)进行例外管理。例外管理是指企业的上级主管把一般的日常事务授权给下级管理人员去处理，而自己保留对例外事项或重要问题的决策与监督权。

【知识链接】 科学管理之父：弗雷德里克·温斯洛·泰勒

弗雷德里克·温斯洛·泰勒(Frederick Winslow Taylor，1856—1915 年)，美国著名管理学家，经济学家，被后世称为“科学管理之父”。泰勒在他的代表作《科学管理原理》(1911 年)中提出了科学管理理论。20 世纪以来，科学管理在美国和欧洲大受欢迎。100 多年来，科学管理思想仍然发挥着巨大的作用。当然，泰勒的科学管理理论也有其一定的局限性，如研究的范围比较小，内容比较窄，侧重于生产作业管理。另外泰勒对于现代企业的经营管理、市场、营销、财务等都没有涉及。更为重要的是他对人性假设的局限性，即认为人仅仅是一种经济人，这无疑限制了泰勒的视野和高度。但这些也正是需要泰勒之后的管理大师们创建新的管理理论来加以补充的地方。

资料来源：弗雷德里克·温斯洛·泰勒. https://baike.baidu.com/item/弗雷德里克·温斯洛·泰勒/1316066.

(二)法约尔的一般管理理论

亨利·法约尔(Henri Fayol，1841—1925 年)，法国人，被称为“经营管理之父”。法约尔

19 岁从圣艾帝安国立矿业学院毕业后进入一家大型采矿冶金公司担任工程师，很快显露出他的管理才能，28 岁担任公司总经理。他与泰勒不同，泰勒从企业底层开始研究管理问题，着重研究生产过程中的工作管理，而法约尔位居高层，是从企业上层开始研究管理问题，着重研究企业的经营管理问题。1916 年出版了他的代表作《工业管理和一般管理》，这本著作是法约尔一生的管理经验和管理思想的总结，法约尔被公认为是第一位概括和阐述一般管理理论的管理学家。他的管理理论主要体现在以下几点。

1. 明确区分经营和管理

法约尔认为，经营和管理是两个不同的概念，管理只是经营的一部分。除了管理外，经营还包括技术、商业、财务、安全以及会计等一系列职能。在经营的六项基本活动中，管理活动处于核心地位，不但企业本身需要管理，而且其他五项活动也需要管理。

企业内无论是高层领导，还是普通工人，每个人或多或少都要从事这六项活动，只不过随着职务的高低和企业的大小不同而各有侧重。高层人员工作中管理活动所占比重较大，而在直接的生产工作和事务性活动中管理活动较少。法约尔认为，人的管理能力可以通过教育来获得，所以他很强调管理教育的必要性和可能性。

2. 指出管理的五个职能

法约尔认为，管理包括计划、组织、指挥、协调和控制五个职能或要素。计划，是对未来的预测和对未来行为的安排，是管理的首要职能；组织，是指建立企业的物质结构和社会结构，并通过其对人力、物力、财力等资源进行合理配置；指挥，是让已经组建的组织发挥作用；协调，是指企业人员团结一致，使企业中的所有活动和努力得到统一与和谐；控制，是保证企业中进行的一切活动符合所制订的计划和所下达的命令，保证计划得以实现。

3. 总结了管理十四项原则

法约尔根据自己的经验总结了 14 条管理原则，分别为：劳动分工、权利和责任、纪律、统一指挥、统一领导、个人利益服从整体利益、人员的报酬、集中、等级制度、秩序、公平、人员稳定、首创精神以及人员的团结。法约尔强调，这些原则不是死板的概念，而是灵活的，是可以适应于一切需要的。关键是要懂得如何根据不同的情况灵活运用。

(三)马克斯·韦伯的“理想的行政组织体系理论”

德国社会学家马克斯·韦伯(1864—1920 年)的研究主要集中在组织理论方面，被后人称为“组织理论之父”。他的代表作是 1921 年出版的《社会组织和经济组织》。他的主要贡献是提出了“理想的行政组织体系理论”(也称官僚行政组织理论)。韦伯提出，与历史上的其他组织类型相比，科层组织是最理想的组织形式。科层组织或科层制度，通常亦被译为官僚组织、官僚政治，是一种通过公职或职位，而不是通过世袭或个人魅力来进行管理的理想的组织制度。

科层组织是依照下述规则来建立和组织运行的：第一，按行政方式控制的机构的目标所要求的日常活动，是作为正式职责来分配的；第二，执行这种职责所需要的权力是按一种稳定的方式来授予的，并且由官员能加以控制地采用某种强制手段来严格限制；第三，对于正常而继续地履行职责来行使相应的权力的方法有所规定：只有按一般规定符合条件的人才被雇用。按照这三个原则，便可在国家管理的领域构建一种官僚(科层)组织体系的机关，在私营经济领域建立一种科层组织体系的企业。其次，韦伯管理权力的分析是认为只有法理型权力才能成为科层组织的基础，因为这种权力具有下述特征：(1)为管理的连续性奠定了基础。因为权力是赋予职务而不是个人的，因此权力的运用不会因领导人的更换而中断。(2)合理性。担任职务的人员是按照完成任务所需的能力来挑选的。(3)领导人可以借助法律手段来保证权力的行使。(4)所有权力都有明确的规定，而且是按照组织任务所必需的职能加以详细划分的。

韦伯认为，这种体现劳动分工原理的、有着明确定义的等级和详细的规则与制度，以及非个人关系的组织模型最符合理性的原则，是达到目标、提高劳动生产率的最有效的形式，并在精确性、稳定性、纪律性以及可靠性等方面均优于其他组织。所以它适用于所有的大型组织，如教会、国家机构、军队、政党、经济企业和各种团体。

(四)古典管理理论评析

1.古典管理理论的特点

(1)以提高生产效率为主要目标。泰勒等人从事的一系列企业管理科学研究，都是以提高生产效率为目标的。

(2)以科学求实的态度进行调查研究。科学管理这一名称本身就表明泰勒等人对企业管理问题研究的科学求实精神。为了提高劳动生产率，泰勒等人运用科学方法对生产方法的改进作了长时间的、大量的调查研究。例如泰勒进行了著名的“铁块搬运试验”“金属切削试验”，吉尔布雷斯对砌砖工人动作与效率的关系进行了大量的调查研究。

(3)强调以物质利益为中心，重视个人积极性的发挥。泰勒认为，生产效率的提高主要取决于工人个人积极性的发挥，而物质利益则是刺激工人劳动积极性的唯一有效的手段。

(4)强调规章制度的作用。泰勒等人在企业管理实践中，通过大量调查研究总结出一套科学管理的方法，如职能分工、劳动定额、操作规程、作业标准、计件工资等，并主张把科学管理的措施形成企业规章制度，以约束工人在生产经营活动中的行为，并区别对待表现的好坏，给予一定的奖罚；强调组织中上下级的关系必须遵从规章制度，把规章制度作为企业组织重要的管理工具。可见，在企业管理工作中，应当重视规章制度对职工行为的约束功能和导向功能。

2.古典管理理论的贡献与局限性

(1)古典管理理论的贡献

古典管理理论家们建立了管理研究和实践的科学基础。他们把提高组织效率作为其研究的目标，把科学的方法运用到管理活动和管理过程中，使管理学成为一个独立的研究领域，使管理活动能够在科学的基础上进行，从而使管理者能够管理大型的复杂的组织。

(2)古典管理理论的局限性

第一，对组织中人的因素的研究不够，一般只是把人看作“经济人”。

第二，主要强调对组织内部有效运行问题的研究，而忽略了或较少地分析有关外部环境对组织的影响问题。

第三，对解决管理实践中的协调问题以及为贯彻各种管理职能提供服务方面较少涉及。

三、行为科学理论

尽管科学管理理论和方法在20世纪初对提高劳动生产率起了很大的作用，但也激起了员工的不满和反抗。首先金钱的刺激和严格的控制逐渐失去了应有的作用。其次，20世纪20年代组织环境日益复杂化，组织规模也日益扩大，市场竞争更加激烈，这要求管理者不仅要掌握技术、经济因素，而且还需要洞察社会、心理因素，重视人的因素。再次，工人运动有了进一步发展，工会的作用和工人的地位都有了明显的提高，使得管理者不得不考虑到员工的因素。由于上述因素，对人的行为进行研究就变得十分迫切，于是产生了早期的人际关系学说。

（一）玛莉·福莱特的小组行为研究

玛莉·福莱特注意到来自小组的想法不同于来自任何个人的想法。所有小组成员由于加入了小组而在思想模式上有了重要变化。管理者的作用在于培养小组成员相互沟通和协调，使之产生最优结果。她的理论的核心是“共融的概念”，即把小组成员的差异和谐地融合在一起，以产生出大家都能接受的结果。这个结果只能维持较短的时间，新的差异又会出现，管理人员的职责就在于主持这种共融的过程。

（二）雨果·孟斯特伯格的工业心理学

1892年，雨果·孟斯特伯格在哈佛大学创办了一个心理学实验室，并于1912年出版了《心理学与工业效率》一书，在书中他指出心理学可以帮助管理者去认识每个人的心理特性和他适合做什么工作，并了解处于什么样的心理状态下才能使每个人达到最高效率，从而采取合适的方式刺激、诱导人们努力工作以达到最满意的产量或最高效率。

雨果·孟斯特伯格的思想导致了工业心理学的建立和人们对工作中人的行为的关注。

（三）乔治·梅奥及其领导的霍桑实验

乔治·梅奥，原籍澳大利亚的美国行为科学家，人际关系学说的创立人。1924—1932年间，由他负责在美国西方电器公司下属的霍桑工厂中进行了著名的霍桑实验。之所以在这个工厂进行实验，是因为霍桑工厂虽然有很好的物质待遇和福利条件，但是工人仍然愤愤不平，生产效率也很不理想。为了探究原因，1924年11月美国国家研究委员会组织了一个包括多方面专家在内的研究小组进驻这个工厂，开始了四个阶段的实验，分别为工场照明实验、继电器装配室实验、大规模访谈实验和接线板接线工作室“群体实验”。

【知识链接】 霍桑实验

乔治·埃尔顿·梅奥(George Elton Mayo，1880—1949年)，原籍澳大利亚的美国行为科学家，人际关系学说的创立人。1924—1932年间，由他负责在美国西方电器公司下属的霍桑工厂中进行了著名的霍桑实验。霍桑工厂是一个制造电话交换机的工厂，具有较完善的娱乐设施、医疗制度和养老金制度，但工人们仍愤愤不平，生产成绩很不理想。为找出原因，美国国家研究委员会组织研究小组开展实验研究。

资料来源：霍桑实验. https://baike.baidu.com/item/霍桑实验/1698846.

梅奥对历时近8年的“霍桑实验”的结果进行了总结和分析，于1933年出版了《工业文明中人的问题》一书。书中的理论被称作为“人际关系学说”，其要点有以下几个方面：

(1)工人是“社会人”，而不是单纯的“经济人”。梅奥认为泰勒把工人看成是只追求物质利益的“经济人”，其倡导的科学管理方法主要是通过工作条件、工资报酬来刺激工人提高劳动生产率。但是，霍桑实验表明，工作条件、工资报酬等并不是影响劳动生产率高低的第一位因素。工人是“社会人”，工人除了有生理和物质方面的需求以外，他们还有很多社会、心理方面的需求，即追求人与人之间的友情、安全感、归属感和受尊重等。因此，强调必须同时从社会、心理方面来激励工人提高生产率。

(2)企业中除了正式组织外，还存在着非正式组织。梅奥认为，企业中除了正式组织之外，还存在着“非正式组织”，即企业成员在工作过程中，由于共同的兴趣、爱好、处境、背景以及相容的个性特点等而自发形成的无形的群体体系，通常也有其“领袖”和不成文的规范、倾向与感情，左右着成员的行为。

(3)新型的领导人员的领导能力在于提高工人的满足度，以提高工人士气和干劲，进而提高工人的生产效率。梅奥认为，促进生产率提高的最重要因素是工人的“士气”，而“士气”又取决于家庭、社会生活和企业内的人际关系，即取决于工人社会需要和心理需要得到满足的程度。在工人所希望满足的需要中，金钱只是一部分，更多的是安全的需要、归属的需要、尊重的需要等社会性心理性需要。

人际关系学说，使管理学的研究从“以事为中心，以人来适应事”的阶段发展到“以人为中心”的管理阶段，使管理学的发展又向前推进了一大步，并为后来行为科学理论的发展奠定了基础。1949 年在美国芝加哥大学召开了一次跨学科的科学会议，给这门综合性的学科定名为“行为科学”。行为科学蓬勃发展，产生了一大批影响力很大的行为科学家及其理论，主要有亚伯拉罕・马斯洛（Abraham Maslow，1908—1970 年）及其需要层次理论、道格拉斯・麦格雷戈（Douglas McGregor，1906—1964 年）的 XY 理论、戴维・麦克利兰（David McClelland，1917—1998 年）的成就需要理论、弗雷德里克・赫茨伯格（Frederick Herzberg，1923—2000 年）的双因素理论、维克托・弗鲁姆（Victor Vroom）的期望理论等。

【知识链接】 行为科学学派的代表理论

行为科学学派是在梅奥开创的人际关系学说的基础上发展起来的，以人的行为及其产生的原因作为研究对象的学派。行为科学学派从心理学、社会学角度侧重研究个体需求、行为，团体行为、组织行为和激励、领导方式，认为人不仅仅是“经济人”，同时还是“社会人”，将人的管理提升到所有管理对象中最重要的地位，开创了管理理论中的人本主义潮流，引发了许多全新的管理观念和方法，进而形成了现代管理理论的各种人本主义学派。为缓和现代市场经济的内部矛盾和冲突，维持生产力发展提供了工具。

行为科学学派的代表理论

四、现当代管理理论

西方现代管理理论的形成标志着西方管理理论进入了第三个发展阶段。它是在第二次世界大战后，随着社会生产力的发展以及社会学、系统科学、电子计算机技术在管理领域中日益广泛的应用而逐渐形成的。人们通常所说的西方现代管理理论不是一种管理理论，而是对各种不同管理学派理论的统称。

（一）现代管理理论的丛林

1. 管理过程学派

过程学派认为管理是一个过程，是在有组织的集体中让别人和自己一起去实现既定的目标。该学派最初的代表人物就是法约尔。管理人员在管理活动中执行着计划、组织、领导、控制等若干职能。管理是一个循环的过程，从计划到控制，再从控制到计划，表明了过程的连续性。控制职能确保组织达到其计划的目标。

2. 社会系统学派

该学派认为，人的相互关系就是一个社会系统，它是人们在意见、力量、愿望以及思想等方面的一种合作关系。管理人员的作用就是要围绕着物质的、生物的和社会的因素去适应总的合作系统。

社会系统学派最早的代表人物是美国的巴纳德。巴纳德的主要贡献是：

（1）提出了社会的各种组织都是一个协作系统的观点。他认为，组织的产生是人们协作愿望导致的结果。个人办不到的许多事，人们通过协作可以办到。

(2)分析了正式组织存在的三种要素，即成员协作的意愿、组织的共同目标及组织内的信息交流。

(3)提出了权威接受理论。过去的学者是从上到下解释权威的，认为权威都是建在等级系列和组织地位基础上。而巴纳德则是从下到上解释权威，认为权威的存在必须以下级的接受为前提。至于怎样才能接受，需具备一定的条件。

(4)对经理的职能进行了新的概括。经理应主要作为一个信息交流系统的联系中心，并致力于实现协作努力工作。

3.决策理论学派

决策理论学派的主要代表人物是美国的赫伯特·西蒙。决策理论的主要论点有：

(1)强调了决策的重要性。该理论认为，管理的全过程就是一个完整的决策过程，即决策贯穿于管理的全过程，管理就是决策。

(2)分析了决策过程中的组织影响。上级不是代替下级决策，而是提供给下级决策前提，包括价值前提和事实前提，使之贯彻组织意图。价值前提是对行动进行判断的标准，而事实前提是对能够观察的环境及环境作用方式的说明。

(3)提出了决策应遵循的准则。主张用“令人满意的准则”去代替传统的“最优化原则”。

(4)分析了决策的条件。管理者决策时，必须利用并凭借组织的作用，尽量创造条件，以解决知识的不全面性、价值体系的不稳定性及竞争中环境的变化性问题。

(5)归纳了决策的类型和过程。把决策分成程序化决策和非程序化决策两类。程序化决策是指反复出现和例行的决策，非程序化决策是指那种从未出现过的，或者其确切的性质和结构还不很清楚或相当复杂的决策。

4.系统管理理论学派

强调管理的系统观点，要求管理人员树立全局观念、协作观念和动态适应观念，既不能局限于特定领域的专门职能，也不能忽视各自在系统中的地位和作用。

系统管理学派的代表人物是理查德·约翰逊、卡斯特和罗森茨韦克。

5.经验主义学派

经验主义学派的主要代表人物是德鲁克。通过案例研究，向一些大企业的经理提供在相同情况下管理的经验和方法。基本观点是，否认管理理论的普遍价值，主张从“实例研究”“比较研究”中导出通用规范；由经验研究来分析管理。他们特别重视关于某个公司组织结构、管理职能和程序等方面的研究。

6.管理科学学派

管理科学学派也被称为管理数理学派或管理计量学派。这一学派的主要代表人物是美国的伯法等人。他们认为“管理”就是用数学模型及其符号来表示计划、组织、控制、决策等合乎逻辑的程序，求出最优解，以达到企业目标。因此，他们认为管理科学就是制定用于管理决策的数学和统计模型，并将这些模型通过电子计算机应用于管理实践中。

7.权变理论学派

权变理论是一种较新的管理思想。权变的意思，通俗地讲，就是权宜应变。该学说认为，在企业管理中，由于企业内外部环境复杂多变，因此管理者必须根据企业环境的变化而随机应变，没有什么一成不变、普遍适用的“最佳”管理理论和方法。要求管理者根据组织的实际情况来选择最好的管理方式。

（二）管理理论的新进展

1. 企业再造

所谓企业再造，是指为了获取可以用诸如成本、质量、服务和速度等方面的绩效进行衡量的显著的成就，对企业的经营过程进行根本性的再思考和关键性的再设计。这一定义揭示了企业流程再造的核心。来源于美国著名管理专家迈克尔·哈默和詹姆斯·钱皮合著并于1993年出版的《再造公司——企业革命宣言》一书。

企业再造的原则与方法：

（1）紧密配合市场需求确定企业的业务流程。

（2）根据企业的业务流程确定企业的组织结构。

（3）以新的、柔性的、扁平化的和以团队为基础的企业组织结构取代传统的企业组织结构。

（4）强调信息技术与信息的及时获取，加强企业与顾客、企业内部经营部门与职能部门的沟通与联系。

企业再造是围绕业务流程展开的。业务流程再造的关键是重新设计业务流程。再造不是对现有的东西稍作改良。要治本，重新做，要脱胎换骨。要做到脱胎换骨，就要求从根本上改变思路。

2. 学习型组织

学习型组织是指通过营造整个组织的学习气氛充分发挥员工的创造性思维能力而建立起来的一种有机的、高度柔性的、横向网络式的、符合人性的、能持续发展的组织。美国彼得·圣吉于1990年出版了《第五项修炼——学习型组织的艺术与实践》一书，指出未来组织所应具备的最根本性的品质是学习。试图推动人们刻苦修炼，学习和掌握新的系统思维方法。要使组织变成一个学习型组织，必须具有以下五项修炼的扎实基础：系统思考、自我超越、改善心智模式、建立共同愿景和团队学习。

学习型组织突破了原有方法论的模式，以系统思考代替机械思考，以整体思考代替片断思考，以动态思考代替静止思考。该理论试图通过一套修炼方法提升人类组织整体动作的“群体智力”。现代企业和其他许多组织面临复杂多变的环境，只有增强学习能力，才能适应种种变化，未来真正出色的组织将是能够设法使组织各阶层人员全心投入，并有能力不断学习的组织，也就是“学习型组织”。

【小思考】 中国古代的管理实践极为丰富，而西方的管理理论较为成熟。试分析管理理论与管理实践之间的关系。

本章小结

管理起源于人类共同劳动，旨在通过协调群体成员活动实现共同目标，其本质是对人的行为进行协调。现代管理理论普遍认为管理包括计划、组织、领导、控制、创新五大职能。从早期的管理实践到古典管理理论，再到行为科学和现代管理理论，管理的核心始终围绕着如何有效协调资源、激励员工、实现组织目标。泰勒的科学管理、法约尔的一般管理、韦伯的行政组织理论奠定了管理学的基础，而霍桑实验则开启了行为科学的先河，强调人的社会和心理需求。现代管理理论进一步扩展了管理的视野，系统管理、权变理论、企业再造和学习型组织等理论为应对复杂多变的环境提供了新的思路。未来，管理将更加注重灵活性、创新性和学习能力，以适应不断变化的全球环境。

习题

一、单选题

1. 关于管理的应用范围，你认为下列说法中最好的是（　　）。

A. 只适用于营利性工业企业　　B. 普遍适用于各类组织

C. 适用于非营利性组织　　D. 只适用于营利性组织

2. 管理活动的本质是（　　）。

A. 对人的管理　　B. 对物的管理

C. 对资金的管理　　D. 对技术的管理

3. 管理的载体是（　　）。

A. 管理职能　　B. 组织　　C. 管理对象　　D. 管理活动

4. 要确保“事有人做，人有事做；人得其事，事得其人”，需要做好管理中的（　　）工作。

A. 计划　　B. 组织　　C. 领导　　D. 控制

5. 在管理的职能中，属于首位的是（　　）职能。

A. 决策　　B. 组织　　C. 领导　　D. 控制

6. 某公司的总经理经常在公司职工大会上强调公司要“感情留人、事业留人、待遇留人”，说明该公司的管理遵循（　　）。

A. 效益原理　　B. 系统原理　　C. 适度原理　　D. 人本原理

7. 科学管理理论是古典管理理论之一，科学管理的中心问题是（　　）。

A. 提高劳动生产率　　B. 提高工人的劳动积极性

C. 制定科学的作业方法　　D. 制定标准的工作流程

8. 法约尔的一般管理理论对西方管理理论的发展有重大影响，成为后来管理过程学派的理论基础，他的代表作是（　　）。

A.《社会组织与经济组织理论》　　B.《工业管理和一般管理》

C.《科学管理理论》　　D.《组织管理与一般管理》

9. 在（　　）看来，管理就是制定和运用数学模型与程序的系统。

A. 新制度学派　　B. 系统学派

C. 管理科学学派　　D. 决策学派

10. 提出“管理就是决策”的是（　　）。

A. 卢桑斯　　B. 德鲁克　　C. 梅奥　　D. 西蒙

二、多选题

1. 现代管理的主要职能包括（　　）。

A. 决策职能　　B. 组织职能　　C. 创新职能　　D. 控制职能

2. 我国古代的思想中能体现适度管理原理的有（　　）。

A. 物极必反　　B. 以逸待劳

C. 中庸之道　　D. 知己知彼，百战不殆

3. 行为科学理论的代表理论有(　　)。

A. 需要层次理论　　B. 人际关系学说　　C. XY 理论　　D. 双因素理论

4. 古典管理理论的代表人物有(　　)。

A. 亚当·斯密　　B. 弗雷德里克·泰勒

C. 亨利·法约尔　　D. 马克斯·韦伯

5. 管理的基本工具包括(　　)。

A. 人员　　B. 资金　　C. 权力　　D. 组织文化

三、判断题

1. 在组织中具体执行计划、组织、协调、控制、经营等管理活动的人是管理的接受者,是管理客体。(　　)

2. 管理人员不应该做作业工作,应该把全部的精力都放在管理工作上。(　　)

3. 韦伯对管理理论的贡献主要体现在他对管理职能的划分和管理原则的归纳上。(　　)

4. 把组织的每个成员安排在适当的岗位上后,还要努力使每个成员以高昂的士气、饱满的热情投入组织活动中去,这是管理中创新职能的体现。(　　)

5. 科学管理理论认为,对人的管理应从人际关系方面去考虑,为员工创造和谐的人际关系环境、满足员工对于归属与爱的需要更能调动人的积极性。(　　)

四、简答题

1. 简述管理的基本特征。

2. 管理活动的基本原理有哪些?

3. 简述泰勒的科学管理理论的内容。

4. 简述法约尔的一般管理理论的主要观点。

5. 人际关系学说的主要观点有哪些?

五、论述题

某厂专门生产一种奶油特别多的冰激凌。在过去的四年中,每年的销售量稳步递增。但是今年,累计销售量比去年同期下降严重,员工缺勤率和迟到早退现象也有所增加。如果你代表不同学派的管理思想(如科学管理思想、行为管理思想、权变管理思想和系统管理思想等),请指出该厂的主要问题并提出解决办法。

六、案例分析

W 汽车分销公司的管理问题

W 汽车分销公司是一家新成立的企业,下设若干销售门市部。公司刚成立时,为体现民主管理,制订了若干的责任制度,运转尚属顺利。随着时间的推移,员工中相互推诿的事情时有发生,但在处理这种事情时,又说不清谁应承担责任,以致有的事情就不了了之。为了推进民主管理,公司力争让下属参与某些重要决策。他们引进了高级小组制度,从每一个销售门市部挑选一名非管理者,共挑出五人,公司主管人员每月与他们开一次会,讨论各种问题的解决方法和执行策略。尽管如此,但人们的积极性并没有充分地调动起来。

经过两年的经营，公司的营业收入有了一定的增长，但企业的税前利润增长不快，第二年比第一年只增长1.8%。这给管理人员带来很大的苦恼。

思考：

1. 从组织管理的角度分析，公司制定了责任制度，却又出现责任不清的原因是什么？
2. 从行为科学理论的角度分析，应该如何调动员工的积极性？

第二篇

企业管理与战略思维

第三章　企业管理概述

主要知识结构图

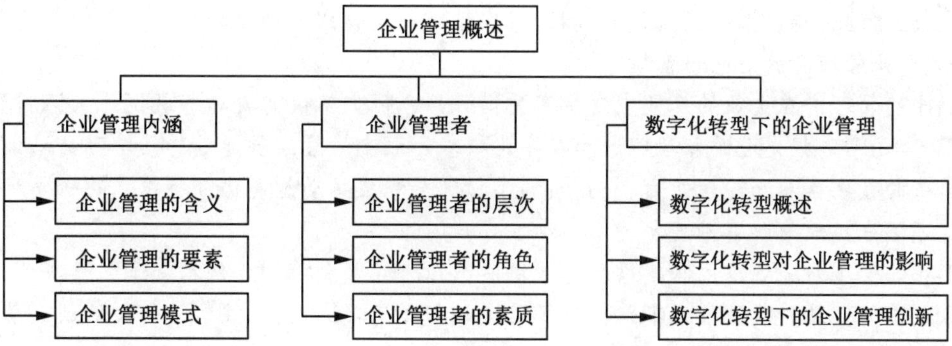

教学目标

● 帮助学生了解企业管理的定义及基本要素，并阐述企业管理的核心目标。

● 帮助学生了解并区分传统管理模式与现代科学管理模式。能够理解并解释企业管理者的层次、角色与素质三者间的逻辑关系。

● 帮助学生理解数字化转型对企业管理模式、组织结构和管理者角色的深远影响。

● 帮助学生结合现代技术发展趋势，评估不同企业管理模式的适用性，并提出创新性的企业管理思路和方法，培养批判性思维与创新能力。

● 帮助学生关注并理解当前企业管理领域的最新趋势，如人工智能、大数据分析和可持续发展等，增强对现代企业管理趋势的敏感度。

开篇案例

顺丰集团的数字化转型与管理创新实践

顺丰集团作为国内领先的综合物流服务提供商，凭借其强大的物流网络、高效的运营管理以及持续的数字化创新，成功在激烈的市场竞争中脱颖而出。顺丰的发展历程充分体现了企业管理要素、管理模式、管理者素质以及数字化转型在企业发展中的重要作用。

一、企业管理要素的优化与整合

顺丰集团通过优化管理要素，实现了物流、信息流和资金流的高度整合。在组织架构方面，顺丰通过不断调整和优化，建立了高效的运营体系，确保物流配送的及时性和准确性。在人力资源管理方面，顺丰注重员工的专业培训和职业发展，通过完善的晋升机制和激励政策，激发员工的积极性。此外，顺丰还通过数字化技术优化供应链管理，实现了物流、信息流和资金流的高度整合。

二、管理模式的创新与变革

顺丰的管理模式以高效和灵活著称。近年来，顺丰通过引入大数据、人工智能和物联网技术，实现了物流配送的智能化和自动化。例如，顺丰的CLS城市物流系统已经实现了智能业务规划、营销管理及订单分发等自主管理功能，为物流效率和服务质量提供了技术保障。此外，顺丰还通过智能化系统优化服务流程，实现了服务流程的自动化和智能化。

三、企业管理者的角色与素质

顺丰的管理者在企业的发展中发挥了关键作用。他们不仅需要具备敏锐的市场洞察力和战略眼光，还需掌握先进的管理理念和数字化技术。顺丰的管理层通过持续学习和培训，不断提升自身的数字素养和管理能力。例如，顺丰管理层积极推动智能化分拣技术的研发和应用，显著提高了分拣效率和准确度。

顺丰的管理者还注重团队建设和人才培养，通过“导师制”和“合伙人制度”，激发员工的积极性和创造力。这种管理模式不仅提升了员工的归属感，还为企业注入了强大的创新动力。

四、数字化转型的实践与成效

顺丰的数字化转型是其成功的关键因素之一。通过引入DeepSeek大模型等先进技术，顺丰实现了物流配送的智能化和自动化。例如，顺丰的自动化分拣技术专利，能够显著提高分拣效率和准确度，减少人工干预。此外，顺丰还通过大数据分析和AI算法，优化订单处理流程、配送路径规划以及客户体验。

顺丰的数字化转型不仅提升了运营效率，还优化了客户体验。通过CRM系统，顺丰能够了解客户的具体需求和偏好，为客户提供量身定制的物流解决方案。此外，顺丰还通过客户反馈机制和会员制度，不断提升客户满意度和忠诚度。

五、总结

顺丰集团的管理创新和数字化转型实践为物流行业提供了宝贵的经验。通过优化管理要素、创新管理模式、提升管理者素质以及积极拥抱数字化技术，顺丰不仅在激烈的市场竞争中脱颖而出，还实现了从传统快递企业向智慧物流企业的转型升级。这一案例表明，数字化转型不仅是技术的应用，更是企业管理理念和模式的深刻变革。

通过顺丰集团的实践，我们可以看到，企业在数字化时代需要不断探索和创新管理模式，以适应快速变化的市场环境。

资料来源：根据顺丰科技官网、搜狐、腾讯网、新浪财经网等多个网络资料整理。

第一节 企业管理内涵

一、企业管理的含义

企业管理是现代组织运营的核心支柱，旨在通过科学的策略规划、高效的资源配置以及持续的优化创新，引领企业稳健前行于竞争激烈的市场浪潮中。

简而言之，企业管理，是指为了实现企业的既定目标，通过计划、组织、领导与控制等管理职能的有机结合，对企业内部的各项资源(包括人力、物力、财力及信息等)进行有效整合与利用的过程。它不仅关乎日常运营的效率提升，更着眼于长远战略的布局与实施，确保企业在复杂多变的环境中保持灵活性与适应性。

企业管理的内涵丰富而深远，其核心在于"管理"，意味着对企业各项事务进行科学、合理的规划与调控。这包括但不限于人力资源管理、财务管理、市场营销管理、生产运营管理等多个方面。通过精细化管理，企业能够优化资源配置，提高工作效率，降低成本，增强市场竞争力。

从更深层次来看，企业管理还涉及企业文化的塑造与传播。一个积极向上、创新包容的企业文化，能够激发员工的潜能，促进团队协作，形成强大的凝聚力和向心力，为企业持续发展提供不竭动力。

此外，企业管理还需关注外部环境的变化，包括政策法规、市场趋势、技术革新等，以便及时调整战略，把握机遇，应对挑战。这要求管理者具备敏锐的洞察力和前瞻性思维，能够引领企业在复杂多变的商业环境中稳健前行。

二、企业管理的要素

企业管理的要素是确保组织高效运转的关键因素。它涉及多个相互关联的要素，只有当这些要素得到有效管理和协同工作时，企业才能在激烈的市场竞争中脱颖而出，实现可持续发展。以下是现代企业管理的几个核心要素。

1. 明确的愿景与目标

企业的愿景和目标是其前进的指南针。一个清晰、具有前瞻性的愿景能够激发员工的潜能，引导企业走向正确的方向。同时，具体、可量化的目标则为企业提供了衡量成功的标准，确保每一步行动都朝着既定的目标迈进。

2. 高效的组织结构

一个合理的组织结构是企业管理顺畅运行的基础。它包括明确的职责划分、有效的沟通渠道以及灵活的决策机制。这样的结构能够确保信息快速流通，决策迅速执行，从而提高企业的整体效率。

3. 优秀的人才团队

人才是企业最宝贵的资源。一个多元化、高素质的人才团队能够为企业带来创新的思维和无限的潜力。因此，吸引、培养和保留优秀人才成为企业管理的重要任务。通过提供良好的工作环境、职业发展机会和激励机制，企业可以激发员工的积极性和创造力。

4. 科学的管理制度

科学的管理制度是规范员工行为、提高工作效率的关键。它包括完善的规章制度、合理的工作流程以及严格的监督机制。这些制度能够确保企业运营的有序性和稳定性，减少人为因素的干扰。

5. 创新的企业文化

企业文化是企业的灵魂，它塑造着员工的行为方式和价值观。一个鼓励创新、注重团队合作的企业文化能够激发员工的工作热情，提高企业的凝聚力和竞争力。因此，塑造和维护一种积极向上的企业文化对于企业管理至关重要。

6. 有效的风险管理

在复杂多变的市场环境中，企业面临着各种风险和挑战。因此，有效的风险管理成为企业管理不可或缺的一部分。通过建立风险预警机制、制定应对策略以及加强内部控制，企业可以降低潜在风险的影响，保障企业的稳健发展。

由此可见，企业管理的要素涉及愿景与目标、组织结构、人才团队、管理制度、企业文化以及风险管理等多个方面。这些要素相互关联、相互影响，共同构成了企业管理的完整体系。只有全面把握并有效运用这些要素，企业才能在激烈的市场竞争中立于不败之地。

三、企业管理模式

企业管理模式是企业在运营过程中采取的组织架构、管理方法、决策流程等一系列管理方式的总和。它直接影响着企业的运营效率、竞争力以及发展前景。随着经济全球化的加速、科技的飞速发展以及市场竞争的日益激烈，企业管理模式不断演进与创新，以适应不断变化的内外部环境。

1. 传统层级管理模式

传统的层级管理模式，以其明确的等级制度和指令链为特征，长期以来是多数企业的首选管理架构。这种模式强调权威与控制，决策权高度集中在上层管理者手中，员工则按照既定规则执行任务。尽管此模式在稳定环境下能保证效率和秩序，但在面对市场快速变动时，其灵活性不足、创新受限的问题逐渐显现，可能导致组织反应迟缓，错失发展机遇。

2. 扁平化管理

随着信息技术的发展和知识经济时代的到来，扁平化管理逐渐成为趋势。该模式通过减少管理层级，增加管理幅度，促进信息流通和决策效率。扁平化管理鼓励跨部门沟通与协作，提升了员工的参与感和创新能力，有助于快速响应市场变化。然而，这也要求管理者具备更强的领导力和协调能力，以及建立有效的激励机制来维持团队动力和凝聚力。

【小案例】 华为的矩阵式管理模式

华为创立于1987年，是全球领先的ICT（信息与通信）基础设施和智能终端提供商。公司20.7万员工遍及170多个国家和地区，为全球30多亿人口提供服务。根据华为2023年年报，2023年公司实现销售收入7 042亿元人民币。2024年12月12日，世界品牌实验室发布了2024年《世界品牌500强》排行榜。榜单显示，中国共有50个品牌入选，华为排名第56位。

华为采用矩阵式管理模式，这种模式结合了职能型与项目型组织的优点。在纵向方面，华为按照研发、市场、销售、服务等职能划分部门；在横向方面，针对特定项目组建跨部门的项目团队。当有重大项目时，从各职能部门抽调专业人员组成项目组，由项目经理负责项目的整体运作与协调，项目结束后团队成员回归原部门。这种管理模式既保证了各职能部门的专业管理与资源积累，又提高了企业对项目的响应速度与执行效率，有助于华为在全球通信市场中持续保持技术领先与竞争优势。

资料来源：根据华为官网、搜狐、腾讯网等网络资料整理。

3. 敏捷管理

敏捷管理源自软件开发领域，现已广泛应用于各行业。其核心在于快速迭代、持续交付价值以及灵活适应变化。敏捷管理强调团队协作、客户反馈循环和持续改进，能够有效应对不确定性高的市场环境。通过短周期的规划与评估，企业能更快地调整战略方向，满足客户动态需求。但实施敏捷管理需要企业文化的支持，以及对团队成员自主性和技能的高度信任。

【小案例】 海尔集团的“人单合一”模式

海尔集团创立于 1984 年，是全球领先的美好生活和数字化转型解决方案服务商。海尔作为实体经济的代表，持续聚焦实业，始终以用户为中心，坚持原创科技，布局智慧住居生态、大健康产业生态和数字经济产业生态三大赛道，在全球设立了 10 大研发中心、71 个研究院、35 个工业园、163 个制造中心和 23 万个销售网络。2025 年 1 月，海尔集团宣布 2024 年全球收入 4 016 亿元，增长 8%；全球利润总额 302 亿元，增长 13%。2024 年 12 月 12 日，世界品牌实验室发布了 2024 年《世界品牌 500 强》排行榜。榜单显示，中国共有 50 个品牌入选，海尔位列第 34 位，海尔连续 21 年入选世界品牌实验室“世界品牌 500 强”。

海尔创始人张瑞敏是“人单合一模式”和“生态品牌”的创立者。“人单合一”管理模式是一种典型的现代企业管理模式创新实践。该模式打破了传统的组织架构与业务流程，将员工与用户需求直接对接，每个员工都成为一个自主经营体，根据用户需求创新产品与服务，并在市场上创造价值。例如，在海尔的电商平台上，员工可以根据用户反馈及时调整产品功能与服务内容，实现产品的快速迭代与升级。这种模式充分调动了员工的积极性与创造力，使海尔能够在激烈的家电市场竞争中脱颖而出，不断提升市场份额与客户满意度。

资料来源：根据海尔官网、搜狐、腾讯网等网络资料整理。

4. 远程与混合工作模式

近年来，远程工作和混合工作模式成为全球范围内的新常态，这对企业管理模式提出了新的挑战和机遇。这种模式打破了地理限制，扩大了人才库，提高了工作灵活性和员工满意度。同时，它也要求企业在保持高效沟通、团队凝聚力及信息安全方面采取新策略。有效的远程管理依赖于强大的数字工具支持、清晰的目标设定和结果导向的评估体系。

5. 数据驱动决策

在大数据和人工智能技术的推动下，数据驱动决策成为现代企业管理的重要组成部分。通过收集、分析海量数据，企业能更精准地洞察市场趋势、客户需求和运营效率，从而做出更加科学合理的决策。这要求企业建立完善的数据分析体系，培养数据思维，并确保数据质量和隐私保护。数据驱动不仅优化了资源配置，还促进了个性化服务和产品创新。

未来，企业管理模式将继续朝着智能化、网络化、平台化的方向发展。智能技术将深度融入企业管理的各个环节，实现资源的精准配置与高效利用；网络化将促进企业内部与外部信息的无缝连接，提升协同效率；平台化则将构建更加开放、共享的生态系统，促进价值链的共融与共创。

企业管理模式的选择与创新需紧密结合企业自身特点、行业趋势及外部环境变化，不断调整和优化管理策略，只有不断探索与实践，才能在激烈的市场竞争中立于不败之地，实现可持续发展与价值创造的双重目标。

第二节　企业管理者

企业管理者是指在企业管理活动中，承担决策、计划、组织、协调、控制等职能的人员。他们是企业运营与发展的核心力量，其能力与素质直接影响企业的竞争力与市场表现。在复杂多变的市场环境中，企业管理者需要准确定位自己的角色，并不断提升个人素质，以应对各种挑战，实现企业的可持续发展。

一、企业管理者的层次

企业管理者的层次通常可以从其在组织中的地位和职责范围来划分。一般来说，企业管理者可以分为高层管理者、中层管理者和基层管理者三个层次。

1. 高层管理者（战略层）

高层管理者是企业的最高决策层，负责制定企业的战略目标、规划发展方向、决定重大投资和融资等。他们需要具备卓越的战略眼光、领导力和决策能力。例如，小米的雷军、华为的任正非、阿里巴巴的马云等都是典型的高层管理者代表。他们通过敏锐的市场洞察力和前瞻性的战略布局，引领企业在激烈的市场竞争中脱颖而出。典型职位：董事长、董事会主席、总裁、CEO 等。

2. 中层管理者（战术层）

中层管理者位于高层与基层之间，起到承上启下的作用。他们主要负责将高层的战略意图转化为具体的行动计划，并监督执行过程，确保各项任务按时按质完成。同时，中层管理者还需要协调部门间的合作，解决跨部门的问题。例如，在海尔集团，中层管理者通过推行"人单合一"模式，实现了企业内部资源的高效配置和业务流程的优化。典型职位：部门经理、区域总监。

3. 基层管理者（执行层）

基层管理者直接面对一线员工，负责日常生产或服务的具体指导和管理。他们需要了解员工的工作情况，提供必要的培训和支持，以确保团队的高效运作。在比亚迪汽车公司，基层管理者通过精细化管理和持续改进，提高了生产线的效率和产品质量。典型职位：主管、班组长。

二、企业管理者的角色

在现代企业管理的舞台上，企业管理者扮演着至关重要的角色。亨利·明茨伯格的经典管理角色理论为我们深入理解管理者的职责与行为模式提供了独特的视角和深刻的洞察。

明茨伯格认为，管理者的角色并非单一，而是涵盖了人际关系、信息传递和决策制定三大类，共十种具体角色，这些角色相互关联、相互影响，共同构成了管理者的完整职责体系。

（一）人际角色

（1）代表人：即挂名首脑，作为组织的代表和象征，管理者需要履行许多法律性和社会性的例行义务。例如，出席重要活动、签署法律文件等。他们通过这些活动来维护组织的形象和声誉。

(2)领导者:管理者负责激励和指导下属,带领团队实现组织目标。这包括制定团队目标、明确员工职责、提供培训和指导、评估员工绩效以及激励员工提高工作效率。

(3)联络者:管理者需要维护和发展组织与外部的关系,获取外部支持和资源。这包括与其他企业、政府部门、行业协会等建立良好的合作关系,以确保组织能够获得所需的信息、资金和其他资源。

(二)信息角色

(1)监听者:管理者需要不断获取和筛选来自组织内外部的大量信息,以便全面了解组织所处的环境。这包括通过阅读行业报告、参加行业会议等方式获取市场动态和行业趋势信息。

(2)传播者:管理者将从外部和下属获取的信息传递给组织内的其他成员,确保信息畅通。这通常通过定期召开部门会议、向员工传达公司战略和市场动态等方式进行。

(3)发言人:管理者代表组织向外部发布信息,树立组织的良好形象。这包括在接受媒体采访时向公众传达公司的经营理念、发展战略等信息。

(三)决策角色

(1)企业家:管理者需要具备创新精神,寻找组织内外部的机会,制定并推动变革方案。例如,在市场变化中敏锐地捕捉新的商业机会,制定创新战略,带领团队实现突破。

(2)冲突解决者:组织内部难免出现冲突,管理者必须迅速介入,采取有效措施解决冲突,确保组织和谐运作。这要求管理者在处理冲突时保持公正客观,权衡各方利益,寻求最佳解决方案。

(3)资源分配者:管理者需要合理分配组织的各种资源,包括人力、物力、财力等,以确保资源的最大化利用。这涉及预算分配、人员招聘与配置、资金分配等多个方面。

(4)谈判者:管理者常常需要代表组织进行内外部谈判,以维护组织的利益。这包括与供应商谈判争取优惠的采购价格和条件、与合作伙伴协商合作条款。

明茨伯格的经典管理角色理论深刻地揭示了企业管理者在现代企业中的多元角色和复杂职责。管理者不再是传统意义上的单一指挥者和决策者,而是一个综合性的角色集合体。在实际工作中,管理者需要根据不同的情境和任务要求,灵活转换角色,熟练运用各种管理技能和方法,以应对复杂多变的管理挑战。只有全面理解和把握这些角色内涵,管理者才能更好地履行自己的职责,引领企业在激烈的市场竞争中立于不败之地,实现可持续发展的目标。基于明茨伯格的经典管理角色理论,管理者在不同层次中承担的角色权重是不同的,见表 3.1 所示。

表 3.1　　不同层次的企业管理者承担的角色

管理者层次	人际角色 (对外协调与对内凝聚)	信息角色 (信息处理与传递)	决策角色 (资源分配与风险应对)
高层管理者	象征性领袖(如企业形象代表)、联络者(整合外部资源)	信息监控者(分析行业趋势)、发言人(向股东/公众传递战略)	战略决策者(如并购决策)、资源分配者(预算审批)
中层管理者	协调者(跨部门协作)、团队建设者	信息传递者(上情下达、下情上传)	问题解决者(优化流程)、谈判者(协调利益冲突)
基层管理者	直接领导者(指导员工、解决冲突)	信息收集者(反馈一线问题)	应急决策者(处理突发问题)

三、企业管理者的素质

企业管理者的素质是影响企业管理效果的关键因素之一。一名优秀的企业管理者除了应具备扎实的专业知识与技能(知识与技能是管理者有效履行职责、做出正确决策的基础)之外,还应具备以下几种核心素质。

1. 领导力

领导力是指管理者引导和激励团队成员达成目标的能力。优秀的领导者需具备强烈的责任心与使命感,能够清晰地传达愿景,激发员工的热情和动力,赢得团队的信任与尊重。例如,马云以其独特的领导魅力和远见卓识,带领阿里巴巴成为全球知名的电子商务巨头。

2. 决策能力

决策能力是指管理者在复杂多变的环境中做出正确决策的能力。这要求管理者具备快速分析问题、权衡利弊、果断行动的能力。例如,任正非在华为面临多次外部挑战时,总能做出正确的战略决策,使公司转危为机。

3. 沟通能力

沟通能力是指管理者有效地与他人交流信息、表达观点、协调关系的能力。良好的沟通有助于建立信任、减少误解、促进合作。例如,张瑞敏通过与员工的深度沟通,赢得了广泛的支持和信任,推动了海尔的改革和发展。

4. 学习能力

学习能力是指管理者持续学习新知识、新技能的能力。在快速变化的商业环境中,管理者必须具备创新思维与学习能力,以适应不断变化的市场需求和技术发展。例如,雷军以其强烈的学习欲望和快速的学习能力,带领小米不断推出创新产品,赢得了市场的认可。

5. 道德品质

道德品质是指管理者遵守职业道德、诚信经营的品质,是无论哪个层次的管理者都应该具备的。企业管理者的道德品质直接影响到企业的声誉和长期发展。柳传志以其正直的商业道德和高度的社会责任感,树立了联想集团良好的企业形象。

不同层次对管理者素质的要求存在显著差异,见表 3.2 所示。

表 3.2　不同层次的企业管理者具备的管理者素质

管理者层次	核心素质	知识结构	案　例
高层管理者	战略思维、全局观、风险决策能力、领导力、价值观引领	行业洞察、宏观经济、组织治理	马云在阿里早期提出“让天下没有难做的生意”,体现战略眼光与文化塑造能力
中层管理者	沟通协调、执行力、团队管理、问题分析	项目管理、跨部门协作、流程优化	华为“铁三角”模式中,中层需协调客户、产品、交付团队达成目标
基层管理者	技术专精、执行力、细节把控、激励能力	行业技术标准、操作流程、员工心理	丰田生产线的班组长需精通精益管理,确保流程零缺陷

综上,企业管理者的层次、角色与素质是相互关联、相互影响的有机整体。这三个维度共同决定了管理者的效能和组织绩效。如图 3.1 显示的是三者间的逻辑关系。

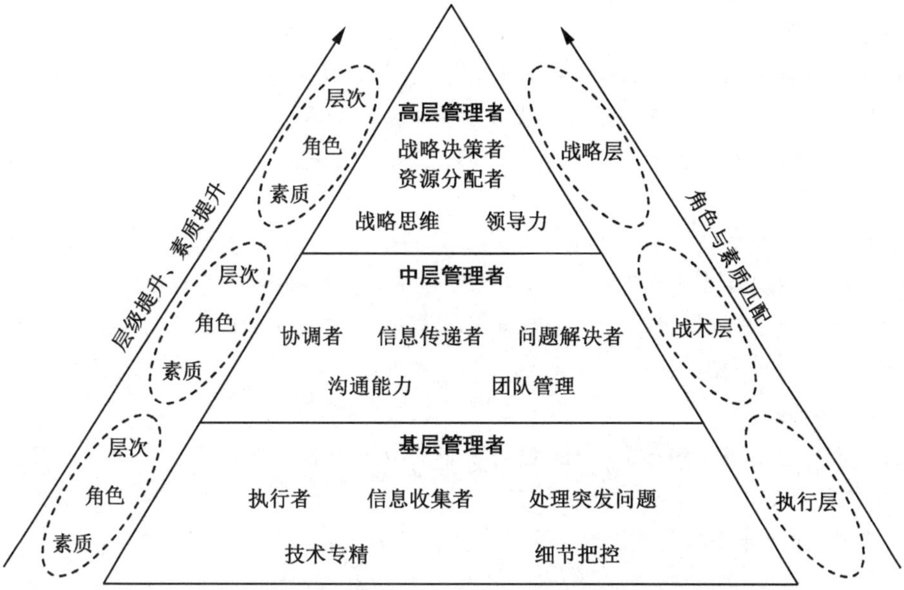

图 3.1　企业管理者的层次、角色和素质三者间的逻辑关系

【小思考】　卓越管理者任正非

华为，作为全球领先的信息与通信技术（ICT）解决方案供应商，自 1987 年成立以来，始终秉持"以客户为中心、以奋斗者为本"的核心价值观，不断攀登科技高峰，书写了中国乃至世界企业的发展传奇。在这一切背后，离不开华为的灵魂人物——任正非的卓越领导。任正非，这位具有深远影响力的企业家，用其独特的管理哲学和战略眼光，引领华为从深圳的一家小型电信设备供应商，成长为全球 ICT 行业的佼佼者。

一、任正非的管理风格与角色转变

（一）管理风格

任正非的管理风格可以概括为"开放包容、坚韧不拔、注重长远"。他坚信，企业的生存和发展依赖于不断的创新和对市场的敏锐洞察。任正非非常注重人才的培养和引进，认为"人才是企业最宝贵的财富"。他倡导开放包容的企业文化，鼓励员工提出不同意见和建议，营造了一种积极、健康的工作氛围。同时，任正非也是一位坚韧不拔的领导者，面对市场的挑战和竞争，他始终保持冷静和坚定，带领华为克服了一个又一个难关。

（二）角色转变

从华为的创始人到全球领先的科技企业领袖，任正非的角色发生了巨大的转变。在创业初期，他更多关注于产品的研发和市场的开拓；随着华为的不断壮大，他逐渐将重心转向企业的战略规划和组织建设。任正非通过不断学习和思考，紧跟时代的步伐，不断调整自己的角色和定位。他深知，作为企业领袖，不仅要有前瞻性的战略眼光，还要有强大的执行力和团队协作能力。

二、任正非的管理成就

（一）技术创新

在任正非的领导下，华为始终坚持技术创新的核心战略，每年将大量资金投入研发，致力于突破核心技术和关键技术领域的难题。如今，华为已在 5G、云计算、人工智能等多个领域取得了显著的成就,成为全球ICT行业的技术引领者。

(二)国际化发展

任正非具有独到的国际视野和战略眼光,他带领华为积极拓展国际市场,推动全球化进程。华为的产品已遍布全球170多个国家,为世界各地的客户提供优质的ICT解决方案和服务。华为的国际化发展不仅提升了企业的竞争力,也为中国企业的"走出去"树立了榜样。

(三)企业文化

任正非非常重视企业文化的建设,他认为企业文化是企业的灵魂和根基。在华为,他倡导"以客户为中心、以奋斗者为本"的核心价值观,鼓励员工积极进取、勇于创新。同时,他还注重员工的培养和发展,为员工提供了广阔的成长空间和良好的工作环境。这种独特的企业文化成为华为持续发展的重要保障。

(四)社会责任

任正非始终牢记企业的社会责任,他认为企业应该为社会做出积极贡献。在环境保护、教育公益、扶贫救灾等领域,华为都积极投身其中,展现了一个负责任的企业公民形象。

资料来源:根据华为官网、搜狐网等网络资料整理。

思考:

谈谈阅读任正非卓越的管理思想及管理实践案例资料的心得体会。

第三节 数字化转型下的企业管理

一、数字化转型概述

在当今数字化时代,企业面临着日益激烈的市场竞争和快速变化的客户需求。为了保持竞争优势,企业必须不断进行创新和变革。数字化转型作为企业创新的重要手段,正逐渐成为企业管理的核心内容。

(一)数字化的定义

数字化的概念,场景、语境不同,其含义也不同,数字化的概念分为狭义的数字化和广义的数字化。

(1)狭义的数字化。指利用信息系统、各类传感器、机器视觉等信息通信技术,将物理世界中复杂多变的数据、信息、知识,转变为一系列二进制代码,引入计算机内部,形成可识别、可存储、可计算的数字、数据,再以这些数字、数据建立起相关的数据模型,进行统一处理、分析、应用,这就是数字化的基本过程。

(2)广义上的数字化。通过利用互联网、大数据、人工智能、区块链等新一代信息技术,来对企业、政府等各类主体的战略、架构、运营、管理、生产、营销等各个层面,进行系统性的、全面的变革,强调的是数字技术对整个组织的重塑,数字技术能力不再只是单纯地解决降本增效问题,而成为赋能模式创新和业务突破的核心力量。

【知识链接】 "数"说中国数字经济

党的十八大以来,我国数字经济进入加速发展周期,规模由2012年的11.2万亿元增长至2023年的53.9万亿元,11年间规模扩张了3.8倍。其中,数字经济规模由10万亿元增长至

30 万亿元用了约 6 年时间，由 30 万亿元增长至 50 万亿元，仅用了约 4 年时间。2023 年，在党中央一系列政策利好刺激下，我国数字经济规模扩张稳步推进，较上年增长 3.7 万亿元，增幅扩张步入相对稳定区间。同时，数字产业化与产业数字化的比重由 2012 年的约 3∶7 发展为 2023 年的约 2∶8，2023 年，数字产业化、产业数字化占数字经济的比重分别为 18.7％和 81.3％，数字经济的赋能作用、融合能力得到进一步发挥。党的二十大报告也提出建设数字中国，加快发展数字经济，促进数字经济和实体经济深度融合，打造具有国际竞争力的数字产业集群。展望未来，数字经济预计将持续为各国的经济增长提供强大的驱动力。

资料来源：根据新浪财经等网络资料整理。

（二）数字化转型的定义

数字化转型是企业或组织以实现业务转型、创新和增长为目的，以数字化技术（如云计算、大数据、人工智能、物联网、区块链等）为基础，以数据为核心，以组织架构和企业文化为保障，驱动组织商业模式创新和商业生态系统重构的途径和方法。数字化转型对业务流程、组织结构、企业文化等进行全面改革和创新，以实现业务模式、运营方式、管理理念和企业文化的根本转变，从而提升企业的竞争力和创新能力。数字化转型不仅仅是技术的更新换代，更是一场深刻的组织变革和商业模式创新。

【知识链接】　全方位解读企业数字化转型

在 21 世纪的今天，全球科技创新进入了一个前所未有的活跃期。自动化、数字化、网络化、智能化成为新时代的关键词，深刻影响着全球经济的走向。在这样的背景下，数字化转型已不再是企业的一个可选项，而是关乎企业生存和发展的必修课。本文将全面解析数字化转型的内涵、发展阶段、现状、路径，为企业的数字化之旅提供参考和指导。

全方位解读企业数字化转型

（三）数字化转型的背景

（1）技术进步：互联网、大数据、云计算、人工智能、区块链等新兴技术的发展，为企业提供了前所未有的数字化能力，使得数字化转型成为可能。

（2）市场需求：消费者需求日益多样化、个性化，企业需要通过数字化转型来满足市场的快速变化和客户的个性化需求。

（3）竞争压力：全球化竞争加剧，企业需要通过数字化转型来提高自身的竞争力，以应对激烈的市场竞争。

（4）政策法规：政府对信息化建设的重视和支持，为企业数字化转型提供了良好的政策环境。

（四）数字化转型的特征

（1）数据驱动：数字化转型以数据为核心，通过收集、分析和应用大量的数据，为企业决策提供有力支持。

（2）技术融合：数字化转型需要将多种先进技术进行融合应用，实现企业内部各个环节的无缝对接和高效协同。

（3）组织变革：数字化转型要求企业对组织结构进行调整，以适应新的业务模式和管理需求。

（4）持续创新：数字化转型是一个持续的过程，企业需要不断探索和尝试新的技术和方法，以保持竞争优势。

【微阅读】 企业如何进行数字化转型?

(1)互联网平台思维+技术升级

在互联网平台思维(赋能、共赢、生态协同)的影响下,企业的业务部门与技术部门应以新技术为基础,根据业务特点定制专属系统,从全局上提升效率和价值。通过平台化组织的转型,企业可以快速调整组织架构、工作流程,建立各种激励和保障机制,形成敏捷、高效的协同团队,确保组织内沟通及时、有效,以响应业务需求。例如,运用低代码开发平台去开发应用程序,可以大大减少开发、上线时间,迅速实现交付使用。

(2)搭建数字化平台,整合数据和运营

伴随着发展的脚步,企业积累了庞大的数据。但很多数据处于"沉睡"中,其价值尚未被挖掘。大数据时代,企业的核心竞争力是数据。全面激活数据必然有助于提升企业的竞争力。办公数字化是企业数字化转型的重要一步,也是实现数据驱动的有效举措。简单的做法是,企业搭建数字化办公平台,让各种信息集中到平台上来,一方面方便组织内部通过合作共享数据价值,另一方面可以挖掘数据的新价值,实现数据价值的聚合、流转和增值。

(3)全局规划,从局部入手

数字化转型,若仅有全局规划而没有落实,则属于纸上谈兵;若有全局规划并且是全面推进的,则项目周期有可能被拉长,为数字化转型带来不确定因素,从而影响落地效果,甚至导致转型失败。因此,数字化转型应全面规划,从局部入手。

资料来源:企业如何进行数字化转型? 三步走,快速落地见效! [EB/OL].(2022-09-27).https://business.sohu.com/a/491735076_121127597.

二、数字化转型对企业管理的影响

(一)积极影响

1.提升决策效率与准确性

通过数字化转型,企业可以实时获取大量准确的数据,为管理层提供全面的信息支持。基于这些数据,管理层可以更加科学地制定决策,提高决策的效率和准确性。例如,利用大数据分析技术,企业可以对市场趋势、客户需求等进行深入洞察,从而制定出更加符合市场需求的产品策略和营销策略。

2.优化业务流程

数字化转型可以帮助企业对业务流程进行全面梳理和优化。通过引入自动化技术和智能系统,企业可以减少人工干预,降低错误率,提高业务处理效率。同时,数字化流程还可以实现实时监控和反馈,及时发现和解决问题,确保业务流程的顺畅运行。例如,企业可以利用ERP系统实现采购、生产、销售等环节的集成管理,提高供应链的协同效率。

3.增强客户体验

数字化转型使企业能够更好地了解客户需求,提供个性化的产品和服务。通过建立客户关系管理系统(CRM),企业可以收集客户的基本信息、购买历史、偏好等数据,为客户提供精准的推荐和服务。此外,数字化渠道还可以让客户随时随地与企业进行互动,提高客户的满意度和忠诚度。例如,企业可以通过社交媒体平台与客户进行沟通和互动,及时回应客户的问题和反馈。

4.促进创新与发展

数字化转型为企业创新提供了强大的动力和支撑。通过引入新技术和新思维，企业可以开发出更具竞争力的产品和服务，开拓新的市场空间。同时，数字化转型还可以促进企业内部的创新氛围和文化建设，激发员工的创造力和积极性。例如，企业可以利用人工智能技术进行产品研发和设计，提高产品的创新性和附加值。

(二)消极影响

1.技术风险与安全挑战

数字化转型过程中，企业需要面对诸多技术风险和安全挑战。例如，信息系统的故障、数据泄露、网络攻击等问题都可能给企业带来严重的损失。此外，随着技术的不断更新换代，企业还需要不断投入大量的资金和人力进行技术升级和维护，增加了企业的运营成本和风险。

2.组织结构调整与人员转型压力

数字化转型要求企业对组织结构进行调整，以适应新的业务模式和管理需求。这可能导致部分岗位的消失或职责的变化，给员工带来一定的心理压力和职业发展困惑。同时，企业还需要培养具备数字化技能的人才，以满足数字化转型的需求。然而，人才的培养和引进需要一定的时间和成本，且存在一定的不确定性。

3.数据质量与隐私保护问题

数字化转型高度依赖数据，数据质量的好坏直接影响到企业的决策和运营效果。然而，在实际工作中，由于数据来源广泛、格式多样等原因，数据质量问题时有发生。此外，随着数据量的不断增长，数据隐私保护也成为企业面临的重要问题。一旦发生数据泄露事件，不仅会损害企业的声誉和形象，还可能面临法律风险。

三、数字化转型下的企业管理创新

(一)制定数字化转型战略规划

企业应结合自身的发展战略、业务特点和市场环境，制定明确的数字化转型战略规划。战略规划要明确数字化转型的目标、阶段任务、实施路径和保障措施，确保数字化转型与企业整体战略相一致。同时，要将战略规划分解为具体的项目计划，并落实到各个部门和岗位，形成全员参与、协同推进的良好局面。

(二)加强技术创新与应用

1.持续关注技术发展趋势

企业应设立专门的技术研究团队或与外部科研机构合作，密切关注信息技术的最新发展动态，提前布局新技术的应用研发，为企业数字化转型提供技术支撑。

2.合理选择技术应用方案

根据企业的业务需求和实际情况，选择适合企业特点的技术应用方案，避免盲目跟风和过度投资。例如，对于中小企业来说，可以选择云计算服务来降低信息化建设成本和运维难度；对于大型企业来说，可以采用混合云架构来实现资源的灵活调配和安全管理。

3.注重技术集成与整合

数字化转型涉及多个业务系统和技术平台的集成与整合，企业要加强技术团队建设，提高技术人员的系统集成能力，确保各个系统之间能够实现无缝对接和数据共享，发挥技术应用的最大效益。

(三)强化数据治理与安全保障

1. 建立健全数据治理体系

企业应制定数据治理政策和标准,明确数据采集、存储、使用、共享和销毁等各环节的管理规范和责任主体。建立数据质量管理机制,确保数据的准确性、完整性和一致性。同时,要加强数据资产的分类分级管理,根据数据的敏感程度采取不同的安全防护措施。

2. 加强数据安全防护技术手段

采用先进的数据加密技术、访问控制技术、防火墙技术等,保障数据在传输、存储和处理过程中的安全性。建立数据备份恢复机制,定期对重要数据进行备份,防止数据丢失或损坏。加强对网络安全的监测和预警,及时发现并处理潜在的安全威胁。

3. 提高员工数据安全意识

通过开展数据安全培训和教育活动,提高员工对数据安全重要性的认识,增强员工的数据安全意识和防范能力。制定员工数据安全行为准则,规范员工在数据处理过程中的操作行为,防止因人为因素导致的数据安全事故。

(四)推动组织架构与管理模式变革

1. 构建敏捷型组织架构

打破传统的层级式组织架构,建立以项目为导向、以客户为中心的敏捷型组织架构。减少中间管理层级,赋予基层员工更多的决策权和自主权,提高组织的响应速度和灵活性。成立跨部门的项目团队,负责数字化转型项目的策划、实施和推进,加强部门之间的沟通协作和资源共享。

2. 优化管理模式与流程

引入先进的管理理念和方法,如精益管理、六西格玛管理等,对企业管理流程进行全面梳理和优化,消除不必要的环节和浪费,提高工作效率和质量。建立数字化绩效管理体系,通过设定明确的绩效指标和考核标准,对员工的工作绩效进行量化评估和激励,充分调动员工的积极性和创造性。

3. 培育数字化企业文化

企业文化是企业管理创新的灵魂,企业要积极培育与数字化转型相适应的企业文化。倡导开放、创新、共享、协作的文化价值观,鼓励员工勇于尝试新技术、新方法,营造良好的创新氛围。加强企业内部沟通与交流,促进知识共享和经验传承,培养员工的团队合作精神和数字化素养。

(五)加强人才培养与引进

1. 制定人才培养计划

根据企业数字化转型的需求,制定针对性的人才培养计划。通过内部培训、在线学习、实践锻炼等多种方式,提升员工的数字化技能水平和综合素质。例如,开展大数据分析师、人工智能工程师等专业培训课程,培养一批既懂业务又懂技术的复合型人才。

2. 拓宽人才引进渠道

积极引进外部优秀的数字化人才,充实企业的人才队伍。加强与高校、科研机构的合作,建立产学研联合培养机制,吸引高校毕业生和科研人员加入企业。同时,通过招聘网站、人才市场、社交媒体等渠道广泛发布人才招聘信息,吸引更多具有丰富经验和创新能力的数字化人才加盟企业。

3. 建立人才激励机制

完善企业的人才激励机制,对在数字化转型过程中表现突出、为企业做出重要贡献的人才给予物质奖励和精神激励。例如,设立创新奖金、股权激励等激励措施,激发人才的创新活力和工作积极性,留住优秀人才。

数字化转型下的企业管理创新是一场系统性、全方位的变革,它涉及企业的技术应用、数据治理、组织架构、管理模式以及人才培养等多个方面。虽然在转型过程中企业会面临诸多挑战,但只要企业能够充分认识到数字化转型的重要性,积极应对挑战,制定科学合理的转型战略和创新举措,就一定能够在数字化时代实现企业管理水平的显著提升和可持续发展。未来,随着信息技术的不断进步和应用深化,企业管理创新将继续成为企业发展的核心动力和竞争优势的重要来源,企业应紧跟时代步伐,不断探索和实践适合自身发展的管理创新之路。

【小案例】 长飞公司数字化转型:创新引领,智联未来

湖北长飞光纤光缆有限公司作为光通信行业的领军企业,在数字化转型的浪潮中,积极探索与实践。公司将“技术创新与数字化转型”上升为企业五大发展战略之一,基于5G+工业互联网平台,搭建了光云工业互联网平台。这一平台实现了棒纤缆全制造过程的数字化,利用5G进行物流设备自动化升级,实现仓储无人化。同时,协同实施“循环经济”,践行绿色制造。通过这些举措,长飞公司的生产效率显著提升,产品质量稳定提高,市场竞争力进一步增强。

在产业链协同方面,长飞公司利用数字化、大数据、IoT、区块链等新技术,开展智能生产监造、云化防伪检验、履约透明可视、全程质量追溯等创新应用。从产品制造到运行全流程管控,采取一码到底的质量管理模式,打通供需双方B2B系统,实现规划、设计、采购、订单、建设、网维等多环节实时追溯。这不仅提高了产品质量和客户满意度,还增强了产业链上下游企业的协同合作,共同推动行业的数字化转型。

资料来源:根据长飞新闻、长江日报、腾讯网等网络资料整理。

本章小结

企业管理是为了实现企业的既定目标,通过计划、组织、领导与控制等管理职能的有机结合,对企业内部的各项资源进行有效整合与利用的过程。它涉及多个要素,包括战略制定、组织结构设计、人力资源管理、企业文化等。企业管理模式有传统和现代之分,前者注重层级制度和控制,后者强调灵活性和创新。管理者在企业中扮演不同层次的角色,从高层的战略决策者到中层的协调者,再到基层的执行者,各具所需素质如领导力、沟通能力和决策能力等。

数字化转型是当前企业管理的重要趋势,它通过运用数字技术,对业务流程、组织结构、企业文化等进行全面改革和创新,以实现业务模式、运营方式、管理理念和企业文化的根本转变,从而提升企业的竞争力和创新能力。这一转型对企业管理产生了深远影响,包括提高决策效率、优化资源配置、增强客户体验、促进创新与发展等。在数字化转型下,企业管理创新成为关键,企业需要不断探索新的管理模式和技术应用,以适应快速变化的市场环境。

习题

一、单选题

1. 企业管理的核心含义是(　　)。

A. 提高员工福利

B. 通过计划、组织、领导和控制实现组织目标
C. 增加市场份额
D. 降低生产成本
2. 企业管理的各项资源不包括(　　)。
A. 人力资源　B. 财务资源　C. 客户资源　D. 信息资源
3. 企业管理模式中,鼓励跨部门沟通与协作的是(　　)。
A. 传统管理模式　B. 扁平化管理模式
C. 敏捷管理模式　D. 数据驱动决策
4. 企业管理模式中,强调团队协作、客户反馈循环和持续改进的是(　　)。
A. 传统管理模式　B. 扁平化管理模式
C. 敏捷管理模式　D. 数据驱动决策
5. 企业管理者中,负责制定长期战略目标的是(　　)。
A. 高层管理者　B. 中层管理者　C. 基层管理者　D. 项目管理者
6. 在企业管理者的角色中,"谈判者"属于(　　)。
A. 人际角色　B. 信息角色　C. 决策角色　D. 执行角色
7. 企业管理者的素质中,最重要的是(　　)。
A. 技术能力　B. 沟通能力　C. 决策能力　D. 学习能力
8. 数字化转型下,企业管理的核心驱动力是(　　)。
A. 人力资源　B. 数据和技术　C. 财务资源　D. 市场资源
9. 在数字化转型中,企业管理者的新角色是(　　)。
A. 技术专家　B. 变革领导者　C. 财务分析师　D. 市场营销专家
10. 企业管理中,数字化转型的主要目标是(　　)。
A. 提高生产效率　B. 优化客户体验
C. 实现数据驱动决策　D. 以上都是

二、多选题

1. 企业管理的基本要素包括(　　)。
A. 人力资源　B. 财务资源　C. 物质资源　D. 信息资源
2. 企业管理者的层次包括(　　)。
A. 高层管理者　B. 中层管理者　C. 基层管理者　D. 项目管理者
3. 数字化转型下,企业管理的关键技术包括(　　)。
A. 大数据　B. 人工智能　C. 云计算　D. 区块链
4. 企业管理者的素质包括(　　)。
A. 决策能力　B. 沟通能力　C. 学习能力　D. 领导力
5. 数字化转型下,企业管理的主要特点包括(　　)。
A. 数据驱动决策　B. 组织结构扁平化
C. 技术投入增加　D. 传统管理模式强化

三、判断题

1. 企业管理的核心是通过计划、组织、领导和控制实现组织目标。　(　　)

2. 在数字化转型中，企业管理者的主要任务是推动技术变革和组织文化变革。（　）
3. 扁平化组织结构的特点是层级多、决策慢。（　）
4. 高层管理者主要负责执行日常操作和监督员工绩效。（　）
5. 企业管理者的角色中，“传播者”属于决策角色。（　）

四、简答题

1. 简述企业管理的含义和要素。
2. 企业管理的模式有哪些？
3. 如何划分企业管理者的层次？
4. 一个优秀的企业管理者需要具备哪些素质？
5. 简述数字化转型的定义。

五、论述题

管理者在不同层次中承担的角色以及对管理者素质的要求有什么差异？

六、案例分析

三一集团的数字化蝶变：从传统制造到智能制造的跨越之路

（一）背景

三一集团有限公司始创于1989年，集团主业是以“工程”为主题的装备制造业，主导产品为：混凝土机械、挖掘机械、起重机械、筑路机械、桩工机械、风电设备、港口机械、石油装备、煤炭装备、装配式建筑PC等全系列产品。集团是中国工程机械行业第一家《福布斯》全球500强。随着全球制造业的深度调整和科技革命的加速推进，传统工程机械制造企业面临着巨大的挑战与机遇。三一集团作为中国工程机械行业的领军企业，深刻认识到数字化转型对于提升企业竞争力的关键作用。在行业普遍面临产能过剩、市场竞争激烈的大背景下，三一集团毅然踏上了智能制造的数字化转型征程，旨在通过技术创新和管理变革，实现从传统制造向智能制造的跨越发展。

（二）案例详情

1. 灯塔工厂建设

三一集团按照工业4.0标准，投资上百亿元，历时五年时间，打造了全球最大的灯塔工厂——三一18号厂房。该厂房高度集成了智能产品、智能装备、智能物流和智能管理等要素，实现了生产全流程的自动化、数字化和智能化。例如，在生产线上，大量的工业机器人承担了物料搬运、焊接、装配等工作，大大提高了生产效率和产品质量的稳定性。同时，通过引入物联网技术，对生产设备进行实时监控和故障预警，设备故障率显著降低。此外，智能物流系统能够根据生产需求自动调度物料，确保生产的连续性和高效性。

2. 树根互联平台的应用

三一集团与树根互联合作，共同打造了“根云”工业互联网平台。该平台为三一集团的设备连接、数据采集和分析提供了强大的技术支持，实现了从设计、制造到售后的全生命周期管理。通过平台的大数据分析功能，三一集团可以深入了解设备的运行状态、故障模式和维护需求，从而提前制定维护计划，减少设备停机时间，提高设备利用率。例如，在挖掘机设备上安装了大量的传感器，实时采集设备的运行数据，如油温、压力、转速等，并将这些数据传输到“根云”平台进行分析处理。一旦发现潜在的故障风险，平台会及时发出警报，提醒维修人员进行维护，有效保障了设备的正常运行。

3. 数字化研发与设计

三一集团大力推进数字化研发与设计手段的应用，采用了先进的计算机辅助设计(CAD)、计算机辅助工程(CAE)和计算机辅助制造(CAM)技术，实现了产品研发过程的数字化和智能化。通过建立三维数字化模型，设计师可以在虚拟环境中对产品进行设计和验证，大大缩短了研发周期和降低了研发成本。例如，在新款混凝土泵车的研发过程中，利用 CAE 技术对泵车的结构和性能进行优化分析，通过模拟不同工况下的工作状态，提前发现并解决了潜在的问题，确保了产品的可靠性和高性能。

4. 智能供应链管理

三一集团构建了一套完善的智能供应链管理体系，通过信息化技术和大数据手段，实现了对供应商、生产计划、库存管理和物流配送等环节的精准控制和协同优化。与供应商建立了紧密的信息共享机制，实时传递订单信息、库存水平和质量要求等，确保原材料的供应及时、稳定且质量可靠。同时，利用大数据分析对市场需求进行预测，合理安排生产计划和库存水平，避免了库存积压或缺货现象的发生。在物流配送方面，采用智能调度系统和无人驾驶车辆等先进技术，提高了物流效率和准确性，降低了物流成本。

5. 人才培养与组织变革

为了适应智能制造的发展需求，三一集团高度重视人才培养和组织变革。一方面，加大对内部员工的培训力度，开展了一系列的智能制造相关培训课程和技术交流活动，提升员工的数字化技能和综合素质。另一方面，积极引进外部高端人才，组建了一支具有丰富经验和创新能力的智能制造团队。同时，对企业内部的组织架构进行了优化调整，建立了更加灵活、高效的组织管理模式，打破了部门之间的壁垒，促进了信息流通和协同工作。

(三)总结与启示

三一集团在智能制造领域的数字化创新实践取得了显著成效，为企业的可持续发展奠定了坚实基础。通过灯塔工厂建设、树根互联平台应用、数字化研发与设计、智能供应链管理以及人才培养与组织变革等多方面的举措，三一集团实现了生产过程的智能化、产品品质的提升和运营效率的提高，增强了企业的市场竞争力和抗风险能力。对于其他制造企业而言，应借鉴三一集团的实践经验，积极拥抱数字化转型，加大在技术研发、人才培养和组织创新方面的投入，构建适合自身发展的智能制造体系，以应对日益激烈的市场竞争和不断变化的客户需求。

资料来源：根据三一集团官网、搜狐网等网络资料整理。

思考：

1. 三一集团在推进智能制造转型过程中，如何将传统生产管理、供应链管理和质量管理等模式与数字化技术进行深度融合与革新？这种融合过程中遇到的核心挑战是什么？

2. 随着三一集团数字化转型的推进，企业管理者面临着全新的角色转型。请阐述在数字化转型的不同阶段，管理者的角色发生了哪些变化？他们面临哪些主要的能力挑战？并结合三一集团的案例，说明管理者应如何应对这些挑战，以实现与企业数字化转型的匹配。

3. 三一集团在数字化转型过程中，对组织架构进行了优化调整，请分析这种组织架构调整如何促进了企业内部的协同。

第四章 企业文化

主要知识结构图

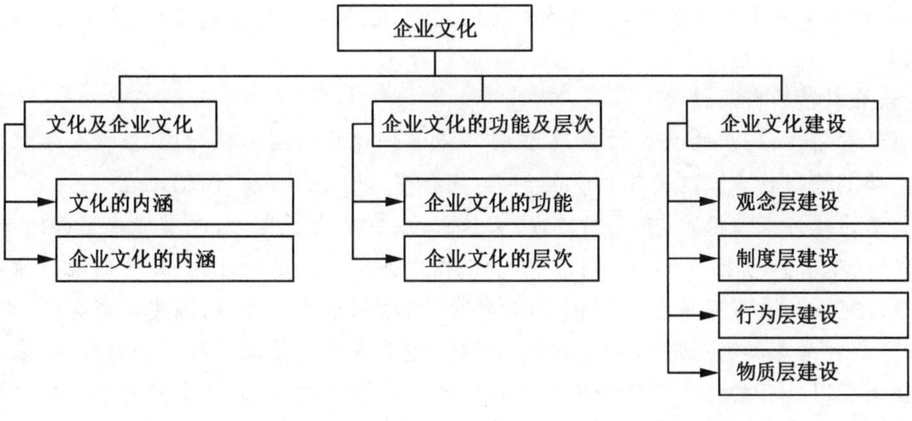

教学目标

● 帮助学生了解企业文化形成与发展的背景。

● 帮助学生理解文化及企业文化的概念、两者之间的相关联系。

● 帮助学生掌握企业文化的功能和层次，理解企业文化建设。基于企业管理的角度，具备观念层建设、制度层建设、行为层建设、物质层建设等方法和能力。

● 引导学生紧密结合中国企业文化的优秀理论及实践成果，帮助学生建立正确的人生观与价值观。

开篇案例

同仁堂文化

北京同仁堂是全国中药行业著名的老字号，创建于1669年(清康熙八年)，自1723年(清雍正元年)开始供奉御药。从最初的同仁堂药室、同仁堂药店到现在的北京同仁堂集团，其所有制形式、企业性质、管理方式也都发生了根本性的变化。但同仁堂经历数代而不衰，在海内外信誉卓著，树起了一块金字招牌，真可谓药业史上的一个奇迹。

德：养生济世的经营宗旨

同仁堂的创业者尊崇“可以养生、可以济世者，唯医药为最”。在北京大栅栏同仁堂药店的店堂里也有这样一副对联：同气同声福民济世，仁心仁术医国医人。同仁堂的历代继业者始终以“养生”“济世”为己任，对求医购药的八方来客，无论是达官贵人还是平民百姓，一律以诚相待，对症用药，一视同仁。300多年间，社会发生了翻天覆地的变化，然而同仁堂养生济世的宗旨却雷打不动。今天，在继承古老创业宗旨的同时，又汇入了全心全意为人民服务的精神，提出“想病家患者所想，做病家患者所需”和“患者第一”的经营思想。职工们在日常生产和服务中，自觉地实践着企业的经营宗旨和道德规范。有一段时间，北京出现“抓药难”的问题，在别处抓不到药的人纷纷涌到同仁堂药店，有时队伍排到大栅栏街口。同仁堂药店的职工不推不怨，从经理到职工齐上柜台抓药，并准备充足的药源，常常从清晨忙到深夜，直至送走最后一个购药者。

诚：精益求精的敬业精神

在同仁堂药厂、药店的醒目位置，人们都可以看到这样一副对联：炮制虽繁必不敢省人工，品味虽贵必不敢减物力。这是同仁堂的训词，同仁堂人已把这句训词铭记在心。

同仁堂的处方来源很广，有民间验方、家传秘方、宫廷太医良方，也有现代名医的新方。千方易得，一效难求。为求一个“效”字，同仁堂根据中医辨证论治的理论、处方的配伍原则，药料选用十分讲究。如白芍用杭白芍，郁金用黄郁金，肉桂用甲级企边桂，陈皮用新会的，蜂蜜用河北兴隆的，十六头人参不能用三十二头小参顶替，僵蚕不能用僵蛹代替，“产非其地，采非其时”的药材坚决不用。有些特殊的药料不能用收购的办法保证质量，同仁堂就想尽办法自己培育。如制作乌鸡白凤丸需用纯种乌鸡，公司在北京市北郊无污染的龙山专门饲养，对纯种乌鸡喂以营养丰富的饲料，饮以清澈洁净的泉水，发现羽毛骨肉稍有变种即予淘汰。中药许多品种价格昂贵，天然牛黄等比黄金价格还高，但他们绝不偷工减料。

信：童叟无欺的职业道德

同仁堂的金字招牌之所以300多年不倒，不仅因为它有养生济世的经营宗旨和精益求精的敬业精神，还因为它有童叟无欺、一视同仁的职业道德。到同仁堂药店抓药，极少出现差错。同仁堂经营不少高档药，同时，廉价药品种也十分丰富。一元钱一张的狗皮膏、几角钱一支的眼药水应有尽有。同仁堂人做大生产，也不拒绝小买卖。在商业经营中，许多商店搞柜台出租。有人找上门来，同仁堂都断然拒绝：“‘同仁堂’永远自家卖药，而且永远卖好药，决不会为眼前利益丢弃养生济世的经营宗旨。”同仁堂在海外的影响也非常大，来这里买药的海外游客很多，而且往往是大客户。尽管同仁堂药店所在的大栅栏地区交通不便，但慕名而来的游客仍络绎不绝。

“德、诚、信”，使同仁堂美名远播、有口皆碑，许多顾客对它已形成一种难解的“同仁堂情结”。

资料来源：根据北京同仁堂官网资料整理。

第一节　文化及企业文化

一、文化的内涵

《辞海》对文化的解释是：“从广义来说，文化指人类社会历史实践过程中所创造的物质财富和精神财富的综合；从狭义来说，文化指社会的意识形态以及与之相适应的制度和组织结构。”

“文化”是中国语言系统中古已有之的词汇。“文”的本义，是指各色交错的纹理。“化”的本义为改易、生成、造化，指事物形态或性质的改变，后又引申为教行迁善之义。“文化”一词，从语源意义看，来自《易经》中“贲卦”的象辞：“观乎天文，以察时变；观乎人文，以化成天下。”“人文化成”已含孕了“文化”的基本含义。西汉以后，“文”与“化”方合成一个整词。在中国古代，“文化”一词最早出现在西汉时期刘向的《说苑·指武》中：“圣人之治天下也，先文德而后武力。凡武之兴，为不服也，文化不改，然后加诛。”这里，“文化”被理解为文治教化。《文选·补亡诗六首》中有：“文化内辑，武功外悠。”在汉语系统中，“文化”的本义就是“以文教化”，它表示对人性情的陶冶、品德的教养，本属精神领域之范畴。以前，文化更多地被当成一个动词，意指以“文”的手段对人们和社会所做的种种改变，包括“文而化之”和“化而文之”两个过程。现在，文化通常被视为名词，有多种含义。随着时间的流逝和空间的差异，“文化”逐渐成为一个内涵丰富、外延宽广的多维概念，成为众多学科探究、阐发、争鸣的对象。

虽然对于文化，不同的人有不同的理解。但是它们之间还是有一些共性的：文化是后天习得，是学而知之的；文化是有结构的，它可分为各个方面，其中最为重要的是价值观念和行为模式；文化是动态的、可变的，虽然这一变化过程比较缓慢，甚至不可见；文化是群体在适应内外环境的过程中所形成的一种生活方式，具有很强的历史继承性。

可见，文化是一个内涵深邃、外延宽广的概念，既有广义与狭义之分，也有宏观与微观之别。从广义去理解，人类有史以来，凡是与人的思想、行为及人工制品相联系的都是文化；从狭义去理解，文化特指精神产品及行为方式。从宏观上看，文化的范畴包括民族文化、宗教文化、社会文化；从微观上看，它又可以指社会中的某一特定群体所共享的文化，如社区文化、家庭文化、班级文化、企业文化。

【小思考】　海尔的销售文化

(1)市场唯一不变的法则就是永远在变。

(2)只有淡季的思想，没有淡季的市场。

(3)卖信誉而不是卖产品。

(4)否定自我，创造市场。

(5)名牌战略：要么不干，要干就要争第一。

(6)国门之内无名牌。

(7)坚持以创牌不贴牌的理念融入世界。

(8)世界的品牌、世界的工厂、世界的海尔。

想一想：你还知道海尔的其他销售文化吗？

二、企业文化的内涵

“企业文化”(Corporate Culture)和“组织文化”(Organizational Culture)这两个名词均来源于西方管理学界，西方学者倾向于使用“组织文化”，“组织文化”这一概念正式面世是20世纪七八十年代的事情，于1970年由美国波士顿大学组织行为学教授S. M. 戴维斯在其《比较管理——组织文化展望》一书中率先提出。传到中国后，国内的学者则更青睐“企业文化”。事实上，多数组织文化研究的对象是企业。本书主要使用“企业文化”的概念，但有时为了保证引文的准确性也同时使用“组织文化”的概念。

(一)国外学者的理解

美国学者阿伦·肯尼迪和特伦斯·迪尔在合著《企业文化——企业生存的习俗和礼仪》中认为，企业文化包括五要素：企业环境、价值观、英雄人物、礼仪和庆典、文化网络。企业环境是形成某种文化时影响最大的一个因素。价值观是基石，是成功哲学的精髓。英雄人物是价值观的人格化和组织力量的集中体现者。礼仪和庆典是传播和强化公司文化的重要形式。文化网络是公司价值观和英雄轶事的“载体”，是通道。

美国麻省理工学院教授埃德加·沙因认为，企业文化是企业(群体)在解决外在适应性与内部整合性问题时习得的一组共享假定。企业文化是在企业成员相互作用的过程中形成的，为大多数成员所认同的，并用来教育新成员的一套价值体系，包括共同意识、价值观念、职业道德、行为规范和准则等。

美国加利福尼亚大学美籍日裔教授威廉·大内认为，一个企业的文化由其传统和风气构成，还有价值观，如进取、守势、灵活性。企业文化表明企业的风格，如激进、保守、迅速等，这些风格是企业中行为、言论、活动的固定模式。管理人员以自己为榜样把这个固定模式传输给一代又一代的企业员工。

约翰·科特和詹姆斯·赫斯克特在《企业文化与经营业绩》一书中指出，企业文化通常代表一系列相互依存的价值观念和行为方式的总和。这些价值观念、行为方式往往为一个企业全体员工所共有，往往是通过较长的时间积淀、存留下来的。

(二)我国学者代表观点

胡正荣认为，企业文化作为一种亚文化，属于组织文化的一个子概念，它是在一定的社会历史条件下，在企业生产经营和管理活动中所创造的具有本企业特色的精神财富和物质形态。

刘光明认为，企业文化是一种在从事经济活动的组织中形成的组织文化，它所包含的价值观念、行为准则等意识形态和物质形态均为该组织成员所共同认可。

罗长海认为，企业文化是企业在各种活动及其结果中努力贯彻并实际体现出来的以文明取胜的群体竞争意识，并且表现为企业的总体风采和独特的风格模式。

曹世潮认为，文化是特定人群当下普遍自觉的观念和方式系统。

张德认为，企业文化是指企业在长期的生存和发展过程中所形成的，为企业多数成员所共同遵循的最高目标、基本信念、价值标准和行为规范。它是理念形态文化、行为制度形态文化和物质形态文化的复合体。

(三)正确理解企业文化

综合国内外学者的观点，本书采用的定义如下。

企业文化是指在一定的社会大文化环境影响下，经过企业领导者的长期倡导和全体员工的共同认可、实践与创新所形成的具有本企业特色的整体价值观念、道德规范、行为准则、经营哲学、企业制度、管理风格以及历史传统的综合。正确理解企业文化需要注意以下四个方面。

1. 企业文化具有时段性

人在生存和成长过程中会存在很多不一样的环境，学会适应和接受新的环境是人必须做到的。当接受一个事物到一定程度的时候就会变成熟悉，熟悉到一定程度的时候就会变成领悟，而当人可以领悟一个环境或者一个阶段的时候，就会有自己的想法，或者是改变，或者是离开，或者是妥协，然后会根据自己的需要做一些改变，也就是调整一下自己。所谓的阶段性，是因为人生从时间上看是一个整体，但是从经历和认知上看，是阶段性的（童年、少年、青年、成年、中年和老年），每回望前一个阶段，都会有些许遗憾，因为我们在成长。企业也是一样。企业文化具有时段性指的是现阶段的文化，不是指企业的历史文化，也不是指企业将来可能形成的新文化。

2. 企业文化具有共识性

只有达成共识的要素才能称为文化。企业新提出的东西，如果没有达成共识，就不能称为文化，只能说是将来有可能成为文化的文化种子。企业文化代表企业共同的价值判断和价值取向，即多数员工的共识。当然，共识通常是相对的。在现实生活中，很难想象一个企业的所有员工都只有一种思想、一个判断。由于人的素质参差不齐，人的追求呈现多元化，人的观念更是复杂多样，企业文化通常只能是相对的共识，即多数人的共识。

3. 企业文化具有内化性

内化（Internalization）是在思想观点上与他人的思想观点一致，自己所认同的新思想和自己原有的观点、信念结合在一起，构成一个统一的态度体系。这种态度是持久的，并且成为自己人格的一部分。人是一个能动的主体，在不断地与客观世界相互作用的过程中，积累了一定的知识经验和能力，并在头脑中以观念的方式形成一个相对稳定的认知结构。人的认知结构是一个能动的系统，它是发展变化的，有着自我调节、自我完善的能力，可以不断地接触新事物、接纳新事物、解决新问题、适应新环境。心理学家皮亚杰认为，任何外部影响（刺激）都是通过同化和顺应两种机能而被接受到主体认知结构中来的。同化是指主体认知结构对外部刺激进行过滤或改变而把它接纳到认知结构中来；而认知结构在同化外部刺激的过程中，自身结构也发生相应的改变，即顺应。同化和顺应实质上是同一心理过程的两个方面。企业所倡导的理念和行为方式一旦得到普遍的认同，就必将得到广大员工的自觉遵循。先内化于心，才能外化于行。

4. 企业文化具有范围性

文化总是相对于一定范围而言的，我们所指的企业文化通常是企业员工所普遍认同的部分。如果只是企业领导层认同，那么它只能称为领导文化；如果只是企业中某个部门的员工普遍认同，那么它只能称为该部门的文化。依据认定的范围不同，企业中的文化可以分为领导文化、中层管理者文化、基层管理者文化，或部门文化、分公司文化、子公司文化等。

【小案例】 企业文化的缘起与挑战

企业文化概念流变

企业文化既是企业经营发展过程中积淀形成的文化资源和文化现象，更是一种先进的管理理论和管理方式。由于企业文化缺乏统一的概念和定义，特别是容易与企业党建工作、思想政治工作、群团工会工作等交叉和混淆，容易造成对企业文化内涵理解上的偏差。从企业文化的理论概念分析，存在“广义企业文化”和“狭义企业文化”两个概念。广义的企业文化，一般称为"企业文化建设",是指企业在长期的生产经营活动中所形成的物质文明和精神文明的总和,包括精神层、制度层、行为层和物质层四部分。狭义的企业文化,一般称为"企业文化管理",是指企业及其员工信奉并实践的价值理念。从企业文化的学科领域分析,企业文化属于边缘交叉性学科,涉及管理学、社会学、组织行为学、领导学、传播学等众多学科内容。

企业文化有哪些特性

企业文化具有两大属性。一是"管理学"属性,企业文化是一种先进的管理理论和管理方法;二是"社会学"属性,企业文化是对企业作为社会经济组织的人格化塑造,是对企业赖以生存的经济环境、市场环境等的社会化折射。在中国企业文化建设探索实践中,企业文化越来越具有综合性、系统性、动态性、社会性特征。

企业文化由哪些体系构成

构建科学规范的企业文化体系是企业文化建设的前提和基础。在企业文化建设过程中,企业文化理论、CIS基础理论和学习型组织建设往往融会贯通,从企业文化战略顶层设计的角度,提炼形成企业价值理念体系、企业行为准则体系、企业视觉识别体系以及企业文化传播体系等,成为企业文化建设的纲领。

资料来源:袁恒常. 企业文化的缘起与挑战[J]. 中外企业文化,2023(7).

第二节　企业文化的功能及层次

一、企业文化的功能

著名经济学家于光远先生站在战略高度精辟指出:"国家富强在于经济,经济繁荣在于企业,企业兴旺在于管理,管理优劣在于文化。"企业文化决定企业命运,未来企业的竞争是文化的竞争。企业的百年基业与创新,表面上看起来是经济形态,归根结底都是文化形态,企业文化贯穿企业发展的全过程。

优秀的企业文化通常具有以下功能。

(一)导向功能

企业文化的导向功能是指它对企业行为方向所起的显示、诱导和坚定作用。

1. 企业文化能显示企业发展方向

企业文化以概括、精粹、富有哲理性的语言明示着企业发展的目标和方向,这些语言经过长期的教育、潜移默化,已经铭刻在广大员工心中,成为其精神世界的一部分。美国IBM公司的宗旨是"为顾客提供世界上最优良的服务"。经过长期实践,"优良服务"几乎成了公司的象征,它不仅向客户提供各种机器租赁服务,还提供各种机械服务;不仅提供设备本身,还提供技术培训和"随叫随到"的咨询服务。IBM公司能保证做到"在24小时以内对任何一个顾客的意见和要求做出满意的答复"。

2. 企业文化能诱导企业发展方向

企业文化建立的价值目标是企业员工的共同目标,它对员工有巨大的吸引力,是员工共同行为的巨大诱因,使员工自觉地把行为统一到企业所期望的方向上去。正如美国管理学家彼得斯和沃特曼所说,在优秀的公司里,因为有鲜明的指导性价值观念,基层的人在大多数情况下都知道自己该做些什么。

3. 企业文化能坚定企业发展方向

企业在遇到困难和危机时，强大的企业文化可以促使员工把困难当作动力，把挑战当作机会，更加坚定而执着地为既定的目标奋斗。青岛双星集团的总裁汪海曾自豪地说："我们不怕困难，不怕挑战，我们经常讲危机，经常讲缺点，因为我们相信'双星'精神会激励我们战胜危机，克服困难。"

(二)员工士气的激励功能

共同的价值观念使每个职工都感到自己的存在和行为的价值，自我价值的实现是人的最高精神需要的满足，这种满足必将形成强大的激励。在以人为本的企业文化氛围中，领导与职工、职工与职工之间互相关心，互相支持。特别是领导对职工的关心，会让职工感到受人尊重，自然会振奋精神，努力工作，从而形成幸福企业。另外，企业精神和企业形象对企业职工有着极大的鼓舞作用，特别是企业文化建设取得成功，在社会上产生影响时，企业职工会产生强烈的荣誉感和自豪感，他们会加倍努力，用自己的实际行动去维护企业的荣誉和形象。企业文化对强化员工工作动机，激发员工的工作主动性、积极性和创造性有巨大作用。

企业文化使员工获得充分发挥自己聪明才智、不断实现自我的优越条件。鼓励创新、支持变革，是一切优秀企业文化的鲜明特点。员工自我发挥、自我实现和自我完善的需要，只有在强大的企业文化环境中才能获得满足。

企业文化的重要特点是重视人的价值。正确认识员工在企业中的地位和作用，激发员工的主体意识，从根本上调动员工的积极性和创造性。例如，美国波音公司把"我们每一个人都代表公司"作为企业精神来激发员工的主体意识。

积极向上的思想观念及行为准则，可以形成强烈的使命感和持久的驱动力。心理学研究表明，人们越能认识行为的意义，行为的社会意义越明显，越能产生行为的推动力。倡导企业理念的过程，正是帮助员工认识工作意义、建立工作动机，从而调动员工积极性的过程。

(三)企业主体的凝聚功能

企业文化赋予人们以共同的目标、理想、志向和期望，使人们心往一处想、劲往一处使，成为具有共识、同感的人群结合体。企业文化给人们提供了一套价值评价和判断的标准，使人们知道怎样做是正确的、怎样做是错误的，不仅能避免大量矛盾的发生，而且即使出现某些矛盾和冲突，也会积极、主动地设法解决。企业文化提供给员工多方面心理满足的条件，使企业对员工有很强的吸引力，员工对企业有很大的向心力。

企业文化以人为本，尊重人的感情，从而在企业中形成团结友爱、相互信任的和睦气氛，强化了团体意识，使企业职工之间形成强大的凝聚力和向心力。共同的价值观念形成了共同的目标和理想，职工把企业看成一个命运共同体，把本职工作看成实现共同目标的重要组成部分，整个企业步调一致，形成统一的整体。这时，"厂兴我荣，厂衰我耻"成为职工发自内心的真挚感情，"爱厂如家"就会变成他们的实际行动。企业组织的高凝聚力主要表现在三个方面：一是组织与团体、团体与团体之间的关系是亲密的、和谐合作的；二是组织对团体、团体对个人具有很强的吸引力；三是个人对团体和组织有很强的认同感、依恋感和向心力。

(四)思想行为的约束功能

企业文化的内容不仅包括企业的规章制度，而且包括企业的思想作风、伦理道德、价值观念、行为方式等方面，这就使企业文化具有两个方面的约束功能：一种是硬性的约束，即企业成文的规章制度对员工的约束力；另一种是软性的约束，即一种无形的约束。企业文化的约束功能主要是从价值观念、道德规范上对员工进行软性的约束，它通过企业共同价值观、道德观向员工个人价值观、道德观的内化，使员工在观念上确立一种内在的自我约束的行为标准。一旦员工的某项行为违背了企业的信念，其本人心理上会感到内疚，并受到共同意识的压力和公共舆论的谴责，促使其自动纠正错误行为。例如，北京王府井百货大楼的广大员工在张秉贵"一团火精神"的带动下，人人都以热情服务、微笑待客为荣，以不负责任、冷淡粗暴为耻。

企业文化的约束功能主要通过完善管理制度和道德规范来实现。企业制度是企业文化的内容之一。企业制度是企业内部的法规，企业的领导者和企业职工必须遵守和执行，从而形成约束力。道德规范是从伦理关系的角度来约束企业领导者和职工行为的。如果人们违背了道德规范的要求，就会受到舆论的谴责，心理上会感到内疚。同仁堂药店"济世养生、精益求精、童叟无欺、一视同仁"的道德规范，促使全体员工严格按工艺规程操作、严格质量管理、严格执行纪律。

（五）社会影响的辐射功能

企业文化关系到企业的公众形象、公众态度、公众舆论和品牌美誉度。企业文化不仅在企业内部发挥作用，对企业员工产生影响，也能通过传播媒体、公共关系活动等渠道对社会产生影响，向社会辐射。企业文化的传播对树立企业在公众中的形象有很大帮助，优秀的企业文化对社会文化的发展有很大的影响。企业文化不仅对本企业产生作用，还会不断地向周围传播和辐射。这种辐射的途径是企业的对外横向联系及人员交往，它的作用机制则是依靠企业文化交往实现的。例如，鞍钢公司"两参一改三结合"的作风等，就曾对我国整个社会文化的发展和进步起到重要作用。

二、企业文化的层次

（一）文化的内部层次

文化是由人类所创造的不同形态的特质所构成的复合体。根据层面大小，文化可以有多种分类。如我国20世纪30年代出版的两套《中国文化史丛书》，就将文化分为数十类。较宏观的审视，是将文化按其最大特质层面进行划分并说明其相互关系，即文化结构的研究。有的采用五分法，将文化分为物质文化、人本文化、制度文化、精神文化、环境文化。有的采用四分法，将文化分为物质文化、制度文化、行为文化、心态文化。本书采用三分法，从物质文化、制度文化、精神文化三个层面进行论述。

1. 物质文化

物质文化的产生，源于人与自然进行物质交换的各种特殊形式。这种方式体现为一定的生产力水平，由此决定了一定社会的全部物质生活面貌，并呈现为各种物质文化，如服饰文化、饮食文化、居住文化、园林文化、建筑文化、交通文化、日用器物文化、劳动工具文化、工艺技术文化等。它贯穿在人的全部物质生活中，因而与科学技术的发展和经济活动的水平密不可分。从文化内部的关系看，物质文化中大量凝聚、积淀着制度文化的因素，如古代之所谓"衣分三色，食分五等"，同时也凝聚、积淀着精神文化的因素，如不同建筑风格体现不同文化精神。物质文化具有三种作用：其一，满足人的实际需要；其二，具有标示作用；其三，具有寓托作用，如酒文化、茶文化中寓托的深远意味。从物质文化所处的时空关系看，它具有鲜明的时代性，总是随着经济的转换而改变原貌，如交通上有人力车文化与摩托车文化；也具有民族性，例如，平原上农耕民族与草原上游牧民族物质文化面貌迥异。

2. 制度文化

制度文化是人类处理个体与他人、个体与社会之间关系的产物，如经济制度、婚姻制度、家族制度、政治法律制度、教育制度。人类的生产、生活都不是个人的，而是联结在一定的社会网络中的，任何社会为了保证其生产、生活的正常运转，都必然存在于一定的结构中，这种结构被提升到规范、规则的层面，就成为制度。例如，中国历史上长期存在的家国同构、封建专制的政治制度，就是从现实的等级结构中提升出“君君臣臣，父父子子”的纲常名教而形成的。制度文化的建立和作用有三个特点。其一，制度文化总是按照一定的社会理论建立起来的。政治法律制度是统治阶级为维护占统治地位的经济关系而自觉建立的，必然以体现统治阶级利益的理论观念为指导。其二，制度文化中总是凝聚、积淀着观念形态的文化。如中国古代礼制对人们衣食住行的种种规定，就淋漓尽致地体现着等级社会的差别观念。其三，制度文化一经建立，又反过来影响物质文化和人们的精神。如中国历史上的“贱商”制度压抑了工商和科学技术的发展等。

3. 精神文化

精神文化是指人类创造的一切文化在人的精神领域的反映和汇聚，是文化在人的知、情、意中的投射、表现和凝结。根据存在方式的不同，精神文化可以大概分为显和隐两部分。

显的部分是指心理、观念对象化为一定的意识形态，即所谓物化的观念形态文化，也就是通常说的社会意识形态。它包括政治思想、法律思想、道德伦理学说、艺术、宗教、哲学等。隐的部分指人的文化心理结构，包括三个层面。其一，表层结构，指情感、意志、风俗习惯、道德风尚、审美情趣等。其二，中层结构，又称观念积淀层，指人的心理所含的关于经济、政治、道德、艺术、宗教、哲学等各方面的观念因素。其三，深层结构，指心理最深、最原始的精神实质。

由于人的大脑是一个系统、有机制约的整体，所以人的心理结构也呈现出极为复杂的相互制约、相互影响的关系。文化心理结构三个层面之间是相互制约、相互渗透的关系，同时它们与物化的观念形态文化之间也存在密切的交互影响，而社会意识形态内部各体系，如政治思想、法律思想、道德伦理学说、艺术、宗教、哲学之间又是相互联系、相互作用、相互渗透、相互影响的。各种社会意识形态都直接反映当时的社会文化心理的普遍状况，因此，精神文化具有时代性。各民族的精神文化，因其地理、历史、经济等环境的制约而具有不同的民族性。一定时代的精神文化，特别是社会意识形态，是为一定时代的制度文化所制约的，特别是国家制度，更是强有力地决定着主导的观念形态文化，使之集中反映统治阶级的意志，为巩固政权服务。精神文化归根到底是由物质文化的发展水平所决定和制约的。马克思在《政治经济学批判》的序言中指出：“物质生活的生产方式制约着整个社会生活、政治生活和精神生活的过程。不是人们的意识决定人们的存在，相反，是人们的社会存在决定人们的意识。”这是考察任何精神文化时都应该特别注意的。

总之，根据种种文化各自的特质及其相对独立性，把它们划为物质文化、制度文化、精神文化三类。它们是一个系统的、有机联系的整体结构。物质文化中渗透着制度文化和精神文化，制度文化为物质文化所决定，但其建立又以一定的精神文化观念为前提，而其中又凝结、沉淀着精神文化，而它一经建立又反过来给予物质文化和精神文化以重大影响。精神文化最终为物质文化发展水平所决定，但又要受到制度文化的制约，并且也反作用于制度文化和物质文化，三者构成一个相互依存、相互作用、相互渗透的有机网络，是一个与自然相区别的包含无限意义与价值的文化世界。

(二)企业文化的内部层次

为了对企业文化进行深入的分析和研究，很多学者纷纷提出了企业文化的结构模型或理论。例如，荷兰心理学家霍夫斯泰德提出了四层次模型，认为企业文化由内向外依次是价值观、礼仪活动、英雄人物、符号系统；美国麻省理工学院教授沙因认为企业文化包括可观察到的人造物、公开认同的价值观、潜在的基本假设三个层次。也有不少人将企业文化分为两个层次，例如有形文化和无形文化、外显文化和内隐文化、物质形式和观念形式等。这些不同的结构划分都有其合理性。

综合国内外理论研究和企业实践，为科学准确地描述企业文化的结构，本书把企业文化划分为观念层、制度层、行为层、物质层四个层次，分别对应观念文化（精神文化）、制度文化、行为文化、物质文化，如图 4.1 所示。观念层决定行为层、制度层和物质层；制度层是观念层、物质层和行为层的中介；物质层、行为层和制度层都是观念层的体现。企业文化的物质层、制度层、行为层和观念层密不可分，相互影响、相互作用，共同构成企业文化的完整体系。

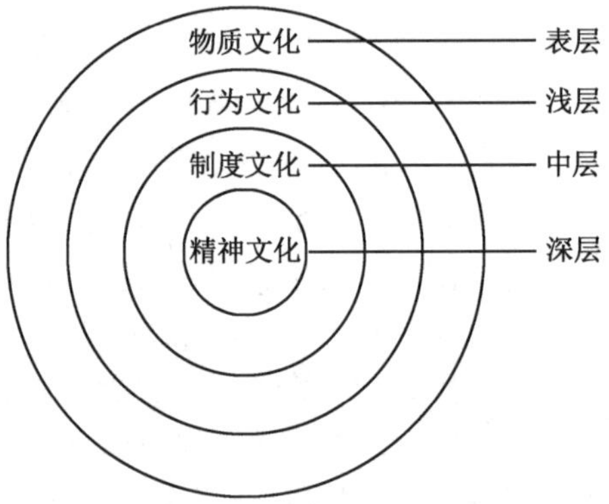

图 4.1　企业文化的结构

【微阅读】　中华优秀传统文化是中国特色企业文化建设的根和魂

企业文化作为管理哲学的分支，理论形成于西方，但源远流长、绵延不绝的中华优秀传统文化是中国特色企业文化的基石。在文化自信和引领新时代发展的今天，中华优秀传统文化作为民族基因、精神命脉和伟大复兴的独特战略资源，更是中国特色企业文化的根和魂。

中华优秀传统文华是中国特色企业文化建设的根和魂

第三节　企业文化建设

一、观念层建设

企业观念层文化是指企业在生产经营中形成的具有本企业特征的意识形态和文化观念，它包括企业价值观、企业宗旨、企业愿景、企业精神和企业伦理等。相对于物质文化、行为文化及制度文化来说，观念文化是一种更深层次的文化现象。在整个企业文化系统中，它处于核心的地位，是决定制度文化、行为文化和物质文化的前提和关键，是物质文化、行为文化的升华，是企业的上层建筑。有无清晰的观念文化，是衡量一个组织是否形成了自身文化的标准。

（一）企业价值观

价值观是价值主体在长期的工作和生活中形成的对于价值客体的总的、根本性的看法，是一个长期形成的价值观念体系，具有鲜明的评判特征。企业价值观是企业全体（或多数）员工赞同的关于"企业的价值在于什么及哪些对象对于企业来说有价值"的看法。企业的价值在于什么？什么对于企业来说有价值？这两者一般来说是统一的。例如，企业的价值在于培育人才，而人才对于企业来说也是很有价值的；企业的价值在于提供优质产品，而优质产品对企业来说也很有价值。从哲学上说，价值观是关于对象对主体有用性的一种观念，而企业价值观是企业全体或多数员工一致赞同的关于企业意义的终极判断。简而言之，企业的价值观就是企业决策者对企业性质、目标、经营方式的取向所做出的选择，是为员工所接受的共同观念，是企业及其员工的价值取向，是企业在追求经营成功过程中所推崇的基本信念和奉行的目标。

（二）企业宗旨

企业宗旨是关于企业存在的目的或对社会发展的某一方面应做出的贡献的陈述，有时也称为企业使命。企业宗旨是企业管理者确定的企业生产经营的总目标、总方向、总特征和总的指导思想。它反映了企业管理者为组织将要经营的业务规定的价值观、信念和指导原则，描述了企业力图为自己树立的形象，揭示了本企业与同行其他企业在目标上的差异，界定了企业的主要产品和服务范围，以及企业试图满足的顾客基本需求。企业宗旨足以影响一个企业的发展。彼得·德鲁克基金会主席、著名领导力大师弗朗西斯女士认为：一个强有力的组织必须要靠使命驱动。企业的使命不仅回答"企业是做什么的"的问题，更重要的是回答"为什么做"的问题，是企业终极意义的目标。崇高、明确、富有感召力的使命不仅为企业指明了方向，而且使企业的每一位成员明确了工作的真正意义，激发出内心深处的动机。

企业宗旨回答的是"我为什么存在"这一根本问题。惠普公司创始人戴维·普卡德曾表示："我首先谈一下公司为什么存在。也就是说，为什么要办公司呢？我想许多人错误地认为，办公司就是为了赚钱。虽然赚钱是公司的重要成果之一，但是进行更深一步的研究，我们必然会得出如下结论，即一批人走到一起来，并以我们所说的公司的形式存在，以便能够集体地成就一番单靠个人力量不能成就的事业，即为社会做出贡献。这句话听起来一点也不新鲜，但却是至关重要的。留意一下周围的企业界，你仍会发现一些人只对金钱感兴趣，对其他事情漠不关心，但是对大多数人来说，潜藏在追逐利润背后的实际动力是要做一点事情的欲望，如生产一种产品或提供一种服务，总而言之是要做一点有价值的事情的欲望。因此，让我们在牢记这一点的基础上讨论一下惠普公司存在的原因。我们存在的真正目的是向公众提供某种独特的、有用的东西，从而为社会做出贡献。"

（三）企业愿景

企业愿景（Shared Vision）是企业全体成员对组织未来发展的共同期待和愿望，反映了企业领导者和全体成员的追求层次和理想抱负，是共同价值观的集中体现，也是企业文化建设的出发点和归宿。企业愿景就是企业全体人员内心真正向往的关于企业未来的蓝图，是激励每个成员努力追求和奋斗的企业目标。企业愿景体现企业家的立场和信仰，是企业最高管理者头脑中的一种概念，是这些最高管理者对企业未来的设想。企业愿景是对"我们希望成为怎样的企业"的持久性回答和承诺，不断地激励着企业奋勇向前、拼搏向上。企业愿景回答的是"我要去哪儿"这一根本问题。

一般而言，企业愿景大都具有前瞻性的计划或开创性的目标，作为企业发展的指引方针。在西方的管理论著中，许多杰出的企业大多具有一个特点，就是强调企业愿景的重要性，因为唯有借助愿景，才能有效地培育与鼓舞组织内部所有人，激发个人潜能，激励员工竭尽所能增加组织生产力，达到企业的战略目标。企业的愿景不只专属于企业负责人所有，企业内部每位成员都应参与构思制定与沟通共识，通过制定愿景的过程，使愿景更有价值，企业更有竞争力。

【微阅读】 中外著名企业之企业愿景

海尔：创中国的世界名牌，为民族争光。

腾讯：成为最受尊敬的互联网企业。

阿里巴巴：分享数据的第一平台，幸福指数最高的企业，活102年。

华为：丰富人们的沟通和生活。

微软：让世界上每一台电脑都因为微软而转动。

波音：领导航空工业，永为航空工业的先驱。

宝洁：成为并被公认为提供世界一流消费品和服务的公司。

资料来源：根据网络资料整理。

企业宗旨和企业愿景之间既相互区别又相互联系，但两者都对企业的发展至关重要，都能给企业带来责任感和使命感。企业宗旨可以团结团队的工作目标，激发员工的斗志；企业愿景使团队朝着明确的目标前进，为改变世界贡献力量。

企业价值观、企业宗旨、企业愿景分别回答了企业三个关键性问题，即“我应该怎么走”“我为什么存在”“我要去哪儿”这几个根本问题。

（四）企业精神

企业精神是一种团队精神，是企业内部最积极的、最闪光的，也是全体员工共有的一种精神状态。企业员工是企业文化建设的主体，在他们之中蕴藏着极为丰富的企业文化建设素材，特别是他们中的模范人物在企业生产经营实践中所表现的思想、观念和思维方式等，是先进的企业价值观，而这些先进的思想和主体意识正是提炼企业精神的源泉。

企业精神需要个性化的表达，更需要形象传播手段来“定格”。企业精神的设计是一个从抽象文字、标语口号确立向重大事件、辉煌业绩建立过渡的过程。长期以来，人们总认为，企业精神的确立就是企业文化的学者们调研、总结、概括，用一段恰当、简易、上口、好记的文字将其全部精髓表达出来的简单过程。然而，事实表明，这是一种幼稚的想法。事实上，那些不断获得成功的企业，其企业文化之所以卓尔不群，确立过程中的最大特点是：用事实说话，用足以表达企业最辉煌业绩的事件来进行企业精神的“定格”。没有足以给全体员工造成空前思想震撼，真正触及灵魂的正激励或负激励的重大事件，没有足以用辉煌业绩最终作出最充分的“事实表达”，企业精神是难以“定格”下来，难以确立起来的。

【微阅读】 企业精神的提炼步骤

关于企业精神的提炼，可采取以下步骤。

1. 历史讲述

召开一次由10名左右企业创立人员参加的座谈会，请大家围绕以下主题讲述发生在他们身边的人和事。

(1)你认为对企业发展最重要的事情是什么？

(2)你最难忘的事情是什么？

(3)你最受感动的一件事是什么？

(4)你认为对企业贡献最大的三个人是谁？

(5)这些人最宝贵的精神是什么?

(6)你从他们身上得到的最大启发是什么?

会议结束后,找出重复率最高的故事,将其加工整理。

2.员工听故事

再组织一次由员工组成的会议,把上面的故事加工整理后向他们讲述,然后向他们提以下问题。

(1)这个故事你听过没有?

(2)听了以后,你最深的感受是什么?

(3)哪个情节最让你感动、难忘?

(4)这个故事体现了什么精神?

(5)请用形容词来表达你的感受。

将提问的结果记录下来。

资料来源:根据百度文库等网络资源整理。

二、制度层建设

企业制度文化主要包括企业领导体制、企业组织机构和企业管理制度三个方面。企业领导体制的产生、发展、变化,是企业生产发展的必然结果,也是文化进步的产物。企业组织机构,是企业文化的载体,包括正式组织机构和非正式组织机构。企业管理制度是企业在进行生产经营管理时所制定的、起规范保证作用的各项规定或条例。

(一)企业领导体制

领导体制(Leadership System)指用独立的或相对独立的组织系统进行决策、指挥、监督等领导活动的具体制度或体系,它用严格的制度保证领导活动的完整性、一致性、稳定性和连贯性。领导体制是领导者与被领导者之间建立关系、发生作用的桥梁与纽带,对于一个集体的发展具有重要意义。

企业领导体制的内容包括领导的组织结构、领导层次、领导跨度以及领导权限和责任的划分。领导的组织结构是指领导机构内部各部门之间的相互关系和联系方式。它包括两种基本关系:一是纵向的关系,即隶属的领导关系;二是横向的关系,即平行的各部门之间的协作关系。它一般包括直线式组织结构、职能式组织结构、混合式组织结构和矩阵式组织结构四种。所谓领导层次,是指组织系统内部按照隶属关系划分的等级数量,即该组织系统设多少层级进行领导和管理。领导跨度又称领导幅度,是指一个领导者直接有效地指挥下级的范围和幅度。领导权限和责任划分的中心内容是建立严格的从上而下的领导行政法规和岗位责任制,对不同领导机构、部门之间以及领导者之间的职责权限做出明确的规定。

(二)企业组织机构

企业组织机构,是指企业为了有效实现企业目标而筹划建立的企业内部各组成部分及其关系。如果把企业视为一个有机体,那么组织机构就是这个有机体的骨骼。因此,组织机构是否适应企业生产经营管理的要求,对企业生存和发展有很大的影响。不同企业有不同的企业文化,也有不同的组织机构。影响企业组织机构的不仅是企业制度文化中的领导体制,而且,企业文化中的企业环境、企业目标、企业生产技术及企业员工的思想文化素质等也是重要因素。组织机构形式的选择,必须有利于企业目标的实现。

根据科学原理建立的企业组织机构具有能够保证系统高效率地发挥作用并使系统得到发

展的潜力。那些在自身运动中已经落后了的、不能满足管理对象需要的组织机构则可能成为系统的严重障碍。为了保证企业运营各子系统经常保持协调一致，必须经常改变组织机构。另外，在探讨企业组织机构和企业组织文化的时候，我们应当意识到，企业的组织文化并不是完全独立的，它与一定的民族文化传统有着千丝万缕的联系。在中国文化传统中，一般不从个体方面看问题，而是把什么都看成一种有组织的结构。大到国家，小到个人，都有相应的管理网络和管理艺术。

（三）企业管理制度

管理制度是组织、机构、单位管理的工具，是针对一定的管理机制、管理原则、管理方法以及管理机构设置的规范。它是实施一定的管理行为的依据，是社会再生产过程顺利进行的保证。合理的管理制度可以简化管理过程，提高管理效率。

企业管理制度是企业为了规范自身建设、加强企业成本控制、维护工作秩序、提高工作效率、增加企业利润、增强企业品牌影响力，通过一定的程序所制定的管理依据和准则。企业管理制度是企业为求得最大效益，在生产管理实践活动中制定的各种带有强制性义务，并能保障一定权利的各项规定或条例，包括企业的人事制度、生产管理制度、民主管理制度等一切规章制度。企业管理制度是实现企业目标的有力措施和手段，它作为职工行为规范的模式，能使职工个人的活动合理进行，同时又成为维护职工共同利益的一种强制手段。因此，企业各项管理制度是企业进行正常的生产经营管理所必需的，是一种强有力的保证。同时，优秀企业的管理制度必然是科学、完善、实用的管理方式的体现。

企业管理制度大体上由一般制度、特殊制度和企业风俗三部分组成。

1. 一般制度

一般制度包括企业的工作制度和责任制度，一般是成文的，对企业成员的行为起约束作用，保证整个企业有序高效地运转。一套科学完整的公司管理制度可以保证企业的正常运转和职工的合法利益不受侵害。

工作制度偏重于工作内容、范围和工作程序、方式，是指企业对各项工作运行程序的管理规定，是保证企业各项工作正常有序地开展的必要保证。工作制度具体包括法人治理制度、计划制度、劳资人事制度、生产管理制度、服务管理制度、技术工作及技术管理制度、设备管理制度、劳动管理制度、物资供应管理制度、产品销售管理制度、财务管理制度、生活福利工作管理制度、奖励惩罚制度等。

2. 特殊制度

特殊制度主要指本企业中的一些独有的、个性化的制度，是企业自身所特有的用以约束自身活动的制度，是企业文化个性特色的体现。与一般制度相比，特殊制度更能反映一个企业的管理特点和文化特色。有良好文化的企业，必然有多种多样的特殊制度；企业文化贫乏的单位，则往往忽视特殊制度的建设。海尔集团的“日事日毕，日清日高”制度，也叫作“OEC 管理法”，实际上是日考核制度。这个制度与众不同，且卓有成效，它确保了高质量、高效率，集中体现了海尔“追求卓越”的企业精神和“零缺欠”的质量理念。如今，“日事日毕，日清日高”制度成为海尔文化中非常有特色的内容，也成为海尔核心竞争力的重要组成部分。

3. 企业风俗

风俗是特定社会文化区域内历代人所共同遵守的行为模式或规范。人们往往将由自然条件的不同而造成的行为规范差异称为“风”，而将由社会文化的差异所造成的行为规则的不同称为“俗”。

企业风俗是指企业中长期沿袭、约定俗成的典礼、仪式、节日、行为习惯、活动等，如歌咏比赛、体育比赛、生日纪念活动、集体婚礼等。企业风俗与一般制度、特殊制度不同，它不表现为准确的文字条目形式，也不需要强制执行，完全依靠习惯、偏好的势力维持。企业风俗由企业文化理念层主导，又反作用于企业的理念层。

二、行为层建设

企业行为文化是指企业员工在生产经营、学习娱乐中产生的活动文化，它包括企业经营、教育宣传、人际关系活动、文娱体育活动中产生的文化现象。如果说企业物质文化是企业文化的最外层，那么，企业行为文化可称为企业文化的幔层，或称第二层，即浅层。它是企业经营作风、精神风貌、人际关系的动态体现，也是企业精神、企业价值观的折射。企业行为文化建设直接关系企业员工工作积极性的发挥，关系企业经营生产活动的开展，关系整个企业未来的发展方向。企业行为文化集中反映了企业的经营作风、经营目标、员工文化素质、员工的精神面貌等文化特征，直接影响着企业经营业务的开展和经营活动的成效。

从人员结构上划分，企业行为又包括企业家行为、企业模范人物行为、企业员工行为等。企业的经营决策方式和决策行为主要来自企业家，企业家是企业经营的主角。在具有优秀企业文化的企业中，最受人敬重的是那些集中体现了企业价值观的企业模范人物，这些模范人物使企业的价值观"人格化"，他们是企业员工学习的榜样，他们的行为常常为企业员工所仿效。企业员工是企业的主体，企业员工的群体行为决定企业整体的精神风貌和企业文明的程度。

（一）企业家行为

"企业家"的英文 Entrepreneur 一词是从法语中借来的，其原意是指"冒险事业的经营者或组织者"。在现代企业中，企业家大体分为两类，一类是企业所有者企业家，作为所有者的他们仍从事企业的经营管理工作，另一类是受雇于所有者的职业企业家。企业家是企业管理中的特殊"角色丛"——思想家、设计师、牧师、艺术家、法官和朋友。

企业家行为(Entrepreneurial Behavior)是指生活在特定生活条件下，具有独特的文化和完整的人格结构的企业家在企业经营管理活动中对各种简单与复杂的社会刺激所作出的反应和外在表现。企业家的决策行为与企业命运是休戚相关的。张瑞敏说过："我在企业在角色是：设计师，设计公司的发展战略；牧师，像牧师布道一样，不厌其烦地将公司的价值理念灌输到员工和干部心中。"在市场经济环境里，企业家不但是市场舞台上的主角和企业的掌舵人，而且在建设企业文化中具有突出的地位与作用，是企业文化建设的"旗手"。

（二）企业模范人物行为

企业模范人物又称企业楷模、企业英雄，是指在企业生产经营活动中涌现出的一批具有较高思想水平、业务技术能力和优秀业绩的劳动模范、先进骨干分子和英雄人物。企业模范人物是企业的中坚力量，来自员工，又比一般员工取得了更多的业绩。一个企业的模范人物是企业为了宣传和贯彻自己的价值系统而为企业员工树立的可以直接仿效和学习的榜样。模范人物是企业的价值观人格化，是企业员工学习的榜样，其行为常常被企业员工仿效。企业模范人物行为可以分为企业模范个体的行为和企业模范群体的行为两类。企业模范个体的行为标准是，体现企业价值观和企业精神的某个方面。一个企业中所有的模范人物的集合体构成企业的模范群体，模范群体必须是完整的企业精神的化身，是企业价值观的综合体现。企业模范群体的行为是企业模范个体典型行为的提升，具有全面性，因此在各方面都应当成为企业所有员工的行为规范。

企业模范人物是企业价值观的化身，他们的观念、品格、气质与行为特征都是企业特定价值观的具体体现，更是企业形象的象征。许多优秀的企业十分重视培养能体现企业价值观的模范人物，通过这些模范人物向其他员工宣传提倡和鼓励的东西。他们是企业价值观的“人格化”显现，所以企业应将他们的行为“规范化”，将他们的故事“理念化”，从而使企业所倡导的核心价值观和企业精神“形象化”。企业楷模在企业文化形成中的具体作用包括：榜样作用、聚合作用、舆论导向作用、调和作用、创新作用。在我国，任何一个企业员工，只要通过努力，都可以成为任何一个层次上的企业模范人物。从企业模范人物行为的类型上划分，企业模范人物可分为领袖型、开拓型、民主型、实干型、智慧型、坚毅型和廉洁型。

对于企业来说，模范人物的评判标准只有一个，那就是遵从和发扬企业文化，在实际工作中为企业作出了突出贡献，使企业取得巨大进步。从这个角度看，任何成功的企业包括正在快速发展的企业，都有自己的模范人物，他们可以是创始人、力挽狂澜的企业家，也可以是职业经理人，甚至可以是兢兢业业位于企业生产、营销第一线的人。只要他们的行为体现了公司的文化，为公司作出了突出贡献，他们就是企业的英雄，就是企业应该塑造和宣传的楷模。为了便于进行宣传和奖励，可以将企业模范人物分为三个层次。

1. 创业者或者企业家

正如小米的雷军、阿里巴巴的马云、联想的柳传志、微软的比尔·盖茨一样，他们身为企业最高管理者，对企业的创办和发展发挥了巨大作用，具有一定的传奇色彩，本身也是文化的塑造者、倡导者和变革者。他们的事迹，深刻体现了企业文化的产生、发展和变革，因此，他们是当之无愧的企业英雄，是企业应该宣传的重点。

2. 作出突出贡献的员工

在科研开发、产品创新、管理方法、营销策略、工艺流程等方面进行变革和改进，并且经过实践证明是行之有效的，为企业管理或者业绩带来了巨大成绩，具有这样行为的员工也是企业的英雄。比如，1998 年，海尔健康型冰箱刚推向市场，就受到广大消费者的喜爱，特别吸引大家目光的是健康型冰箱的包装箱图案设计：两个活泼可爱的“海尔兄弟”拿着气球在欢快地奔跑。包装箱图案为淡绿色，设计新颖，蕴含健康含义。其设计人之一的黄蔚是刚进厂的实习生。

3. 长期为企业服务，体现公司价值观的员工

即使是处于企业工作的一线，并没有什么突出贡献的人员，只要认同企业文化并在工作中体现公司文化，长期兢兢业业为公司作出贡献，也是企业的英雄。尤其对于那些在企业困难时期坚定不移地跟随企业渡过难关、对企业高度忠诚的员工，更是企业不可多得的财富，因为他们对企业的历史非常了解，更能体会企业创业和发展的艰辛，是企业文化的坚决拥护者。

（三）企业员工行为

企业员工是企业的主体，企业员工的群体行为决定企业整体的精神风貌和企业文明的程度。因此，企业员工群体行为的塑造是企业文化建设的重要组成部分。企业员工是推动企业生产力发展的最活跃因素，也是企业文化建设与管理的基本力量。企业文化建设与管理的过程，本质上就是企业员工在生产经营活动中不断创造、不断实践文化的过程。

【微阅读】 同仁堂的“人参王”贾贵琛和贵细药材鉴别专家项英福

北京“同仁堂”是中国医药界的一块“金字招牌”。它的堂训是：同修仁德，亲和敬业，共献仁术，济世养生。三百多年来，同仁堂人都奉这样的堂训为圭臬，并取得成功。

在企业文化的建设过程中，同仁堂重视先进人员典型事迹的宣传，将代表企业文化的人和

事编写成书,在员工中广泛流传。

贾贵琛先生就是一个代表。贾贵琛先生生于1919年,1999年12月逝世,教授,主任药师。自幼攻读中医药经典,14岁进店学徒,先后在天庆参茸店、药材公司参茸部工作,1958年调至北京同仁堂药店参茸部,为中医药事业辛勤工作了66个春秋。

项英福师傅也是一个代表,他是同仁堂贵细药材鉴别领域的专家,师承国家级"非遗"传承人芦广荣,从19岁进厂,在药材堆里摸爬滚打了30多年,掌握了一套鉴别贵细药材的"绝活儿"。一百多种贵细药材,只要从项师傅手里一过,产地、年份、水分都能说出个子丑寅卯,至于那些想以次充好,甚至拿着假药材来"蒙事儿",在项师傅面前,直接就被打回原形。同仁堂制药,经常用的有一百六七十种药材,不同药材、不同产地、不同时令,判断它们大小、性状、断面、质地、成色,项师傅脑子里面都有一本账。

资料来源:根据北京同仁堂官网整理。

三、物质层建设

物质文化层主要包括两个方面的内容。一是企业生产的产品和提供的服务。企业生产的产品和提供的服务是企业生产经营的成果,是企业物质文化的首要内容。二是企业的工作环境和生活环境。企业创造的生产环境、企业建筑、企业广告、产品包装与产品设计等,都是企业物质文化的主要内容。物质文化就是以物质形态为载体,以看得见、摸得着、体会得到的物质形态来反映企业的精神面貌。例如,美国铝业的公司总部很少有独立的办公室,甚至对于高层经营者也是如此,而主要由间隔、公共区和会议室组成。总部办公室的这种非正式格局向员工传递着这样一种信息:美国铝业看重的是开放、平等、创新和灵活。其他的物质象征还有办公室的大小、办公家具的档次、高级管理者的额外津贴和衣着等。这些物质象征向员工传递这样的信息:谁是重要人物,高级管理者期望什么样的平等程度以及哪些行为类型(例如,冒险、保守、独裁、参与、个人主义和社会导向等)是恰当的。

参考企业识别系统(Corporate Identity System,CIS)中的视觉识别系统(Visual Identity System,VIS)的内涵,企业物质文化系统建设主要包括基本要素系统建设和应用要素系统建设两方面。基本要素系统主要包括企业名称、企业标志、企业标准字、企业标准色、象征图案、标语口号等。应用要素系统,即基本要素经规范组合后,在企业各个领域中的展开运用,包括办公用品、建筑环境、交通工具、服装服饰、产品包装、企业文化传播网络、企业的纪念建筑物和造型、企业的文化体育生活设施等。

(一)基本要素系统

1. 企业名称

企业名称与自然人名称相对,是作为法人的公司或企业的名称。该名称属于一种法人人身权,不能转让,随法人存在而存在,随法人消亡而消亡。企业名称是一个企业区别于其他企业的文字符号,依次由企业所在地的行政区划、字号、行业或者经营特点、组织形式等四部分组成,其中,字号是区别不同企业的主要标志。在企业识别要素中,首先要考虑的是企业名称,名称不仅是一个称呼、一个符号,而且体现了企业在公众中的形象。企业名称与企业形象有着紧密的联系,通过文字来表现识别要素。企业名称要反映企业的经营思想,体现企业理念;要有独特性,发音响亮并易识易读,注意谐音的含义,以避免引起不佳的联想。企业名称的文字要简洁明了,同时还要注意国际性,适应外国人的发音,以避免外语中的错误联想。

2. 企业标志

企业标志承载着企业的无形资产，是企业综合信息传递的媒介。企业标志作为企业 CIS 战略的主要部分，是企业形象传递过程中应用最广泛、出现频率最高，同时也是最关键的元素。企业强大的整体实力、完善的管理机制、优质的产品和服务，都被涵盖于企业标志中，通过不断的刺激和反复刻画，深深地留在受众心中。企业标志可分为企业自身的标志和商品标志。企业标志是企业的特定象征，是通过简练的造型、生动的形象来传达企业的理念、具体内容、产品特性等信息。

3. 企业标准字

企业标准字包括中文、英文或其他文字字体，是根据企业名称、企业牌名和企业地址等来进行设计的。标准字的选用要有明确的说明性，直接传达企业、品牌的名称并强化企业形象和品牌诉求力，可根据使用方面的不同，采用企业的全称或简称来确定。字体的设计，要求字形正确、富于美感并易于识读，在字体的线条粗细处理和笔画结构上要尽量清晰简化和富有装饰感。

4. 企业标准色

企业标准色是用来象征企业，并应用在视觉识别设计中所有媒体上的指定色彩。通过色彩具体的知觉刺激于心理反应，可表现企业的经营理念、产品内容的特质，体现企业属性和情感。标准色在视觉识别符号中具有强烈的识别效应。企业标准色的确定要根据企业的行业属性，突出企业与同行业其他企业的差别，并创造出与众不同的色彩效果。标准色的选用以国际标准色为参照，不宜过多，通常不超过三种颜色。

5. 象征图案

象征图案是为了配合基本要素在各种媒体上广泛应用而设计的，在内涵上要体现企业精神，起到衬托和强化企业形象的作用。通过象征图案的丰富造型，来补充标志符号建立的企业形象，使其意义更完整、更易识别、更具表现的幅度与深度。象征图案在表现形式上采用简单图像，并与标志图形既有对比又保持协调的关系，也可由标志或组成标志的造型内涵来进行设计。

6. 标语口号

企业提出的标语口号是企业理念的概括，是企业根据自身的营销活动或理念而研究出的一种文字宣传标语。标语口号的确定要求文字简洁、朗朗上口。准确而响亮的标语口号对内能激励员工为企业目标而努力，对外则能表达出企业发展的目标和方向，提高企业在公众心里的形象。标语口号是对企业形象和企业产品形象的补充，可使社会大众在瞬间了解企业思想，并留下对企业或产品难以忘却的印象。

（二）应用要素系统

1. 办公用品

办公用品，指在日常工作中所使用的辅助用品。它涵盖的种类非常广泛，包括文件档案用品、桌面用品、办公设备、财务用品、耗材等一系列与工作相关的用品，比如纸簿类用品（便笺、名片、信封、信纸、笔记本等）、笔尺类用品（圆珠笔、彩色笔、白板笔等）、归档用品（文件夹、档案袋等）。

2. 建筑环境

企业的自然环境、建筑风格、办公室和车间的设计和布置方式、绿化美化情况、污染的治理等，是人们对企业的第一印象，这些均反映了不同企业文化的特点。企业的建筑环境包括内部建筑环境和外部建筑环境。

3. 交通工具

交通工具是现代人生活中不可或缺的一部分。随着时代的变化和科学技术的进步，交通工具越来越多，带来了极大的方便。企业往往会运用标准字、标准色等来统一各种交通工具的外观，引起人们的注意，发挥其流动广告的视觉效果，比如企业的货车、班车、内部物流车等。

4. 服装服饰

因行业特点、工作岗位需要等，有的企业会采用统一的服装服饰，并有详细明确的规范。比如，很多服务行业的员工会穿着印有本公司标志和字号的服装，走到哪里都是流动的广告。统一服装服饰，可以辨识从事各个职业或不同团体的成员，可以展现统一的美；同时也有一种心理暗示的作用，那就是现在已经是上班时间，与工作无关的事情就要放下，要全身心地投入工作中。整洁高雅的服装服饰也可以提高企业员工对企业的归属感、荣誉感和主人翁意识，改变员工的精神面貌，促进工作效率的提高。

5. 产品包装

产品包装是指在产品运输、储存、销售等流通过程中，为了保护产品、方便储存、促进销售，按一定技术方法而采用容器、材料和辅助物等对产品所附的装饰的总称。产品包装是消费者对产品的视觉体验，是产品个性的直接和主要传递者，是企业形象定位的直接表现。产品是企业的经济来源，产品包装起着保护产品、促进产品销售、传播企业和产品形象的作用，是一种记号化、信息化、商品化流通的企业形象，因而代表着产品生产企业的形象，并象征着商品的质量和价格。所以，系统化的包装设计具有强大的推销作用。成功的包装是最好、最便利的介绍企业和树立良好企业形象的途径。产品包装主要包括纸盒包装、纸袋包装、木箱包装、玻璃包装、塑料包装、金属包装、陶瓷包装、包装纸等。

6. 企业文化传播网络

企业文化传播网络或者称为企业文化载体，是指以各种物化的和精神的形式承载、传播企业文化的媒介和传播工具，它是企业文化得以形成与扩散的重要途径与手段。企业文化的载体和产品息息相关，和企业追求的目标紧紧相连。在企业文化传播过程中，通过有形的载体和方式传播企业文化，做到外化于“形”，是传播企业文化，实现内化于心、外化于行的必不可少的途径。物质文化载体包括企业的文化室、俱乐部、图书馆、企业刊物、企业网站、企业制服、企业宣传栏、企业宣传标语、广告牌、招贴画、广播、闭路电视、微博、微信公众号等。

7. 企业的纪念建筑物和造型

企业的纪念建筑物和造型包括厂区雕塑、纪念碑、纪念墙、纪念林、英模塑像等。例如，上海宝钢的不锈钢铸像，象征宝钢人奋起腾跃的状态，暗示自强不息的企业文化。

8. 企业的文化体育生活设施

企业的文化体育生活设施是企业群体活动的载体，反映了企业员工业余生活的特色，也反映了企业在与员工关系方面的价值取向。

企业物质文化除了以上要素外，还有很多其他方面。比如，企业的纪念品和公共关系用品，也是反映和传播企业文化的重要载体，主要有T恤衫、钥匙牌、雨伞、纪念章、手提袋等；企业的服务特色和模式直接反映了企业理念，特别是企业的核心价值观和宗旨；企业的技术及工艺设备特性能够在很大程度上反映企业的理念，也是企业文化的外在体现。

综上所述，企业文化的观念层、制度层、行为层和物质层密不可分，它们相互影响、相互作用，共同构成企业文化的完整体系。

本章小结

企业文化是指在一定的社会大文化环境影响下，经过企业领导者的长期倡导和全体员工的共同认可、实践与创新所形成的具有本企业特色的整体价值观念、道德规范、行为准则、经营哲学、企业制度、管理风格以及历史传统的综合。运用企业文化管理企业，已经或正在成为企业界的共识和自觉行动。本章通过“同仁堂文化”的案例说明了企业文化对于企业管理活动的重要性，阐述了文化、企业文化等概念，并对企业文化的功能、企业文化的层次、企业文化的建设（包括观念层建设、制度层建设、行为层建设、物质层建设）作了较全面的说明。

习题

一、单选题

1. 文化从微观上来看，指社会中的某一（　　）所共享的文化，如社区文化、家庭文化、班级文化、企业文化。

A. 特定群体　　B. 社区　　C. 企业　　D. 单位

2.（　　）是指在一定的社会大文化环境影响下，经过企业领导者的长期倡导和全体员工的共同认可、实践与创新所形成的具有本企业特色的整体价值观念、道德规范、行为准则、经营哲学、企业制度、管理风格以及历史传统的综合。

A. 文化　　B. 亚文化　　C. 企业文化　　D. 社会文化

3. 企业文化的（　　）是指它对企业行为方向所起的显示、诱导和坚定作用。

A. 凝聚功能　　B. 导向功能　　C. 激励功能　　D. 约束功能

4. 企业文化的（　　）体现在赋予人们以共同的目标、理想、志向和期望，使人们心往一处想、劲往一处使，成为具有共识、同感的人群结合体。

A. 凝聚功能　　B. 导向功能　　C. 激励功能　　D. 约束功能

5. 服饰文化、饮食文化、居住文化、园林文化、建筑文化、交通文化这些都是指（　　）。

A. 物质文化　　B. 制度文化　　C. 精神文化　　D. 行为文化

6. 经济制度、婚姻制度、家族制度、政治法律制度、教育制度这些都是指（　　）。

A. 物质文化　　B. 制度文化　　C. 精神文化　　D. 行为文化

7.（　　）在整个企业文化系统中，处于核心的地位，是决定制度文化、行为文化和物质文化的前提和关键。

A. 观念层文化　　B. 宗旨文化　　C. 愿景文化　　D. 标语文化

8.（　　）包括企业的工作制度和责任制度，一般是成文的，对企业成员的行为起约束作用，保证整个企业有序高效地运转。

A. 企业风俗　　B. 一般制度　　C. 特殊制度　　D. 经理制度

9.（　　）是指生活在特定生活条件下，具有独特的文化和完整的人格结构的企业家在企业经营管理活动中对各种简单与复杂的社会刺激所作出的反应和外在表现。

A. 企业模范人物行为　　B. 企业家行为

C. 企业员工行为　　D. 企业领导行为

10.（　　）即基本要素经规范组合后，在企业各个领域中的展开运用，包括办公用品、建筑环境、交通工具、服装服饰、产品包装、企业文化传播网络、企业的纪念建筑物和造型、企业的文化体育生活设施等。

A. 企业基本要素系统　　B. 企业识别系统
C. 企业应用要素系统　　D. 企业差异化系统

二、多选题

1. 企业文化具有（　　）。
A. 时段性　B. 共识性　C. 内化性　D. 范围性
E. 影响性
2. 企业文化的功能可以包括（　　）。
A. 导向功能　B. 辐射功能　C. 激励功能　D. 凝聚功能
E. 约束功能
3. 企业文化的层次分为（　　）。
A. 观念层　B. 行为层　C. 制度层　D. 物质层
E. 创新层
4. 企业观念层文化包括（　　）。
A. 企业价值观　B. 企业宗旨　C. 企业愿景　D. 企业精神
E. 企业伦理
5. 企业行为主要包括（　　）。
A. 企业家行为　B. 企业模范人物行为
C. 企业员工行为　D. 企业英雄行为
E. 企业创新行为

三、判断题

1. 从广义上去理解，文化指精神产品及行为方式。从宏观上看，文化的范畴包括民族文化、宗教文化、社会文化。（　　）
2. 精神文化是指人类创造的一切文化在人的精神领域的反映和汇聚，是文化在人的知、情、意中的投射、表现和凝结。（　　）
3. 企业愿景是关于企业存在的目的或对社会发展的某一方面应做出的贡献的陈述，有时也称为企业使命。（　　）
4. 企业组织结构的内容包括领导的组织结构、领导层次、领导跨度以及领导权限和责任的划分。（　　）
5. 企业员工是企业的主体，企业员工的群体行为决定企业整体的精神风貌和企业文明的程度。（　　）

四、简答题

1. 什么是文化？什么是企业文化？
2. 企业文化有哪些功能？在企业管理中如何运用这些功能？
3. 分析企业文化的层次。

4. 企业文化建设包括哪些方面？请举例说明。

5. 企业文化建设中观念建设是核心吗？为什么？

五、论述题

怎样理解中国传统文化是一个既有精华也有糟粕的两面体？对中国传统文化为什么要采取“取其精华，剔其糟粕”的方针？

六、案例分析

快乐创新的谷歌(Google)文化

谷歌公司是一家位于美国的跨国科技企业，成立于 1998 年 9 月 4 日，被认为是全球最大的搜索引擎公司。其业务包括互联网搜索、云计算、广告技术等，同时开发并提供大量基于互联网的产品与服务，其主要利润来自 AdWords 等广告服务。

在不同人的眼里，Google 有不同的含义：对于计算机网络用户来说，Google 是一家互联网企业，带来了畅游网络世界的方便快捷；对于硅谷的技术人员来说，Google 是一个创新的天堂；对于华尔街来说，Google 是叛逆企业的代表，改变着财富的游戏规则；对于投资者来说，Google 或许会买下他们投资的企业。仅在 2005 年，Google 就创造了超过 40 亿美元的收入和 12 亿美元的利润，股价市值超过 1 100 亿美元。Google 成功背后，是一群富有创造力与激情的员工。在 Google，工作就是生活，自由畅快的企业文化造就了无穷的创造力和巨大的财富。

Google 对数学情有独钟，因为连“Google”一词都包含着数学中无穷大的概念。Google 的办公楼也是稀奇古怪的数学名称，第二大楼是无理数“e”，第三大楼是圆周率“π”，第四大楼是黄金比例“phi”。而进入 Google 主楼，则是 Google 的标志性物件“关键词”，在一面黑色背景的投影屏幕上，实时显示着全世界从网上发出的各种搜索请求，各种不同的语言文字。公司内部从. com 时代就对员工有“奢华”的待遇，免费餐点，早、中、晚餐全包。而员工往来办公室，常用的交通工具是 Segway 电动滑板，或者 Green Machine(一种适合 11 岁儿童的玩具车)。在 Google，没有人必须西装革履，巧克力、懒人球、大型积木随处可见，到处散落着健身器材、按摩椅、台球桌和帐篷，这里甚至看起来更像托儿所——激发员工儿童般的幻想和创造热情。

Google 有个“古老”的传统——特殊的周五会议。在容纳上千人的餐厅，Google 的两位创始人瑟奇和拉里以及 CEO 埃里克都会与员工共进午餐。此时，员工会提出各种“非分”的要求，两位创始人通常会予以满足。例如，有人希望带着宠物上班，创始人稍加思索就说“可以，前提是它不叫、不咬人”；有人希望在公司打排球，数周后 Google 办公楼中间的草坪就变成了沙滩排球场；有人希望在公司游泳，Google 就建造了一个游泳池，虽然小但是游泳池一端安放了喷水装置，让人有一种置身在水流中的感觉。有一位印度工程师，上班第一天就问 CEO：“我可以和你共用办公室吗？”埃里克竟同意了，第二天这位工程师就把自己的东西搬了进去，直到印度工程师后来有了更大的办公室才搬走。在 Google，“非分”的要求都可以实现，还有什么不可能呢？

Google 的企业文化是鼓励创新，虽然每项工程都要有计划、有组织地实施，但是公司还是允许上班时间每位工程师有 20%的私有时间，让他们做自己认为想做的事情。这个措施的结果，就是诞生了 Gmail 这样颇受好评的邮箱服务，以及实践“六度空间理论”的人际网络产品 Orkut。在 Google，人人平等，这里的管理职位更意味着服务，工程师受到更多的尊重。公司没有森严的等级，每个员工距离总裁的级别可能不超过三级，人人都公平地享有办公空间。这种平等的思路也表现在其他很多方面，激发着 Google 员工的创造力。

资料来源：黄心悦. Google 文化亲历记[J]. 企业文化，2006(9).

思考：

1. 请你归纳 Google 的观念文化、制度文化、行为文化和物质文化的主要体现。
2. Google 文化的主要特征是什么？它属于哪种文化类型？
3. Google 公司为什么要培育这种文化？
4. 从 Google 公司的实践中，你对企业管理有哪些新的认识？

第五章 企业战略管理

主要知识结构图

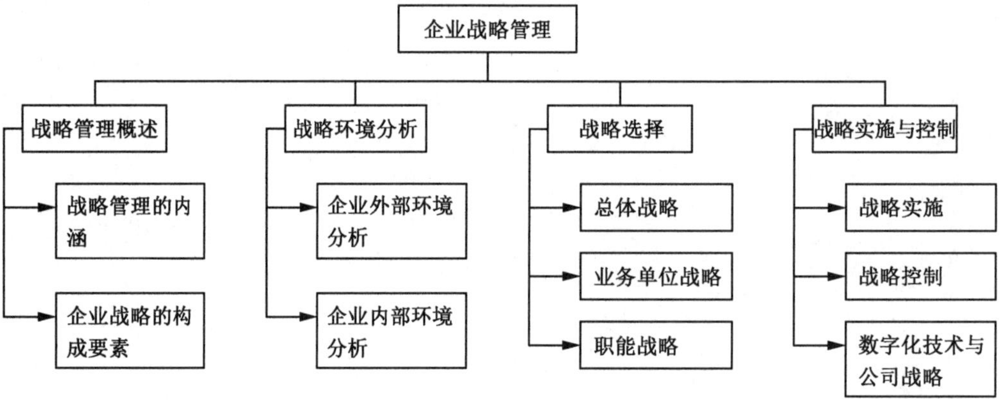

教学目标

- 帮助学生理解并掌握企业战略管理的基本概念、构成要素及其相互关系。
- 帮助学生理解企业在复杂环境中寻求生存与发展的策略。
- 培养学生分析企业内外部环境、制定和实施战略的能力。
- 通过案例分析，培养学生的创新思维和责任感。
- 通过分析企业战略管理的实际案例，引导学生关注国家政策对企业发展的影响，培养学生的社会责任感和爱国情怀。

开篇案例

亿华通——中国氢能赛道的破局者

亿华通(Sinohytec)成立于2012年,是中国氢燃料电池系统研发与商业化的领军企业,专注于燃料电池发动机、电堆及核心部件的研发生产。2020年登陆科创板成为“氢能第一股”,其技术已应用于北京冬奥会氢能大巴、上海氢能重卡等场景,并与丰田、北汽等企业合作,推动氢能交通规模化应用。

在全球能源转型与“双碳”目标驱动下,氢能成为各国竞争焦点。国际层面:欧盟斥资千亿欧元布局绿氢,美国通过《通胀削减法案》(IRA)补贴本土企业,日韩以技术优势抢占市场;国内层面:中国以“灰氢过渡”为主(化石能源制氢占80%),但核心技术与基建滞后。亿华通面临三重挑战:

其一,技术瓶颈与成本压力。氢燃料电池的质子交换膜、催化剂等关键材料长期依赖进口,导致系统总成本中60%受制于外部供应链,而低温启动(如-30℃环境下的稳定性不足)、耐久性等技术难题进一步延缓了商业化进程。

其二,基础设施滞后。中国加氢站建设进度缓慢(2023年仅建成400座),且布局集中于长三角、京津冀等发达地区,氢能储运技术(如液氢运输)尚未成熟,制约了车辆推广与供应链效率。

其三,竞争挤压。欧盟碳关税排斥灰氢,美国IRA设本土化壁垒;丰田、现代垄断日韩市场,国内潍柴等企业引发价格战,行业毛利率从35%降至22%(2020—2023年)。

面对技术、基础设施与全球竞争的多维压力,亿华通以“技术突围+生态整合+政策协同”为核心逻辑,制定了针对性战略举措:

1. 技术自主化:从“跟随”到“引领”

公司联合清华大学攻克“石墨双极板”技术,2022年实现量产并将电堆成本降低40%;成立“氢能研究院”,聚焦金属板电堆与膜电极国产化研发,目标2025年实现核心材料100%自主可控,打破海外技术垄断。

2. 生态协同:构建氢能全产业链闭环

在上游,与中石化合作建设“制—储—运—加”一体化项目(如燕山石化绿氢示范站),保障氢源供应;在下游,联合北汽福田推出49吨氢能重卡(续航800公里),服务港口物流等高负荷场景;在国际化布局中,通过马来西亚基地输出“技术+设备”模式,抢占东南亚新兴市场。

3. 政策响应与标准制定

积极参与中国《氢能产业发展中长期规划》编制,推动氢能纳入国家能源体系,同时主导制定《车载氢系统安全要求》等行业标准,强化技术话语权与市场主导地位。

4. 战略成效与争议

亿华通的战略布局已初见成效:2023年国内市占率超30%,海外订单1.2亿美元,东南亚份额15%;冬奥氢能大巴“零故障”运营提升品牌力。然而,争议亦随之而来:高额研发投入(2023年研发费用占营收35%)导致短期亏损,引发资本质疑;此外,依赖“灰氢”与“双碳”目标冲突,使其面临ESG评级压力与国际舆论挑战。

资料来源:根据亿华通官网、中国氢能联盟(China Hydrogen Alliance)发布的年度报告整理。

第一节 战略管理概述

一、战略管理的内涵

战略管理这一术语,其理论渊源可追溯至安索夫(Ansoff)于1976年所著的《从战略规划到战略管理》一书。安索夫界定战略管理为:将企业的日常运营决策与长期规划决策相融合,形成一套系统的经营管理框架。

斯坦纳(Steiner)则进一步阐释,战略管理是一个动态进程,它始于企业使命的明确,继而在综合考量外部环境因素与内部经营要素的基础上设定企业目标,确保这些目标的有效实施,并最终促成企业使命的达成。

安德鲁斯(Andrews)将战略视为一种模式,该模式关乎企业的宗旨、目的及目标,以及为达成这些目标所制定的核心政策与计划。战略据此界定了企业当前及未来的业务领域,以及企业的当前形态与未来愿景。

申德尔(Schendel)则强调战略作为企业资源、技术与外部环境(包括社会因素与风险)之间寻求平衡的过程。他还将企业战略划分为总体战略、经营战略和职能战略三个层次,这一分类体系在学术界获得了广泛认同。

关于企业战略的概念,学界众说纷纭,各学者从不同维度进行了界定,涵盖战略内容、战略形成机制、战略与企业目标的关联、战略与环境的互动、战略与企业能力的匹配,以及战略行为特征等方面。尽管有学者尝试整合或验证各学派观点,但至今尚未形成一个普遍认可的综合理论框架。

综合分析上述定义的基础上,本书的定义是:企业战略管理聚焦于企业的长期性、全局性和方向性重大决策,是企业在复杂多变环境中寻求生存与发展的管理范式。它基于对企业外部环境和内部条件的深入分析,旨在确立企业组织目标,并通过战略的分析与制定、评价与选择、实施与控制等动态过程,确保目标的有效落实,最终实现企业的使命。这一过程不仅体现了战略管理的全面性和系统性,也凸显了其在应对环境不确定性中的灵活性和适应性。

二、企业战略的构成要素

企业战略的广义论者认为企业战略应包括企业目的与目标以及为实现这些目的而采取的手段,而狭义论者则认为企业战略只包括为实现企业目标而采取的手段。但是狭义论者还认为企业战略是由一定的要素构成的。

伊戈尔·安索夫是最早对企业战略的构成要素进行概括的学者,他认为企业战略由四个要素组成,即产品—市场范围、增长向量、竞争优势、协同作用。安索夫还认为将这四个要素组合起来可产生合力,成为企业的共同经营主线。所谓共同经营主线,指企业目前的产品与市场组合和未来的产品与市场组合之间的关联。有了这条经营主线,企业内外人员就可以了解企业经营的方向和产生的力量。

【知识链接】 战略管理的鼻祖:伊戈尔·安索夫

伊戈尔·安索夫(Igor Ansoff),美国国际大学(US International University)教授,他在战略管理中的特殊地位最主要表现在对战略管理(Strategic Management)的开创性研究。他首次提出公司战略概念、战略管理概念、战略规划的系统理论、企业竞争优势概念，以及把战略管理与混乱环境联系起来的权变理论。因此，管理学界把安索夫尊称为战略管理的鼻祖。伦敦商学院客座教授加里·哈默尔(Gary Hamel)评论安索夫无愧于公司战略鼻祖的称号。尽管用今天的眼光来看，安索夫的方法过于强调结构确定性，但他毕竟是在历史上第一次运用适当的语言、程序，分析现代工业企业并明确地界定公司战略中的深层次问题，包括公司如何成长，如何寻求合作，如何借用外力等等。著名管理学评论家海勒尔(Robert Heller)把安索夫誉为战略规划之父。1965 年出版的《公司战略》、1976 年出版的《从战略规划到战略管理》，1979 年出版的《战略管理论》是公认的战略管理开山之作。

资料来源：根据百度百科等网络资源整理。

(一)产品—市场范围

它说明企业属于什么特定行业和领域，许多企业将自己的经营范围定得过宽，造成经营方向模糊。为了清楚地表达企业的经营方向和范围，产品—市场范围常常需要分行业来描述。

(二)增长向量

增长向量又称成长向量，它说明企业从现有产品—市场范围向未来产品—市场范围移动的方向及企业经营方向。下面通过表 5.1 来说明增长向量。

表 5.1　企业增长向量

使命	现有产品	新产品
现今使命	市场渗透	产品开发
新的使命	市场开发	多种经营

1. 市场渗透

市场渗透是通过扩大目前的产品和市场的市场份额来达到企业成长的目的。这种战略的目的在于增加老产品在原有市场上的销售量。企业在原有产品和市场的基础上，通过提高产品质量、加强广告宣传、增加销售渠道等措施，来保持老用户、争取新用户，逐步扩大产品的销售量，提高原有产品的市场占有率。

2. 市场开发

市场开发是为企业产品寻找新的消费群，以此作为企业成长的方向。它包括两个方面的内容：一是给产品寻找新的细分市场；二是企业为老产品寻找新的用途，在传统市场上寻找、吸引新的消费者，扩大产品的销售量。

3. 产品开发

产品开发是创造新的产品，以代替现有产品，从而保持企业成长。企业为了保持市场占有率、取得竞争优势，不断扩大产品销售，就必须提高产品质量、改进产品，刺激并增加需求。

4. 多种经营

多种经营则独具特色，其产品与市场都是新的，换言之，企业步入了一个新的经营领域。

前三种选择中，其经营主线是明确的和清楚的，或者是开发新的市场营销技巧，或者是开发市场或新产品或是两者同时进行。但是在多种经营中，其经营主线就显得不够清楚。

(三)竞争优势

竞争优势是一种特质。一般地说，只要竞争者在某些方面具有某种特质，它就具有某种竞争优势。因此，也可以说，竞争力是一种综合能力，而竞争优势只是某些方面的独特表现。之所以称之为独特或特质，就是因其具有不同于别的竞争者的东西，如企业的创新能力比别的企业强，那么它的新产品开发就快、就准；又如某企业的品牌有独特的魅力，能更多地吸引顾客，那么它就更容易开拓市场或扩大销售等。所以，竞争优势是某种不同于别的竞争对手的独特品质，这种品质难以被观察和测量，但在竞争中是能够比较明显地表现出来的，也可以说会脱颖而出。竞争优势是在竞争中培育出来的，也是在日常工作中积累起来的，需要用心和智慧，而不是随意或自然就可拥有的，简单地说就是修炼的结果。

一般认为，竞争优势主要来自四个方面：一是产品成本和质量；二是企业拥有的特殊资产和专门知识；三是通过设置障碍来阻止竞争对手进入；四是借助更多的资源或者更大的投入在市场上挤垮竞争对手。

在传统的竞争环境下，这些优势一旦建立，可能维持几十年而不会发生变化，当企业从一个阶梯向另一个更高的阶梯移动时，所需的时间可能是几十年甚至更长。换句话说，环境是相对稳定的，领先企业的目标是维持自己的竞争优势和建立一种平衡，非领先企业满足于现有地位和珍惜领先企业“赐予”的生存机会。在这种情况下，竞争是平和的。然而，在超竞争（过度竞争）环境下，不可能长期地维持这种平衡，成功的企业需要通过适当的战略和行为去获得暂时的优势，同时通过打破市场均衡来破坏竞争对手的优势。在超竞争环境下，一个企业能否成功，取决于其能否快速地从一种优势转向另一种优势，如果行业中的某一个企业快速地移向更高的阶梯，其他企业必须随之而上。领先企业越来越快地向上一阶梯移动；而非领先企业也不满足于它们的现状，即使领先企业是宽容的，并不想挤垮它们。在这种情况下，即使一个小企业有时也能驱动整个行业向上升级。这种超竞争性企业迫使其他公司或者背水一战，或者被竞争淘汰。可见，竞争优势的获取和保持需要企业不懈努力。

当企业某一产品的市场组合具有与众不同的特殊属性时，凭此特殊属性可给企业带来强有力的竞争地位。一个企业为了获得竞争优势，要么寻求兼并，谋求在新行业或原行业中占有重要位置；要么选择具有专利保护的某一经营领域；要么进行产品开发，生产出具有突破性、创新性的新产品，以代替旧产品。

（四）协同作用

战略协同是指各战略集团为实行共同的战略任务，按照统一的计划或意图协调一致地行动。在军事上，战略协同是作战协同的最高层次，一般由统帅部和战区指挥员组织实施。战略协同的目的是在统一的战略意图下，充分调动、周密组织和有效地协调各种力量，使之在陆地、空中、海上，以及正面战场、敌后战场的作战行动中，密切配合，形成整体力量，协调一致地打击敌方。它表明了一种联合作用的效果。安索夫指出，协同作用涉及企业与其产品和市场项目相配合所需要的特征。在管理文献中它常被描述为“1＋1＞2”的效果，这意味着企业内各经营单位联合起来所产生的效益要大于各个经营单位各自努力所创造的效益之和。

企业战略协同是指企业战略形态、战略体系在转换进程中保持相互协调能力和处于相对和谐的状态。因此，企业战略协同具有两层含义：一是企业现行战略形态与新战略形态在战略体系进程上具有协同性，以保持企业战略安排在时间顺序上的动态协同；二是在一定时期内保持相对稳定性的战略体系的横向静态协同性。简而言之，战略协同具有“静态横向协同、动态进程协同”特性。企业战略协同效应使企业的有限资源在战略作用下发挥最大的效用，为合理配置企业资源提供战略方向。

第二节　战略环境分析

一、企业外部环境分析

从企业战略角度分析企业的外部环境，是要把握环境的现状及变化趋势，利用有利于企业发展的机会，避开环境可能带来的威胁，这是企业谋求生存发展的首要问题。企业的外部环境可以从宏观环境、产业环境和竞争环境等几个层面展开。

(一)宏观环境分析

宏观环境是指那些给企业带来机会或者造成威胁的主要社会力量，它们直接或者间接地影响企业的战略管理。宏观环境，顾名思义，包括那些在广阔的社会环境中影响到一个产业或企业的各种因素。这里主要概括为五大类环境因素：政治法律因素、经济因素、社会文化因素、科技因素和自然环境因素。环境具有不确定性，有简单的静态环境，如一些处于垄断地位的公共服务行业所处的环境。也有复杂的动态环境，表现为对环境形成影响的因素具有多样性和相关联性，变化的程度高、频率快，如计算机、航空、电子企业等面临的环境。企业分析和评估宏观环境时，通常使用 PEST 分析法，PEST 分析法是战略外部环境分析的基本工具，它通过政治的(Politics)、经济的(Economic)、社会的(Society)和技术的(Technology)四个因素从总体上分析宏观环境，并评价这些因素对企业的影响。

【知识链接】 PEST 分析及扩展

开展宏观市场营销环境分析时亦会用到 PEST 分析的扩展变形形式，如 SLEPT 分析、STEEPLE 分析。

PESTLE/ PESTEL 分析：Political，Economic，Sociological，Technological，Legal，Environmental

PESTLIED 分析：Political，Economic，Social，Technological，Legal，International，Environmental，Demographic

STEEPLE 分析：Social/Demographic，Technological，Economic，Environmental，Political，Legal，Ethical

SLEPT 分析：Social，Legal，Economic，Political，Technological

资料来源：PEST 分析模型[EB/OL]. https://wiki.mbalib.com/wiki/PEST 分析模型.

宏观环境分析的目的在于帮助企业识别关键影响因素及其潜在影响，预测其发展趋势，并且判明企业目前即将要面临的机会和威胁。

1. 政治法律环境

包括国家政治体制、政治稳定性、国际关系、法制体系、政府政策、法律法规等。这些因素直接影响企业的经营活动，如税收政策、环保法规、进出口政策等。例如：2025 年中央一号文件 2 月 23 日发布，这份题为《关于进一步深化农村改革 扎实推进乡村全面振兴的意见》的纲领性文件，不仅延续了对“三农”问题的战略聚焦，更首次提出“农业新质生产力”等创新概念，释放出乡村振兴的深层变革信号。

2. 经济环境

经济环境主要包括宏观经济环境和微观经济环境两个方面的内容。宏观经济环境主要指一个国家的国民收入、国民生产总值及其变化情况和通过这些指标能够反映的国民经济发展水平和发展速度。微观经济环境主要指企业所在地区或所服务地区的消费者的收入水平、消费偏好、储蓄情况、就业程度等因素。

3. 社会文化环境

包括居民教育程度和文化水平、宗教信仰、风俗习惯、审美观点、价值观念等。这些因素影响消费者的购买行为、偏好和忠诚度，进而影响企业的市场定位和产品策略。

4. 技术环境

涉及物流基础设施、物流设备、管理系统、信息系统的现代化和智能化水平，以及新技术的研发和应用。技术变革为企业带来创新机遇，同时也可能引发行业颠覆和竞争压力。

5. 自然环境

包括自然资源、气候、地质、地形、地理位置等。这些因素对企业的生产活动、供应链管理和环境保护等方面产生重要影响。

【小案例】 特斯拉中国布局

1. 特斯拉公司背景

特斯拉公司(Tesla, Inc.)是一家总部位于美国加利福尼亚州的电动汽车和清洁能源公司，由埃隆·马斯克(Elon Musk)等人于2003年共同创立。特斯拉致力于推动全球向可持续能源的过渡，其主营业务包括设计、制造和销售高性能的电动汽车、太阳能产品和储能设备等。特斯拉的电动汽车产品在市场上享有很高的声誉，其先进的技术、卓越的性能和独特的设计赢得了全球消费者的喜爱和认可。

2. 中国市场的重要性

中国是全球最大的汽车市场之一，拥有庞大的消费群体和日益增长的电动汽车需求。随着中国政府对新能源汽车产业的重视和支持，以及消费者对环保和节能的日益关注，电动汽车在中国市场的前景越来越广阔。特斯拉看到了中国市场的巨大潜力，决定进入并拓展这一市场。

3. PEST 分析

(1)政治因素(Political)

政府支持：中国政府高度重视新能源汽车产业的发展，出台了一系列优惠政策，如购车补贴、税收优惠等，以鼓励消费者购买新能源汽车。这为特斯拉在中国市场的拓展提供了良好的政策环境。

外资准入：中国政府放宽了外资在汽车行业的准入限制，为特斯拉等外资企业在中国投资建厂提供了便利。

(2)经济因素(Economic)

市场规模：中国是全球最大的汽车市场之一，拥有庞大的消费群体和潜在需求。特斯拉在中国建厂可以更好地满足本地市场需求，降低运输成本，提高盈利能力。

成本优势：中国的劳动力成本相对较低，且拥有完善的汽车产业链和供应链体系，这为特斯拉提供了成本优势。

消费升级：随着中国经济的持续发展和居民收入水平的提高，消费者对高品质、高性能的汽车产品需求不断增加。特斯拉作为新能源汽车领域的佼佼者，符合了中国消费者的消费升级趋势。

(3)社会因素(Social)

环保意识:随着环保意识的提高,越来越多的消费者开始关注汽车的环保性能和节能效果。特斯拉作为新能源汽车的代表,符合了消费者的环保需求。

消费者偏好:中国消费者对新能源汽车的接受度不断提高,特斯拉凭借其先进的技术、卓越的性能和独特的设计,赢得了众多消费者的喜爱和认可。

(4)技术因素(Technological)

技术创新:特斯拉在电动汽车技术方面处于领先地位,拥有多项专利和核心技术。在中国建厂可以更好地利用当地的研发资源和人才优势,推动技术创新和产业升级。

产业链协同:中国拥有完善的汽车产业链和供应链体系,特斯拉可以与当地的供应商和合作伙伴建立紧密的合作关系,实现产业链协同和资源共享。

4. 结论

通过 PEST 分析可以看出,特斯拉在中国上海建厂是一个明智的决策。在政治方面,政府支持和外资准入政策为特斯拉提供了良好的政策环境;在经济方面,市场规模、成本优势和消费升级为特斯拉提供了广阔的市场空间和盈利机会;在社会方面,环保意识和消费者偏好为特斯拉赢得了消费者的喜爱和认可;在技术方面,技术创新和产业链协同为特斯拉提供了强大的技术支持和产业基础。这些因素共同促进了特斯拉在中国市场的快速发展和成功。

资料来源:根据汽车之家、新浪财经等网络资料编辑整理。

(二)产业环境分析

产业环境分析是对一个特定行业或产业所处的宏观与微观环境进行综合评估的过程。这包括了对政策法律、市场需求、技术进步、竞争格局、供应链状况以及社会文化等多个方面的考察。通过产业环境分析,企业可以深入了解所处行业的现状、发展趋势及潜在机遇与挑战,从而为制定有效的市场进入、竞争和增长策略提供关键信息。产业环境分析的主要目的是了解一个产业的现状、发展趋势以及影响该产业发展的各种因素,从而为企业制定战略规划和经营策略提供决策依据。

产业环境分析的方法主要有:产品生命周期、五力模型分析、成果关键因素分析、竞争对手分析、战略群组分析等,本教材重点介绍五力模型分析。

五种竞争力量模型是哈佛大学商学院迈克尔·波特教授提出的。他认为产业中的竞争远不止在现有企业间进行,而是存在着五种竞争力量,即潜在进入者的威胁、现有企业之间的竞争、购买者的讨价还价能力、供应商的讨价还价能力、替代品的威胁,如图 5.1 所示。这五种力量的状况及其综合强度,决定着产业的竞争激烈程度及盈利水平,从而决定着企业在产业中的竞争优势和最终盈利能力。竞争激烈,意味着产业的总体盈利能力较低,导致许多企业纷纷退出该产业;相反,当竞争不激烈时,产业的总体盈利水平较高,这时,吸引了大量的企业纷纷进入。当然,对于不同的企业来说,所面临的五种竞争力量的相对强弱情况会有所差异,因而对于企业经营及盈利的相应影响也有所不同,每一个企业都应认真仔细地评价这些力量,有重点地分析其对于企业经营的不同作用。下面我们将对五种竞争力量逐项进行分析。

1. 潜在进入者的威胁

潜在进入者是指不在本产业但是有能力进入该产业的公司,是现有企业潜在的竞争对手。潜在进入者能给产业带来新的生产能力、新的资源,同时它们也希望在已被现有企业瓜分完的市场中占有一席之地。一般来说,企业进入一个产业是因为该产业中的某些企业正在赚取高额利润。但这并不说明只要存在高额利润任何企业都能进入,产业内的现有企业通常会试图

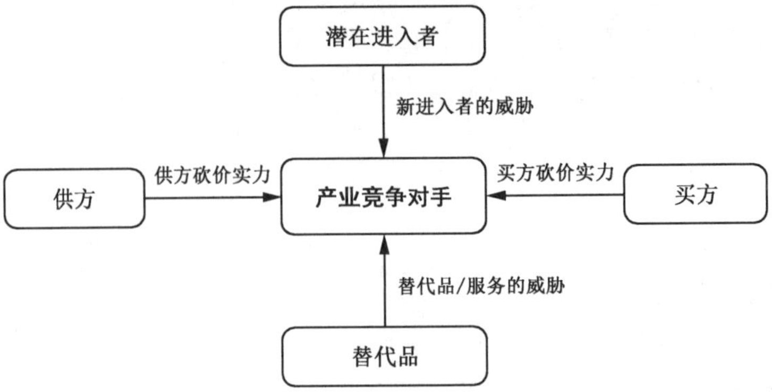

图 5.1　五力模型

阻止潜在竞争者进入本产业。因为竞争者越多,现有企业越难保住市场份额、越难盈利。对于一个产业来讲,进入威胁的大小取决于两个因素,即进入壁垒和对现有企业的报复的预期。

(1)进入壁垒又叫进入障碍,是指新企业在进入某个行业时所面临的各种阻力和困难。这些障碍主要包括:

①规模经济:规模经济是指随着生产规模的扩大,单位产品的成本逐渐降低。在一些行业中,规模经济效应显著,新企业要想达到与现有企业相当的成本水平,需要投入大量的资金进行生产规模的扩张。这种规模经济形成的进入障碍,使得新企业难以在短期内与现有企业竞争。例如,汽车行业就是一个规模经济效应显著的行业,新进入者需要投入巨额资金才能达到足够的生产规模,以降低成本并与现有企业竞争。

②产品差异:产品差异是指消费者对现有企业产品的偏好和忠诚度。当现有企业的产品在消费者心中形成了独特的品牌形象和偏好时,新企业要想打破这种偏好并赢得消费者的信任,需要付出更多的营销和品牌推广成本。这种产品差异形成的进入障碍,增加了新企业进入市场的难度。例如,可口可乐和百事可乐等软饮料品牌在长期的市场竞争中形成了各自的品牌形象和消费者群体,新进入的软饮料品牌很难在短时间内打破这种品牌偏好并赢得市场份额。

③资本需要:一些行业需要大量的初始投资才能进入市场。这种资本需求形成的进入障碍,使得资金实力不足的新企业难以进入这些行业。例如,航空业和半导体制造业都是资本密集型行业,新进入者需要投入巨额资金购买设备、研发技术和进行市场推广。

④转换成本:转换成本是指消费者从使用现有企业的产品转换到使用新企业产品时所需要承担的一次性成本。这些成本可能包括学习新产品的使用方法、更换附属设备、测试新产品等。当转换成本较高时,消费者可能会选择继续使用现有企业的产品,从而增加了新企业进入市场的难度。例如,在医院使用的静脉注射治疗方案和成套设备方面,不同品牌的产品可能不兼容,更换品牌需要付出较高的转换成本,因此医院可能会倾向于继续使用现有品牌的产品。

⑤政府行为与政策:政府通过制定法律法规、产业政策等措施来影响企业的进入和退出。这些政策和措施可能形成进入障碍,限制新企业的进入。例如,政府对某些行业实行许可证制度或设置特定的准入门槛,只有满足一定条件的企业才能获得进入市场的资格。

(2)现有企业对于新进入者的反应情况(报复措施)也是影响进入障碍的重要因素。当现有企业意识到新进入者的威胁时,可能会采取一系列措施来维护自己的市场份额和利润水平。我们可以理解为为了防止潜在进入者进到这个行业分摊市场蛋糕,而主动采取的一些报复措施。这些措施一般包括：

①降价促销：现有企业可能会通过降价促销来吸引消费者，从而增加自己的市场份额并抵御新进入者的竞争。

②提高产品质量和服务水平：现有企业可能会通过提高产品质量和服务水平来增强消费者的忠诚度和满意度，从而抵御新进入者的竞争。

③进行技术研发和创新：现有企业可能会通过技术研发和创新来推出新产品或改进现有产品，从而保持自己的竞争优势并抵御新进入者的竞争。

④寻求合作与联盟：现有企业可能会寻求与其他企业的合作与联盟，通过共享资源、降低成本和提高效率来增强自己的竞争力并抵御新进入者的竞争。

2.替代品的威胁

一般来讲，一个产业内的所有公司都与生产替代产品的产业存在竞争关系。替代品是指那些来自不同产业的产品或服务，它们具有的功能大致与现有产品相同。替代品的进入必然会对现有企业的销售和收益造成威胁，如框架眼镜生产商面临隐形眼镜生产商的竞争，报纸同电视媒体在提供新闻方面开展竞争。对那些来自替代品的竞争压力，其强度取决于三个方面的因素：

①是否获得价格上具有吸引力的替代品；

②购买者在质量、性能、服务等重要方面是否具有更高的满意度；

③购买者转换成本的高低。

价格上有吸引力的替代品往往会给现有企业带来很大的竞争压力，替代品会迫使现有企业为保持一定的销售额和留住现有顾客而降低产品价格。如果替代品的价格比现有产品的价格低，那么现有企业就会受到降价的压力，从而不得不降低成本来吸收降低价格的压力。

决定替代品竞争强度的另一个因素是本产业中的顾客转向替代品的难度和成本。常见的转换成本有：可能的设备成本、员工培训、建立新供应关系的成本等。如果转换成本较高，那么替代品就必须提供某种特殊的性能或是更低成本来诱惑顾客脱离原有的供应商。如果转换成本较低，那么替代品厂商说服购买者转向他们的产品就要容易得多。

总之，替代品的价格越低、质量和性能越好，购买者的转换成本越低，其产生的竞争压力就越大；反之，就越小。

3.购买者的讨价还价能力

为了降低购买成本，购买者通常会讨价还价。他们总是希望以低廉的价格购买高质量的或提供更多、更优质的服务的产品。购买者的议价能力必然会影响产业内现有企业的盈利能力。一般来说，满足以下条件的买主可能具有较强的议价能力。

①买方的数量较少，而每个买方的购买量较大，占供方销售量的很大一部分。

②买方所购买产品标准化程度高，可以同时向多个供方购买。

③买方所购产品占买方成本的很大部分，在这种情况下，买方通常会为了获得较低的价格而不惜耗费精力并且有选择地购买。

④买方所取得的利润很低。当购买者的利润很低甚至亏损时，他们对成本的控制会很敏感，常常要求供应商提供价格更低、质量更高、服务更全面的产品，以期望从供应方手中获取一部分利润。

⑤买方有能力实现后向一体化，而供方不可能实现前向一体化。这时，买方可能会以后向一体化相威胁从而获得讨价还价的优势。

⑥买方掌握充分的信息。当买方充分了解市场需求、实际市场价格，甚至是供方成本等方面的信息时，就具备了议价的能力。

⑦买方转换成本低。如果买方转换其供货单位比较容易即转换成本低，其议价能力就大，反之，则小。

大型零售公司是产业内买方议价能力比较强的，例如：如全球500强企业排名第一的零售巨头沃尔玛，对于供应商来说具有很强的讨价还价能力。因为对于大多数供应商来说，沃尔玛是其最大的客户，其购买产品的数量占供应商产出很大的比例，所以，供应商往往会以更低廉的价格和更优质的服务保留住这样的大客户。因此对于沃尔玛来说，它对供应商有很强的议价能力。

4. 供应商的讨价还价能力

供应商是产业内企业生产经营所需投入品的提供者。狭义的供应商包括原材料、零部件等商品的供应企业；广义的供应商还包括资金、劳动力等商品的提供者。供应商和生产商之间的关系从根本上来讲就是一种买卖关系。买方总是想从供应商那里得到低价格、高质量、快捷方便的产品；而供方正好相反，供方主要是通过提高产品价格、降低质量或服务来影响产业内的竞争企业。如果产业内的企业无法使价格跟上成本的增加，则它们的利润会因为供方的行为而降低。供方与买方议价能力的强弱是此消彼长的。在满足以下条件的情况下，供方具有较强的议价能力。

①供方处于该产业的垄断地位，这类企业凭借自己的垄断地位向客户提供高价格、低质量的产品，从中获取卖方的利润。

②供方产品具有高度的差异化。如果供应商的产品具有一定的特色，会使买方很难找到其他供应商，或者转换成本很高。这时，买方对供方的依赖性越大，从而供方的威胁就越大。

③供方的产品给买方制造了很高的转换成本。

④对于供方来说，买方并不是该企业的主要顾客。当供应商在众多产业中销售其产品而某一产业在其销售中所占的比例不大的情况下，供方往往具有较强的议价能力。

⑤供方能够方便地实行前向一体化，而买方难以进行后向一体化或联合。

⑥在现有情况下，供应商销售的产品缺乏有效的替代品，对于产业内的企业至关重要。

个人计算机产业是企业依赖供应商的典型例子。如在很长一段时间里计算机芯片产业一直被英特尔公司垄断，虽然出现了诸如AMD等竞争对手，但是实力相差很远，并且竞争对手同样要生产与英特尔标准兼容的芯片。在这种情况下，英特尔具有较强的讨价还价能力，因此可以收取较高的价格。在我国，通信产业也存在同样的情况。对于手机用户来说只有移动、联通、电信三家运营商，可供选择的机会太少，使得这三家运营商有很强的议价能力。

5. 现有企业间的竞争

通常，同一产业内的企业都是相互制约的，一个企业的行为必然会引起产业内企业间的竞争。现有企业间的竞争往往是五种力量中最强大的竞争力量，为了赢得市场地位和顾客的青睐，它们通常会不惜代价，甚至拼得“你死我活”。现有企业间的竞争常常表现在价格、广告、产品、售后服务、研发能力等方面。

波特的五种力量模型为产业中各种竞争力量的系统分析提供了强大的工具。但是，我们也不能忽略了第六种力量，除了以上五种竞争力量外，还有第六种力量——互补者。六种力量由格罗夫提出。如图5.2所示。

互补者指的是销售能够增加产品价值的产品的企业，只有这两种产品结合在一起才可以更好地满足顾客的需求。以汽车生产者为例，顾客是否购买汽车，显然受到道路、停车位、汽油等影响，如果这些要素紧缺，则必然导致养车费用过高，从而限制顾客对汽车的购买。通常互补品生产者与本企业属于“同路人”，在产品上互相支持。然而一些新技术、新方法、新工艺会影响互补品生产者的相对地位，会导致这一“同路人”与企业分道扬镳，成为竞争对手。所以，第六种力量——互补者的力量也是影响竞争结构的重要因素，不可忽视。

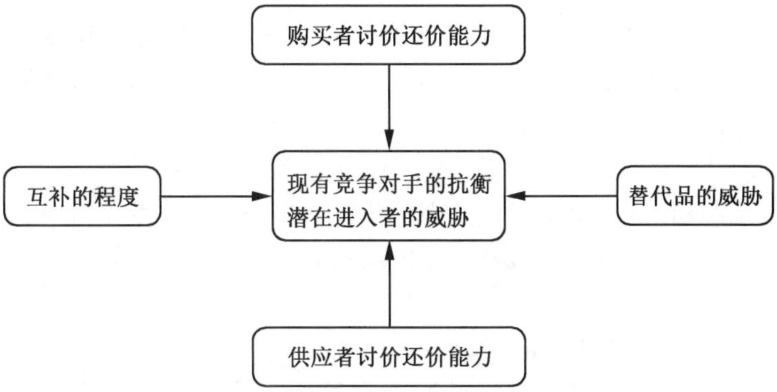

图 5.2　影响产业利润的六个要素

波特的五种竞争力量模型和格罗夫提出的第六种力量深入透彻地阐述了某一特定产业内的竞争结构和竞争的激烈程度。一般来说，产业内竞争力量的影响越强，整个产业的利润水平就越低。最无情的情况是：某一产业内的竞争力量所塑造的市场环境异常紧张，导致所有厂商的利润率长期低于平均水平甚至亏损，并且在该产业中，进入壁垒很低，供应商和消费者的议价能力都很强，这样的产业结构显然是“没有吸引力的”。相反，如果产业内的竞争力量不是那么强大，并且进入该产业的壁垒较高，供应商和消费者都处于议价的劣势，也不存在很好的替代品，那么这是最理想的竞争情景。我们可以说，这样的产业是有“吸引力的”。

同时，需要注意的是，这几种竞争力量是相互影响的。因此，在进行产业分析时必须同时考虑所有的因素，引导战略制定者系统地思考，从而尽可能地摆脱这六种力量的影响，使竞争压力朝着有利于企业的方向发展，帮助企业建立强大的安全优势来规避竞争力量带来的威胁。

(三)竞争环境分析

作为产业环境分析的补充，竞争环境分析亦为重要。如果一个企业不去监测其主要竞争对手的各种行动，不去理解它们的战略，不去预测它们下一步最可能采取的行动，该企业就不可能战胜竞争对手。分析竞争对手的目的是为了了解企业当前的经营状况、可能采取的战略行动，以及对产业环境的变化可能采取的应对措施等。由此可见，对竞争对手的分析是企业制定良好战略的先决条件。一个行之有效的战略必须建立在充分了解竞争对手战略的基础之上。竞争环境分析又包括两个方面：一是从个别企业视角去观察分析竞争对手的实力；二是从产业竞争结构视角观察分析企业所面对的竞争格局。

1. 竞争对手分析

竞争对手分析是竞争环境分析的核心内容之一。对竞争对手的分析通常包括以下几个方面：

①竞争对手的未来目标：了解竞争对手的未来目标有助于预测其可能采取的战略和行动。企业可以通过分析竞争对手的公开信息、市场地位以及财务状况等方面来推断其未来目标。

②竞争对手的假设:假设是竞争对手行为取向的最根本动因。了解竞争对手的假设有助于企业正确判断其战略意图和可能采取的行动。企业可以通过分析竞争对手的经营历史、领导层背景和经历等方面来揭示其假设。

③竞争对手的现行战略:现行战略是竞争对手当前正在实施的战略。了解竞争对手的现行战略有助于企业揭示其正在做什么和能够做什么。企业可以通过分析竞争对手的产品、价格、渠道、促销等方面来了解其现行战略。

④竞争对手的能力:竞争对手的能力是其发起或反击战略行动的基础。企业需要对竞争对手的核心能力、成长能力、快速反应能力和适应变化的能力等方面进行评估。这些能力将决定竞争对手在市场中的竞争力和影响力。

2.战略群组

战略群组分析是从产业竞争结构视角观察分析企业所面对的竞争格局的一种方法。一个战略群组是指某一个产业中在某一战略方面采用相同或相似战略,或具有相同战略特征的各公司组成的集团。

战略群组的特征:用于识别战略群组的特征可以考虑产品(或服务)差异化程度、各地区交叉的程度、细分市场的数目、所使用的分销渠道、品牌的数量、营销的力度(如广告覆盖面、销售人员的数目)、纵向一体化程度、产品服务质量、技术领先程度、研究开发能力、成本定位、能力的利用率、价格水平、装备水平、所有者结构(独立公司或者母公司的关系)、与政府等外部利益相关者的关系以及组织的规模等变量。

战略群组分析的意义:战略群组分析有助于企业了解相对于其他企业本企业的战略地位以及公司战略变化可能引起的对竞争的影响。通过战略群组分析,企业可以发现近处和远处的竞争者,了解各战略群组之间的"移动障碍",以及战略群组内企业竞争的主要着眼点。此外,利用战略群组图还可以预测市场变化或发现战略机会。

二、企业内部环境分析

企业内部环境分析是战略管理的基础环节,旨在识别企业资源、能力、核心竞争力的优劣势,明确战略制定与执行的内部约束条件和潜在风险。通过系统分析,企业可扬长避短,匹配外部机会与威胁,实现可持续发展。

(一)资源与能力分析

资源与能力分析是企业内部环境分析的起点。资源包括有形资源(如生产设备、原材料、资金等)和无形资源(如品牌、专利、技术、企业文化等)。能力则是指企业利用这些资源进行有效配置和整合,以实现特定目标的能力。通过分析企业的资源和能力,可以明确企业的优势和劣势,进而为战略制定提供基础。

在资源分析方面,企业需要评估其资源的数量、质量、利用效率和可持续性。在能力分析方面,则应关注企业的组织能力、技术能力、市场能力和管理能力等,这些能力共同构成了企业的核心竞争力。

(二)企业能力分析

企业能力分析是对企业各项能力的具体考察。企业能力通常包括研发能力、生产能力、营销能力、管理能力等。研发能力决定了企业的技术创新和产品升级能力;生产能力决定了企业的生产效率和成本控制能力;营销能力决定了企业的市场开拓和品牌建设能力;管理能力则决定了企业的内部协调和运营效率。

通过企业能力分析，可以识别出企业在各个领域的优势和不足，为制定针对性的提升策略提供依据。例如，对于研发能力较强的企业，可以加大研发投入，推动技术创新；对于生产能力较弱的企业，则可以优化生产流程，提高生产效率。

（三）企业核心能力分析

企业核心能力是企业长期竞争优势的源泉，它是指企业在特定领域内所具备的独特且难以模仿的能力。核心能力通常具有价值性、稀缺性、难以模仿性和不可替代性等特点。

在进行核心能力分析时，企业需要明确其核心能力的具体表现，如技术创新能力、品牌影响力、客户关系管理能力等。同时，还要评估这些核心能力在行业内的竞争优势和可持续性。通过核心能力分析，企业可以更加清晰地认识到自身的独特价值所在，并围绕核心能力构建战略体系。

（四）价值链分析

价值链分析是企业内部环境分析的重要工具之一。它通过将企业分解为一系列相互关联的价值活动，来识别和分析企业创造价值的环节和过程。这些价值活动通常包括原材料采购、生产加工、市场营销、售后服务等。

通过价值链分析，企业可以确定哪些环节是增值的，哪些环节是耗损的，从而优化资源配置，提高整体运营效率。此外，价值链分析还可以帮助企业识别潜在的合作伙伴和竞争对手，为制定竞争策略提供依据。

（五）业务组合分析

业务组合分析是对企业现有业务进行评估和分类的过程。它旨在帮助企业明确各业务单元的市场地位、增长潜力和盈利能力，从而制定合理的业务组合策略。

在进行业务组合分析时，企业通常采用波士顿矩阵（BCG 矩阵）或通用电气公司－麦肯锡矩阵（GE－McKinsey 矩阵）等工具。这些工具通过综合考虑业务的市场增长率和相对市场份额，将业务分为不同的类型，如明星业务、金牛业务、问号业务和瘦狗业务。

针对不同类型的业务，企业需要采取不同的战略措施。例如，对于明星业务，应加大投入，推动其快速增长；对于金牛业务，则应保持其稳定盈利，同时寻找新的增长点；对于问号业务，需要深入分析其市场潜力和竞争优势，决定是否继续投资；对于瘦狗业务，则应及时止损，考虑退出或转型。

综上所述，企业内部环境分析是企业战略管理的基础和前提。通过资源与能力分析、企业能力分析、企业核心能力分析、价值链分析和业务组合分析，企业可以全面深入地了解自身的优势和劣势，为制定有效的战略决策提供有力支持。

第三节　战略选择

战略选择是企业战略管理的核心环节，它决定了企业未来的发展方向和竞争态势。战略选择通常包括总体战略、业务单位战略和职能战略三个层次。图 5.3 概括了企业各层次的战略所涉及的管理层次。

一、总体战略

总体战略又称公司层战略，是企业层面的战略选择，它决定了企业的整体发展方向和目

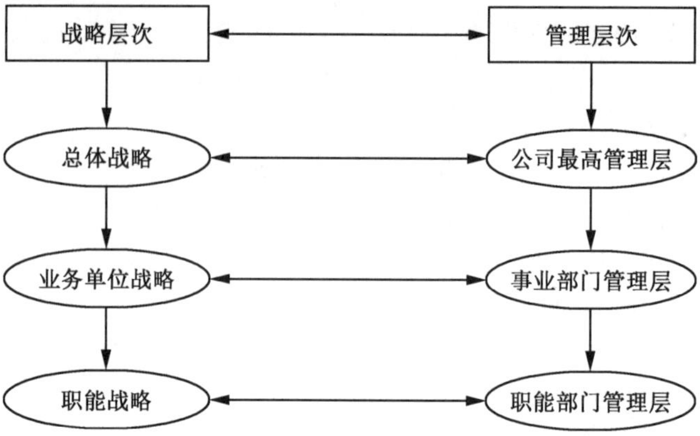

图 5.3 战略层次图

标。在大中型企业中，特别是经营多项业务的企业中，总体战略是企业最高层次的战略。它需要根据企业的目标，选择企业可以竞争的经营领域，合理配置企业经营所必需的资源，使各项经营业务相互支持，相互协调。总体战略主要包括市场渗透战略、市场开发战略、产品开发战略、多元化战略和一体化战略等。

(1)市场渗透战略：旨在通过增加现有产品或服务在现有市场的销售量来提高市场份额。这通常涉及营销努力、价格策略或产品改进。

(2)市场开发战略：将现有产品或服务引入新市场，可能涉及地理扩张、文化适应或市场细分策略。

(3)产品开发战略：通过引入新产品或改进现有产品来满足现有或新市场的需求。这涉及研发投资、技术创新和市场需求洞察。例如，苹果公司通过推出 iPhone，成功实施了产品开发战略，不仅革新了智能手机市场，还推动了公司整体的快速增长。

(4)多元化战略：企业进入与现有业务相关或不相关的新领域，以分散风险或寻求新的增长点。多元化可以是相关多元化或非相关多元化。

(5)一体化战略：企业通过向前或向后整合供应链来增强控制力和降低成本。这包括垂直一体化和水平一体化。

【小思考】 在选择总体战略时，企业应如何评估不同战略的潜在风险和回报？如何平衡长期增长和短期业绩？

二、业务单位战略

业务单位战略是在企业总体战略的指导下，针对特定业务单元或产品线制定的战略，属于公司的二级战略。涉及各业务单位的主管以及辅助人员。这些经理人员的主要任务是将公司战略所包括的企业目标、发展方向和措施具体化，形成本业务单位具体的竞争业务单位战略，要针对不断变化的外部环境，在各自的经营领域中有效竞争。它主要关注如何在特定市场中获得竞争优势，包括成本领先战略、差异化战略和集中化战略等。

值得注意的是对于一家单业务公司来说，总体战略和业务单位战略只有一个。即合二为一。只有对业务多元化的公司来说，总体战略和业务单位战略的区分才有意义。

(1)成本领先战略:通过高效运营和规模经济来降低成本,从而在价格上获得竞争优势。这要求企业在成本控制、供应链管理和生产效率方面表现出色。例如美国西南航空公司通过提供低成本、高效率的航空服务,成功实施了成本领先战略,成为美国国内航空市场的领导者之一。

(2)差异化战略:通过提供独特的产品或服务特性来满足消费者的特定需求,从而在市场上获得溢价。这涉及创新、品牌建设和客户关系管理。

(3)集中化战略:专注于特定的细分市场或客户群体,通过深度了解和满足这些群体的需求来获得竞争优势。这要求企业具有高度的市场洞察力和定制化能力。

三、职能战略

职能战略,是支持总体战略和业务单位战略实现的各职能部门的具体战略。主要涉及企业内各职能部门,如营销、财务、生产、研发、人力资源、信息技术等,如何更好地配置企业内部资源,为各级战略服务,并提高组织效率。

各职能部门的主要任务不同,关键变量也不同,即使在同一个职能部门,关键变量的重要性也因经营条件不同而有所变化,因而难以归纳出一般性的职能战略。在职能战略中协同作用具有非常重要的意义,这种协同作用首先体现在单个的职能中各种活动的协调性、一致性。其次体现在各个不同职能战略和业务流程或活动之间的协调性、一致性。

(1)市场营销战略:关注品牌定位、市场细分、营销组合(产品、价格、地点、促销)和客户关系管理。例如,耐克公司通过持续的研发创新产品和市场营销活动,成功实施了市场营销职能战略,保持了其作为全球领先运动品牌的市场地位。

(2)研发战略:涉及技术创新、产品开发、知识产权管理和研发合作。

(3)生产战略:关注生产效率、质量控制、供应链管理和环境可持续性。

(4)人力资源战略:涉及人才招聘、培训与发展、绩效管理和员工福利。

(5)财务战略:关注资本结构优化、财务风险管理、预算控制和投资决策。

综上所述,战略选择是企业战略管理的关键环节。通过深入理解总体战略、业务单位战略和职能战略的理论基础和实施路径,企业可以更加明智地进行战略选择,构建自身的竞争优势,实现可持续发展。同时,企业还需要不断关注市场变化和技术发展,灵活调整战略的选择,以适应不断变化的市场环境。

第四节　战略实施与控制

企业一旦选择了合适的战略,战略管理活动的重点就从战略选择转移到了战略实施阶段。但战略实施并不是轻而易举的过程,它涉及公司治理的完善、组织结构的调整、内外部资源的配置、企业文化的建设以及战略控制与变革一系列问题。公司治理决定企业为谁服务、由谁控制、风险和利益如何在各个利益集团中分配等一系列根本性问题,而这些问题直接关系到整个企业的经营效率,关系到企业战略实施的成败。战略的成功实施又需要得到组织上的保证,组织设计是战略实施中必须面对的基本问题。在企业文化的建设中,领导力一直起着至关重要的作用也是战略有效实施的基础。因此,只有当企业的各种因素相互适应和相互匹配时,战略实施才更有可能取得成功。这就意味着,为了达到战略目标,成功的管理者必须取得战略与其内部因素之间的匹配。这些因素之间越是相互适应和匹配,战略则越会有效。战略实施与控制是战略管理过程中的关键阶段,它确保企业战略从规划转化为实际行动,并在执行过程中进行监督和调整,以实现既定的战略目标。

一、战略实施

(一)公司战略与组织结构

公司战略是指一个组织在特定环境中的长期目标、资源配置和行动计划。它为公司提供了一个全面的框架,用于应对市场变化、竞争压力和不确定性。公司战略的主要目的是确保公司在竞争激烈的市场环境中获得成功。它有助于指导公司的决策和资源分配,确保公司能够适应不断变化的市场环境。

公司战略决定了组织结构的设计和调整方向,确保组织能够有效支持战略目标的实现;同时,合理的组织结构又能促进战略的高效实施,二者相辅相成,共同推动着企业的持续发展和竞争优势的构建。

(二)公司战略与企业文化

公司战略与企业文化是企业管理的两个核心要素,它们之间存在着密切且深远的影响。企业文化是战略执行的“隐性操作系统”,需实现“价值观—行为—战略”的三层穿透。

1.企业文化

企业文化是一个企业在长期发展过程中形成的独特的精神财富和物质形态。企业文化是企业的灵魂,是推动企业发展的不竭动力。它影响着员工的行为和态度,塑造着企业的品牌形象和市场地位。企业文化包括一组共同的价值观、目标、态度和实践,这些特征代表了一个组织的个性或文化。

公司战略与企业文化紧密相连,相互影响、促进并需相互适应。企业战略明确核心竞争力与发展方向,直接影响企业文化的核心价值观,如注重创新则文化亦强调追求卓越。同时,积极向上的企业文化能够激发员工的创造力与工作热情,为战略实施提供强大内在动力。清晰明确的企业战略能够激发员工的斗志和归属感,进一步促进企业文化的建设;而一个健康、正向的企业文化,也能为企业战略的实施提供坚实的精神支持和组织保障。随着企业发展和市场环境的不断变化,企业战略需要适时调整和优化,企业文化亦应随之发展,以确保战略的有效实施与文化的持续发展。在制定战略与塑造文化的过程中,企业应充分认识和利用它们之间的相互作用,共同推动企业的稳健前行,实现长远发展目标。

2.公司战略与企业文化适应性

企业战略的稳定性与文化的适应性是相互影响的。稳定的战略需要与之相匹配的企业文化来支撑和推动。同时,随着企业战略的变化和调整,企业文化也需要进行相应的变革和适应,以保持与企业战略的协调性和一致性。以下介绍不同的企业文化对企业的影响。

(1)战略文化匹配模型。是用于诊断和评估企业文化与战略目标的适配程度,确保价值观、行为规范与战略方向形成共振效应。这里通过丹尼森模型为理论基础并加以应用。

丹尼森模型,由丹尼尔·丹尼森提出,是评估组织文化的有效工具,它强调了企业文化的四大核心特征:参与性(员工授权与责任感)、一致性(共同价值观与团队协作)、适应性(变革能力与客户导向)及使命(愿景与战略导向)。这些特征在矛盾与平衡中共同作用于企业的外部适应与内部整合,旨在实现灵活性与稳定性之间的最佳平衡。通过丹尼森模型,企业可以评估自身文化现状,对比优秀企业文化,进而制定改进策略,促进企业的长期发展与竞争力提升。

丹尼森组织文化模型四大核心维度如下：

使命感知：组织对长期目标的共识程度(如华为“构建万物互联世界”的使命渗透率)。

适应性：应对外部变化的创新能力(如星巴克通过全球伙伴论坛收集改进提案)。

参与性：员工对战略的投入程度(如阿里巴巴股权激励覆盖率)。

一致性：跨部门协作的规则共识(如丰田 JIT 模式中的标准化流程)。

(2)文化重塑技术。就是通过系统性工具与方法重构组织文化，使其主动适配战略变革需求。通过价值观具象化技术，例如宁德时代将“零碳战略”转化为生产环节的“绿码”评级，2023 年碳足迹数据下降 32%。仪式强化机制，例如字节跳动“All Hands Meeting”全员战略对齐会，每月 1 次，同步 OKR 进展。数字穿透系统，如腾讯使用企业微信分析员工协作网络密度，识别文化孤岛部门。

(3)冲突解决机制。就是系统性管理战略变革中的文化冲突，尤其是并购、转型等场景下的价值观碰撞。例如 2022 年微软收购 Nuance 时针对产生的文化冲突最后使用的融合策略就是，保留 Nuance 医疗 AI 团队独立性，注入微软云技术资源。

二、战略控制

(一)战略失效

战略失效是指企业在实施既定战略过程中，未能达到预期的目标或产生预期的效果。战略失效可能源于多种因素，如市场环境的变化、内部资源的不足、执行力的欠缺或是战略本身的缺陷等。战略失效不仅会导致企业资源的浪费，还可能影响企业的市场竞争力和长期发展。

战略失效可细分为早期失效、晚期失效及偶然失效三种形态。早期失效常发生在战略实施的初级阶段，其根源在于新战略尚未被全体员工充分理解和接纳，或者战略执行者对新环境及工作任务尚处适应阶段，由此引发战略未能达到预期效果。晚期失效则显现于战略实施一段时间后，此时先前对战略环境的预判与实际情况之间的差距日益扩大，战略所依存的基础条件逐渐恶化，进而导致战略失效。而偶然失效，则是在战略推进过程中，因某些难以预料的偶发因素所致。

值得注意的是，一个初始战略的成效，并不取决于其是否能原模原样地贯彻始终，也不在于其每一个细微目标和环节是否都能在实际操作中得以圆满实现。关键在于，该战略是否能够灵活地适应不可预见的环境变化，是否具备根据现实状况进行适时调整和修正的能力，并最终能否有效地整合多种资源以实现既定的总体目标。这正是战略控制的核心所在，它要求企业具备敏锐的洞察力和灵活的应变能力，以确保战略能够顺应环境的变化，持续发挥其引领作用。

(二)战略控制的过程

战略控制是针对战略失效而采取的一系列管理活动。它通过监测和评估企业战略的实施情况，及时发现并纠正偏差，以确保企业战略的有效实施。战略控制的核心在于建立有效的监控机制，确保企业战略能够按照既定的目标和路径顺利推进。战略控制过程是一个系统性的管理活动，主要包括以下四个步骤：

(1)制定控制标准：在制定控制标准时，企业需要明确战略实施的目标和期望结果。这些标准应该具有可衡量性、可达成性和挑战性，以便为后续的绩效衡量和偏差分析提供基准。制定控制标准的过程需要充分考虑企业的内外部环境、资源能力和市场竞争态势等因素。

(2)衡量实际绩效：衡量实际绩效是战略控制过程中的关键步骤。企业需要收集和分析相关数据，以评估战略实施的实际效果。这些数据可能包括财务指标、市场份额、客户满意度、员工绩效等多个方面。通过数据收集和分析，企业可以了解战略实施的进展情况和存在的问题。

(3)对比标准与实际绩效：将实际绩效与控制标准进行对比，是发现偏差和不足的关键环节。企业需要将收集到的实际绩效数据与制定的控制标准进行对比分析，找出存在的偏差和不足之处。这些偏差可能源于市场环境的变化、内部管理的失误或是战略执行的不到位等原因。

(4)采取纠正措施：针对发现的偏差和不足之处，企业需要制定并实施相应的纠正措施。这些措施可能包括调整战略方向、优化资源配置、改进管理流程等。通过实施纠正措施，企业可以及时调整战略实施路径，确保战略目标的顺利实现。

(三)战略控制的方法

战略控制的方法多种多样，企业可以根据自身情况选择适合的方法或组合使用多种方法。以下是几种常见的战略控制方法：

(1)预算控制。预算控制是一种通过制定和执行预算来限制和监控企业资源使用和支出的方法。企业可以根据战略目标和计划制定详细的预算方案，并在实施过程中进行严格的监控和调整。通过预算控制，企业可以确保资源的合理分配和有效利用，避免资源浪费和过度支出。

(2)审计控制。审计控制是通过内部审计和外部审计来评估企业财务状况和经营绩效的方法。内部审计主要关注企业内部管理的合规性、有效性和效率性等方面；而外部审计则更注重企业财务报告的准确性和真实性。通过审计控制，企业可以发现潜在的风险和问题，并及时采取措施进行整改和改进。

(3)绩效衡量。绩效衡量是通过设定关键绩效指标(KPI)来衡量企业战略实施效果的方法。KPI通常与企业的战略目标紧密相关，能够反映企业战略实施的关键成功因素和核心业务流程。通过定期收集和分析KPI数据，企业可以了解战略实施的进展情况和存在的问题，并及时调整战略实施路径和资源配置方案。

随着数字化技术不断发展，也推动了战略控制的管理手段。从滞后管控转向实时预警，从单一财务控制升级为全生态治理的方向发展。战略控制体系也大致经历了三个阶段。

第一阶段是财务审计阶段，从1910年至1990年期间。企业普遍通过财务审计来做战略控制，控制的焦点是成本偏差与预算执行，采用的标准成本法，其运行机制是通过设定单位产品成本基准值，比对实际生产数据，计算材料、人工、制造费用差异。但其局限性在于仅关注内部成本，忽视市场动态与战略适配。20世纪初的福特T型车的成本控制就是通过流水线生产模式下需精准控制单车成本。单车装配时间从12小时压缩至93分钟单位成本下降58%(1913—1916)，但1927年因忽视市场需求变化导致停产危机。

第二阶段是平衡记分卡阶段，从1990年至2020年期间。随着社会认知的水平不断提高，管理理论水平大幅提高。企业不再只关注单一的财务指标来作为战略控制的手段。罗伯特·卡普兰(Robert Kaplan)与戴维·诺顿(David Norton)于1992年提出平衡记分卡(The Balanced Scorecard，BSC)。其内涵是从财务、客户、内部管理、创新与学习四个角度，将组织的战略转化为可操作的衡量指标和目标值，从而保证组织战略得到有效的实施和控制的一种绩效管理体系。这一阶段战略控制的焦点在于战略地图与多维平衡。企业通过财务、客户、流程、学习成长四维指标实现战略目标分解。2023年联合利华将ESG指标(如碳排放、供应商合规性)纳入BSC体系。采用区块链技术存证供应商碳排放数据，覆盖率73%；元宇宙商店顾客停留时长纳入客户维度指标，最终取得了 ESG 评级跃居食品行业全球 TOP3（MSCI 数据），塑料包装回收率提升至 89%的成效。

第三阶段是数字孪生控制塔阶段，2020 年至今。数字孪生控制塔（Digital Twin Control Tower）是一种基于数字孪生技术的智能化管理平台，通过构建物理系统的虚拟镜像，结合实时数据采集、分析和预测，实现全生命周期的动态监控与优化决策。其核心在于将物理世界与数字世界深度融合，形成“感知—分析—决策—执行”的闭环管理机制。例如宁德时代的风险控制塔系统就是通过数据层接入全球锂/钴价格、地缘政治、专利情报等 32 类实时数据流。在算法层用 LSTM 模型预测锂价走势，准确率可达 89%；知识图谱识别技术替代风险：提前 2 年布局钠离子电池。最终决策层做出正确决策在 2022 年对冲原材料波动风险，节约成本 15.7 亿元。

【微阅读】　美的集团“三重防护网”全链条控制体系

在风云变幻的市场浪潮中，企业如何稳舵前行？美的集团以其独特的“三重防护网”全链条控制体系，给出了精彩答案。从供应链安全到全流程质量闭环，再到生态化风险联防，美的以数据为舵，技术为帆，不仅筑牢了自身发展的护城河，更为制造业数字化转型树立了标杆，引领“中国制造”迈向“中国智控”新高度。

美的集团“三重防护网”全链条控制体系

三、数字化技术与公司战略

（一）数字化技术

（1）数字化发展历程。数字化技术经历了从信息化、数字化到智能化的演进过程。数字化的发展历程可以追溯到 20 世纪 40 年代计算机的发明。随着电子技术的快速进步，数字化时代逐渐拉开序幕。20 世纪 70 至 80 年代，信息技术的快速发展推动了数字化的进一步发展，个人电脑的普及和互联网的诞生使得数字化技术开始走入大众生活。进入 21 世纪，移动互联网的兴起引领了数字化的新浪潮，智能手机的普及和移动应用的快速发展使得数字化技术更加深入人心。2010—2020 年代以云计算、大数据和物联网为驱动，实现数据整合与增值应用。近年来，人工智能的快速发展成为数字化的重要驱动力，数字孪生、机器学习、深度学习等技术的应用为各个领域带来了巨大的变革。

（2）数字化技术应用领域。数字化技术在各行业的应用广泛而深入。在电子信息制造业，数字化技术推动了硬件技术的发展和创新；在电信行业，5G 及未来的 6G 技术为数字经济提供了核心的通信网络和基础设施支持；在 IT 服务业，云计算、大数据和人工智能的兴起使得该行业的服务能力和业务模式不断创新；在互联网行业，数字化技术通过创新的平台和应用深刻改变了人们的生活方式和商业模式。此外，数字化技术还在制造业、餐饮业、政府服务、金融、交通、医疗等多个领域发挥着重要作用，推动着社会和经济的全面变革和发展。

（二）数字化技术对公司战略的影响

数字化技术对公司战略的影响是深远的。首先，数字化技术可以提升公司的竞争力。通过数字化技术，公司可以更好地理解市场需求，提高生产效率，降低成本，优化供应链管理，从而提升产品和服务质量，更好地满足客户需求。其次，数字化技术有助于公司创新。公司可以利用数字化技术开发新产品、新服务，拓展新业务领域，实现商业模式创新，从而在市场中保持领先地位。此外，数字化技术还可以提升公司的管理效率，降低管理成本，增强组织的灵活性和反应速度。最后，数字化技术可以改善公司员工的工作体验，提升员工满意度，从而吸引和留住优秀人才。

【微阅读】 拼多多"农地云拼"助力乡村振兴，践行共同富裕

在乡村振兴的时代号召下，拼多多创新推出"农地云拼"项目，以数字化力量重构农产品供应链。通过精准预测需求、整合供给资源、技术赋能农业，拼多多不仅带动了农户增收，促进了农业现代化，还积极缩小城乡数字鸿沟，诠释了"先富带后富"的社会主义本质，为乡村振兴和共同富裕目标贡献了电商力量。

拼多多"农地云拼"助力乡村振兴

（三）数字化战略

数字化战略是公司利用数字化技术来推动业务转型和创新的一种战略。数字化战略的目标是将传统业务模式和流程转变为数字化形式，以提高效率、创新和竞争力。为了实现这一目标，公司需要制定以下数字化战略：

（1）提升业务效率。通过数字化技术自动化和优化业务流程，减少人工操作和错误，提高生产效率和运营效率。

（2）提供个性化和定制化服务：利用数字化技术收集和分析客户数据，了解客户需求和偏好，提供个性化和定制化的产品和服务。

（3）创新和差异化竞争。利用数字化技术开发和应用新的商业模式和服务，创造新的价值和收入来源。

（4）加强组织协同和沟通。通过数字化技术建立协同工作平台和沟通工具，促进组织内部和外部的协作和沟通。

（5）提升数据驱动决策能力。利用数字化技术收集和分析大量的数据，提供实时和准确的业务指标和分析报告，支持管理层的决策和战略规划。

在实施数字化战略的过程中，公司需要明确数字化战略的目标，并与公司整体发展战略相结合。同时，公司还需要建立完善的数字化基础设施，加强组织变革管理，培养数字化思维，提升数字化能力。最后，公司需要注重数字化战略的持续优化和创新，不断跟进技术发展，及时调整战略路径，以保持竞争优势。

本章小结

本章系统阐述了企业战略管理的核心内容，包括战略管理的内涵、构成要素及动态过程。通过战略环境分析（外部PEST、五力模型与内部资源能力分析），企业能够识别机会与威胁，明确竞争优势。战略选择涵盖总体战略、业务单位战略及职能战略，强调差异化、成本领先等竞争策略的适配性。战略实施与控制需结合组织结构、企业文化及数字化技术，通过动态调整确保战略目标落地。同时引导学生在战略制定中，需关注自然环境与社会责任，体现企业战略与国家"双碳"目标的协同，引导学生理解战略决策的社会价值与伦理维度。

习题

一、单选题

1. 安索夫将企业战略的构成要素概括为四个方面，不包括（　　）。

A. 产品—市场范围　B. 增长向量　C. 竞争优势　D. 企业文化

2. 五力模型中的“潜在进入者的威胁”主要取决于(　　)两个因素。

A. 进入壁垒和对现有企业的报复预期

B. 替代品的威胁和购买者的讨价还价能力

C. 供应商的讨价还价能力和现有企业间的竞争

D. 政治法律环境和经济环境

3. 企业核心能力的特征不包括(　　)。

A. 价值性　B. 稀缺性　C. 可模仿性　D. 不可替代性

4. (　　)不属于总体战略。

A. 市场渗透战略　B. 产品开发战略　C. 差异化战略　D. 多元化战略

5. (　　)是基于数字孪生技术的智能化管理平台。

A. 预算控制　B. 审计控制　C. 绩效衡量　D. 数字孪生控制塔

6. 企业文化的核心不包括(　　)。

A. 价值观　B. 目标　C. 利润　D. 实践

7. (　　)具有灵活性和成本效益高的优点。

A. 直线型组织结构　B. 职能型组织结构

C. 虚拟网络型组织结构　D. 事业部型组织结构

8. 企业战略失效可能源于(　　)因素。

A. 市场环境的变化　B. 内部资源的不足

C. 执行力的欠缺　D. 以上都是

9. (　　)方法不是战略控制的方法。

A. 预算控制　B. 审计控制　C. 绩效衡量　D. 产品开发

10. 数字化技术的发展经历了(　　)阶段。

A. 信息化、数字化、智能化　B. 机械化、自动化、智能化

C. 信息化、自动化、智能化　D. 机械化、数字化、智能化

二、多选题

1. 企业战略的构成要素包括(　　)。

A. 产品—市场范围　B. 增长向量

C. 竞争优势　D. 协同作用

E. 企业文化

2. 五力模型中的五种竞争力包括(　　)。

A. 潜在进入者的威胁　B. 替代品的威胁

C. 购买者的讨价还价能力　D. 供应商的讨价还价能力

E. 现有企业间的竞争　F. 政府政策

3. 企业内部环境分析包括(　　)。

A. 资源与能力分析　B. 企业能力分析

C. 企业核心能力分析　D. 价值链分析

E. 业务组合分析　F. 市场环境分析

4. 总体战略包括(　　)。

A. 市场渗透战略　B. 产品开发战略　C. 差异化战略　D. 多元化战略

E. 一体化战略

5. 数字化技术对公司战略的影响包括(　　)。

A. 提升竞争力　B. 创新商业模式

C. 提高管理效率　D. 改善员工工作体验

E. 降低生产成本

三、判断题

1. 安索夫认为企业战略由四个要素组成,即产品—市场范围、增长向量、竞争优势、协同作用。(　　)

2. 五力模型中的"购买者的讨价还价能力"不会影响产业内现有企业的盈利能力。(　　)

3. 企业核心能力是企业长期竞争优势的源泉。(　　)

4. 事业部型组织结构可能导致管理成本增加和资源配置不当。(　　)

5. 数字化战略的目标是将传统业务模式和流程转变为数字化形式。(　　)

四、简答题

1. 安索夫提出的企业战略四大构成要素是什么?

2. PEST 分析法包含哪些维度?请简要说明每个维度的主要内容。

3. 五力模型中"替代品威胁"的强度由哪些因素决定?

4. 成本领先战略的核心要求是什么?请举例说明。

5. 战略控制过程的四个步骤是什么?

五、论述题

请以新能源汽车行业为例说明,如何结合 PEST 分析与五力模型进行企业战略环境分析?

六、案例分析

今麦郎"凉白开"差异化产品战略

今麦郎,作为中国知名的食品饮品企业,在竞争激烈的饮用水市场中独辟蹊径,成功推出了"凉白开"这一差异化产品,并在短时间内迅速崛起,成为瓶装水市场的一匹黑马。今麦郎的"凉白开"战略不仅填补了市场空白,更通过其独特的定位和创新,引领了瓶装熟水的新潮流。

1. 差异化产品战略实施

产品定位差异化:

在瓶装水市场日益同质化的背景下,今麦郎敏锐地捕捉到了消费者对健康饮品的需求。传统的瓶装水多以生水或纯净水为主,而今麦郎则另辟蹊径,推出了"凉白开"这一熟水产品。熟水,即经过高温杀菌处理后的水,相较于生水,其寒性大大减轻,更适合中国人的体质和饮水习惯。今麦郎通过这一独特的产品定位,成功地将"凉白开"与市场上的其他瓶装水产品区分开来,满足了消费者对健康饮品的个性化需求。

营销策略差异化:

在营销策略上,今麦郎同样采取了差异化手段。首先,今麦郎充分利用了中国传统文化中对熟水的认知，通过广告宣传强调“中国人自古以来就有喝熟水的习惯”，将“凉白开”与传统文化紧密相连，增强了产品的文化底蕴和认同感。其次，今麦郎还注重产品的包装设计，采用简洁明快的风格，配以醒目的“凉白开”字样，使产品在货架上脱颖而出。此外，今麦郎还通过线上线下多渠道营销，如电商平台、社交媒体等，拓宽了产品的销售渠道，提高了品牌的知名度和影响力。

技术创新与品质保障：

除了产品定位和营销策略的差异化外，今麦郎在“凉白开”的生产过程中也注重技术创新和品质保障。今麦郎采用先进的UHT加热杀菌工艺，既彻底杀灭有害细菌，又保留了水中对人体有益的矿物质成分，确保了产品的健康和安全。同时，今麦郎还建立了严格的质量控制体系，对生产过程中的每一个环节进行严格把关，确保每一瓶“凉白开”都能达到高品质的标准。

2. 差异化产品战略成效

自2016年推出以来，今麦郎“凉白开”凭借其差异化战略迅速赢得了市场的认可和消费者的喜爱。在短短几年时间内，今麦郎“凉白开”的销售额实现了快速增长，从2016年的500万箱增长到2022年的超过30亿箱，连续多年蝉联瓶装熟水全国销量第一。这一成绩的取得，不仅证明了今麦郎“凉白开”差异化产品战略的成功，也为今麦郎在饮用水市场的进一步发展奠定了坚实基础。

资料来源：

纳食号. 狂卖30亿的今麦郎凉白开，秘诀就靠把水烧开？[EB/OL]. (2023-11-06). https://baijiahao.baidu.com/s? id=1781775148881987629.

许战海. 4年突破20亿，今麦郎如何持续策划凉白开极致产品力？[EB/OL]. (2024-06-27). https://zhuanlan.zhihu.com/p/705795903.

思考：

1. 今麦郎“凉白开”是如何通过产品定位实现差异化的？这种差异化策略对其市场表现有何具体影响？

2. 今麦郎在营销策略上采取了哪些差异化手段来推广“凉白开”？这些策略如何助力产品成功打入市场？

3. 技术创新和品质保障在今麦郎“凉白开”的差异化战略中扮演了什么角色？它们如何支持产品的市场成功？

第三篇

企业职能管理

第六章　市场营销管理

主要知识结构图

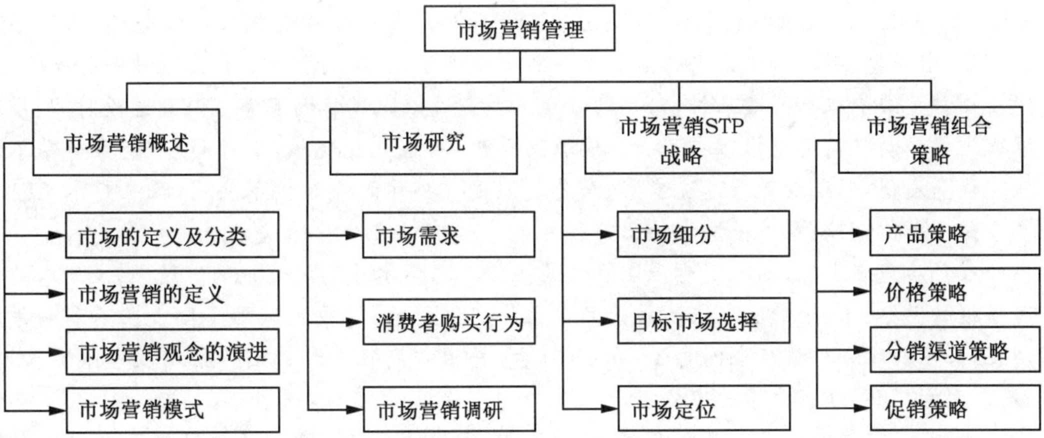

教学目标

● 帮助学生了解并理解市场营销及其相关概念的含义，掌握市场营销基本原理和基本理论。

● 引导学生追踪市场营销理论和实践，特别是中国本土营销理论及实践新发展。

● 培养学生具备思考市场营销管理过程，分析市场营销环境及目标市场需求，设计及执行市场营销组合策略的能力。

● 引导学生理性独立地分析企业市场营销管理问题，培养学生的现代营销管理思维、营销职业道德、创新思维、责任意识与合作精神等市场营销意识。

开篇案例

海尔洗衣机“无所不洗”

海尔集团创立于1984年，其前身是青岛电冰箱总厂。经过40年的发展，海尔已成为全球领先的美好生活和数字化转型解决方案服务商。2025年1月，海尔集团宣布2024年全球收入4 016亿元，增长8%；全球利润总额302亿元，增长13%。海尔连续21年入选世界品牌实验室“世界品牌500强”，2024年位列榜单第34位。作为在白色家电领域最具核心竞争力的企业之一，海尔有许多令人感慨和感动的营销故事。

地瓜洗衣机。1996年，四川成都的一位农民投诉海尔洗衣机排水管老是被堵，服务人员上门维修时发现，这位农民用洗衣机洗地瓜（南方又称红薯），泥土大，当然容易堵塞。服务人员并不推卸自己的责任，而是帮顾客加粗了排水管。海尔营销人员调查四川农民使用洗衣机的状况时发现，每当红薯大丰收的时节，许多农民除了卖掉一部分新鲜红薯，还要将大量的红薯洗净后加工成薯条。但红薯上沾带的泥土洗起来费时费力，于是农民就动用了洗衣机。更深一步的调查发现，在四川农村有不少洗衣机用过一段时间后，电机转速减弱、电机壳体发烫。向农民一打听，才知道他们冬天用洗衣机洗红薯，夏天用它来洗衣服。这令海尔集团创始人张瑞敏萌生一个大胆的想法：发明一种洗红薯的洗衣机。1997年海尔为该洗衣机立项，1998年4月投入批量生产。洗衣机型号为XPB40－DS，不仅具有一般双桶洗衣机的全部功能，还可以洗地瓜、水果甚至蛤蜊，价格仅为848元。首次生产了1万台投放农村，立刻被一抢而空。

小小神童洗衣机。一般来讲，每年的6至8月是洗衣机销售的淡季。每到这段时间，很多厂家就把促销员从商场里撤回去了。张瑞敏纳闷儿：难道天气越热，出汗越多，老百姓越不洗衣裳？调查发现，不是老百姓不洗衣裳，而是夏天里5公斤的洗衣机不实用，既浪费水又浪费电。于是，海尔的科研人员很快设计出一种洗衣量只有1.5公斤的洗衣机——小小神童。小小神童投产后先在上海试销，因为张瑞敏认为上海人消费水平高又爱挑剔。结果，上海人马上认可了这种世界上最小的洗衣机。该产品在上海热销之后，很快又风靡全国。在不到两年的时间里，海尔的小小神童在全国卖了100多万台，并出口到日本和韩国。张瑞敏告诫员工说：“只有淡季的思想，没有淡季的市场。”

在西藏，海尔洗衣机甚至可以合格地打酥油。2000年7月，海尔集团研制开发的一种既可洗衣又可打酥油的高原型“小小神童”洗衣机在西藏市场一上市，便受到消费者欢迎，从而开辟出自己独有的市场。这种洗衣机3个小时打制的酥油，相当于一名藏族妇女三天的工作量。藏族同胞购买这种洗衣机后，从此可以告别手工打酥油的繁重家务劳动。

洗虾机。龙虾好吃清洗难的问题一直困扰着龙虾店的经营者，人工洗刷费时又费力，还增加了人工成本。针对这一潜在的市场需求，海尔利用自己拥有的“地瓜洗衣机”技术，迅速推出了一款采用全塑一体桶、宽电压设计的可以洗龙虾的“洗虾机”。过去洗2公斤龙虾一个人需要10—15分钟，现在用“洗虾机”只需三分钟就可以解决，省时省力，洗涤效果非常好。在2002年举办的第一届合肥“龙虾节”上，海尔推出的一款“洗虾机”引发了难得一见的抢购热潮，上百台“洗虾机”不到一天就被当地消费者抢购一空。这款海尔“洗虾机”因其巨大的市场潜力被安徽卫视评为“市场前景奖”。

“爽神童”洗衣机。海尔创新推出了世界上第一台同时拥有转动烘干、衣架烘干、自然风晾干3种干衣方式的“爽神童”洗衣机，消费者可根据衣物不同自由选择这三种干衣方式，同时这种洗衣机具有快捷省电、杀菌保健等优势。这款既可以家庭洗衣，又可以用来洗荞麦皮及谷糠类枕头的"爽神童"洗衣机，除了机器本身洗涤、脱水等基本功能外，同时专门设计了荞麦皮包装洗涤袋，加上海尔独有的"抗菌"技术，非常好地解决了荞麦皮及黍糠等谷糠类枕头的清洗、干燥难题。

资料来源："无所不洗"的海尔洗衣机[EB/OL]. https://doc.mbalib.com/view/4810f94316bec77634013a944ce7415c.html.

第一节　市场营销概述

一、市场

（一）市场的定义

市场营销是与市场和市场经济相联系的，是一种市场运作的行为。为了认识市场营销，首先要从认识市场开始。人们对市场的认识有一个过程，从不同的角度来认识市场，出现了很多关于市场的定义。

(1)最早的市场定义，市场即集中进行商品交换的场所。

(2)经济学的市场定义，市场是指全部商品交换关系的总和。商品交换关系的总和，包括商品交换各个因素，也包括商品交换的各个环节和层次。

(3)市场营销学的市场的定义，许多营销学者都对市场进行了研究，也给市场下了各种各样的定义。例如，著名营销学者菲利普·科特勒(Philip Kotler)认为，市场是由一切具有特定欲望和需求并且愿意和能够以交换来满足这些需求的潜在顾客所组成。美国学者 W. 奥尔德逊(W. Alderson)和 R. 科克斯(R. Cox)认为，广义的市场是包括生产者和消费者之间实现商品和劳务的潜在交换的任何一种活动。

市场营销管理是站在市场营销者的角度来看待市场的。在营销者看来，卖方构成行业，买方构成市场，人口、购买动机、购买能力是构成市场不可或缺的三要素。市场模型如图 6.1 所示。

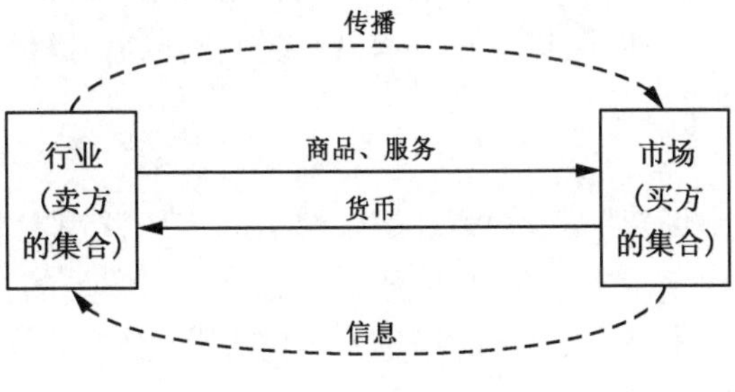

图 6.1　市场模型

（二）市场的分类

按照不同的分类方法可以分成不同类型的市场。

(1)按商品属性划分。例如，按商品的物质性分类，可以分为物质商品市场和非物质商品市场。按商品所属的部类分类，可以分成生产资料市场和生活资料市场。按商品所属的细类分类，可以分成很多类别，例如，工业用品市场、农业用品市场、文化用品市场、技术市场、服务市场等。这些类别的市场又可以具体再分类成更细的市场，如钢材市场、水泥市场、石油化工市场、粮食市场、食用油市场等。

(2)按顾客类型划分。可以分为消费者市场、生产者市场、中间商市场和非营利性市场。

(3)按市场竞争程度划分。可以分为完全垄断市场、寡头垄断市场、垄断竞争市场和完全竞争市场。

(4)按市场供需态势划分。可以分为买方市场和卖方市场。

(5)按营销区域划分。可以分为国际市场和国内市场；其中国内市场又可分为城市市场和农村市场、地方市场和全国市场、沿海市场和内地市场等。

【小思考】 构建全国统一大市场、建设高标准市场体系

党的二十大报告提出，要构建全国统一大市场，深化要素市场化改革，建设高标准市场体系。要加快构建以国内大循环为主体、国内国际双循环相互促进的新发展格局。要坚持以推动高质量发展为主题，把实施扩大内需战略同深化供给侧结构性改革有机结合起来，增强国内大循环内生动力和可靠性，提升国际循环质量和水平，加快建设现代化经济体系，着力提高全要素生产率，着力提升产业链供应链韧性和安全水平，着力推进城乡融合和区域协调发展，推动经济实现质的有效提升和量的合理增长。

请结合党的二十大报告思考：如何理解全国统一大市场的概念？什么是要素市场化改革？

二、市场营销

(一)市场营销的定义

市场营销的定义最早是从国外产生和发展起来的。美、英等老牌市场经济国家从20世纪初就开始研究市场营销，在英文中用"Marketing"来表述。

1. 美国市场学会(American Marketing Association，AMA)

"Marketing"一词最初出现在1905年美国宾州大学课程中，该词在港台地区被翻译成市场行销，在大陆地区被翻译成市场营销。AMA对于市场营销定义的动态演化过程是"交换产品与服务—满足顾客需要—共同创造价值—承担社会责任"。1935年的定义：引导商品、劳务从生产者流向消费者的商业活动。随后于1985年、2004年和2007年做过多次修订。2007年的定义：市场营销涉及一系列活动、机构和过程，旨在创造、传播、提供、交换对顾客、用户、合作伙伴和整个社会有价值的供应品。

2. 菲利普·科特勒

菲利普·科特勒在《市场营销原理》第9版中给出的市场营销定义为：市场营销是通过创造和交换产品及价值，从而使个人或群体的需要和欲望得到满足的社会和管理过程(2002)。在《市场营销原理》第15版中译本，给出的市场营销定义为：企业为了从顾客身上获得利益回报，创造顾客价值和建立牢固顾客关系的过程。

3. 符国群

市场营销作为一种组织职能，与企业其他职能一道，共同服务于顾客价值创造，其独特之处在于它主要通过履行连接、匹配和交易功能来创造价值。在连接、匹配、交易三项营销功能中，最能反映市场营销本质的是匹配功能。

4. 本书推荐的定义

市场营销即“做市场”，是以实现企业和利益相关者等各方的利益为目的，对顾客价值进行识别、选择、创造、传递和监控，并将顾客关系的维系和管理融入各项工作之中的社会和管理过程。

【微阅读】 从“营销 1.0”到“营销 4.0”

市场营销理论把市场营销的导向分为生产阶段、产品阶段、推销阶段、销售阶段、营销阶段和社会营销阶段。科特勒将营销分为 1.0、2.0、3.0 以及最新的 4.0。

营销 1.0 就是工业化时代以产品为中心的营销，当时的营销就是把工厂生产的产品全部卖给有支付能力的人。

营销 2.0 是以消费者为导向的营销，企业向消费者诉求情感与形象。营销 2.0 的目标是满足并维护消费者，企业获得成功的黄金法则就是“客户即上帝”。

营销 3.0 就是合作性、文化性和精神性的营销。3.0 营销时代的企业必须具备更远大的，服务整个世界的使命、远景和价值观，它们必须努力解决当今社会存在的各种问题。在 3.0 营销时代，企业之间靠彼此不同的价值观来区分定位。科特勒也把营销 3.0 称为“价值观驱动的营销”(Values-driven Marketing)。

营销 4.0 是实现自我价值的营销。随着移动互联网以及新的传播技术的出现，客户能够更加容易地接触到所需要产品和服务，也更加容易和与自己有相同需求的人进行交流，于是出现了社交媒体，出现了客户社群。企业将营销的中心转移到如何与消费者积极互动、尊重消费者作为“主体”的价值观，让消费者更多地参与到营销价值的创造中来。如何洞察与满足这些连接点所代表的需求，帮助客户实现自我价值，就是营销 4.0 所需要面对和解决的问题，它是以价值观、连接、大数据、社区、新一代分析技术为基础来造就的。

资料来源：科特勒，卡塔加雅，塞蒂亚万. 营销革命 4.0：从传统到数字[M]. 王赛，译. 北京：机械工业出版社，2018.

（二）市场营销的相关概念

为了深入理解市场营销的定义，下面介绍与市场营销相关的一些概念。

1. 营销主体和营销客体

一般而言，营销主体主要是企业，是希望把自己的商品销售出去以获得利润的组织。现阶段，营销主体已经由“企业”扩展至“一切面向市场的个人和组织”。营销客体就是营销主体的服务对象，即顾客。作为营销主体的企业具有目的性、主动性与创新性的特性；而作为营销客体的顾客相对于营销主体则具有效用性、可塑性、易变性及外在性的特性。

2. 需要、欲望和需求

(1)需要是因欠缺而客观产生的客观性、共同性的感受。例如，饿思饮、寒思衣。面对需要，市场营销的基本任务是识别需要并开发产品满足需要。

(2)欲望是指人们想满足自己具体需要的一种愿望。需要和欲望二者构成因果关系：需要是因，欲望是果。欲望是因社会、文化、经济、个体等不同因素产生的有差异的需要。例如，饥饿时因为饮食习惯、消费能力等原因选择汉堡或面包或馒头等。面对欲望，市场营销的基本任务是通过不同的产品及方式满足不同的欲望。

从市场营销学的角度看，人们的需要和欲望是产生商品需求的前提条件。没有需要和欲望，就不可能产生需求。因此市场营销工作者进行市场营销的实质和最终目的，就是要引导、诱发、创造人们的需要,使他们产生购买商品的欲望,并最后产生需求,导致购买商品的行动。

(3)需求是指人们愿意购买并有能力购买某个具体产品的欲望。需求是产生商品购买的基础和前提条件。创造需求有两个条件:一个是人们的购买能力;一个是人们的购买欲望。

面对需求,市场营销的基本任务是重视市场研究,通过各种营销手段来创造条件,使客户能够实现他们的购买欲望。

3. 价值和效用

(1)价值,是指商品对于用户的价值,包括使用价值、经济价值、社会价值和心理价值。即商品的购买和使用能够给用户带来的生活上、工作上、社会上、心理上的效用和满足,包括经济上的、精神上的、心理上的收益。

(2)效用,是消费者对产品满足其需要的整体能力的评价。

4. 交换和交易

(1)交换,是指从他人处取得所需之物,而以某种东西作为交换的行为,一般用于商品交换。发生商品交换需要有市场,而且须具备以下5个条件:至少有交换双方;每一方都有对方需要的有价值的东西;每一方都有沟通和运送货品的能力;每一方都可以自由地接受和拒绝;每一方都认为与对方交易是合适的或称心的。

(2)交易。商品交换达成协议,就叫交易。也就是说,交易是具体实现了的商品交换。商品交易有两种方式:一是货币交易,以币易物;二是非货币交易(以物易物、以服务易服务)。一项交易通常要涉及几个方面:至少有两件可用于交换的有价值的物品;由双方认可的交易条件、时间、地点;有法律制度来维护和迫使交易双方执行承诺。

【小思考】 市场营销:价值与效用

结合市场营销及其相关概念,请谈谈"把复印机卖给农夫和渔民""把梳子卖给和尚"是传递价值及满足效用吗?

(三)市场营销观念的演进

市场营销观念是进行市场营销的指导思想或行为哲学,它可以影响决定市场营销过程中的思维方式、价值观念、工作立足点和方向目标。市场营销观念的形成取决于不同的经济环境和价值观念,企业奉行不同的市场营销观念,就执行不同的市场营销策略。在市场营销观念的演进中,先后出现过生产观念、产品观念、推销观念、市场营销观念和社会营销观念等5类,这些营销观念分别产生于一定的经济形势和市场背景,因此它们都与特定背景相联系。

1. 生产观念

生产观念(Production Concept)是一种只重生产、不重营销的指导思想,其典型表现就是营销的关键在生产,只要生产出来,就不愁卖不出去。这种营销观念在经济不发达、产品供不应求的卖方市场条件下比较盛行。

2. 产品观念

产品观念(Product Concept)是一种企业专注于做好产品的指导思想。产品观念认为,营销的关键是要有一个好产品。只要产品性能好、质量高、有特色,就不愁卖不出去。这种观念主要是市场经济的早、中期出现的一种观念。

3. 推销观念

推销观念(Selling Concept)是一种强调对现有产品加强推销的观念。推销观念认为,消费者通常有一种购买惰性或抗衡心理,若听其自然,消费者就不会自觉地购买大量本企业的产品，因此企业营销管理的中心任务是积极推销和大力促销，以诱导消费者购买产品。在推销观念的指导下，企业相信产品是“卖出去的”，而不是“被买去的”。

4. 市场营销观念

市场营销观念(Marketing Concept)是在市场经济旺盛时期出现的一种观念。这个时期的特点是买方市场形成，一般商品都出现了供大于求；而且市场竞争特别激烈，竞争对手为了争夺顾客，采取了各种各样的营销手段。市场营销观念最大的特点就是立足于用户，站在用户的立场上，由外向内拉动供应。根据用户的真正需要，以维护用户利益为宗旨，量身打造商品和服务方式，更好地适应和满足用户的需求。这种基于用户需求的观念，相较于前面 3 种基于自我、基于企业利益的传统型营销观念来说，是一种根本性的、革命性的变化。

5. 社会营销观念

从 20 世纪 70 年代起，全球环境破坏、资源短缺、人口过度增长和忽视社会服务等问题日益严重，为此，国际社会、各国政府和行业都制定了各种各样的防止污染、保护生态平衡的法规、政策和措施，引导并鼓励企业在生产和经营中采取措施避免造成环境污染和生态平衡破坏。社会营销观念(Social Marketing Concept)是以社会长远利益为中心的营销观念，是对市场营销观念的补充和发展。社会营销观念站在企业、顾客、社会三个角度来开展理性营销，要正确处理这三者之间的关系，是符合社会发展潮流的营销理念。

【知识链接】 企业社会责任

社会营销观念特别强调企业社会责任。企业社会责任(Corporate social responsibility, CSR)，是指企业在创造利润、对股东和员工承担法律责任的同时，还要承担对消费者、社区和环境的责任，企业的社会责任要求企业必须超越把利润作为唯一目标的传统理念，强调要在生产过程中对人的价值的关注，强调对环境、消费者、社会的贡献。《中华人民共和国公司法》第一章第五条公司义务及权益保护规定，公司从事经营活动，必须遵守法律、行政法规，遵守社会公德、商业道德，诚实守信，接受政府和社会公众的监督，承担社会责任，公司的合法权益受法律保护，不受侵犯。

综上所述，上述 5 类市场营销观念，按大方面来分，又可以分成传统营销观念和现代营销观念。生产观念、产品观念和推销观念都属于传统营销观念，市场营销观念和社会营销观念都属于现代营销观念。概言之，传统营销观念和现代营销观念的区别如表 6.1 所示。

表 6.1 传统营销观念与现代营销观念的区别

	传统营销观念	现代营销观念
立足点	企业利益	企业利益、顾客利益、社会利益
营销观念	生产导向、产品导向、销售导向	市场导向、社会导向
出发点	企业	顾客、社会长远利益
中心	产品	顾客满意
方法	推销、促销	整体营销
目标	通过扩大销售量来获得利润	通过满足消费者需求来创造利润

(四)市场营销模式

随着时代的发展，市场营销模式也经历了一个发展过程，先后形成了四种模式：一是 4P

模式，二是 4P 模式的扩展，三是 4C 模式，四是 4R 模式。

1. 4P 模式

4P 模式，最早是由美国营销学者杰罗姆·麦卡锡(Jerome McCarthy)提出的一种营销组合，他于 1960 年在其《基础营销》(Basic Marketing)一书中第一次将企业的营销要素归结四个基本策略的组合，即著名的 4P 理论：产品(Product)、价格(Price)、渠道(Place)、促销(Promotion)。1967 年，菲利普·科特勒在其畅销书《营销管理：分析、规划与控制》第一版进一步确认了以 4P 为核心的营销组合方法。在 4P 模式中，把与营销有关的 4 个因素(产品、价格、分销、促销)分别作为出发点进行策划研究，分别形成产品策略、定价策略、渠道策略和促销策略。4P 模式逐渐得到营销界最广泛的传播和认可。直至今日仍然是营销界最基本、最普遍、最常用的市场营销组合模式。

2. 4P 模式的扩展

进入 20 世纪 80 年代，4P 理论研究在深度和广度上又有了极大的发展，分别出现了 6P 理论、7P 理论。

(1)大市场营销 6P 理论。1986 年，菲利普·科特勒在《哈佛商业评论》发表了《论大市场营销》，正式提出了“大市场营销”概念。所谓大市场营销，主要指大公司特别是跨国公司的营销，要面向本国以外的市场开展的市场营销。由于要面对东道国政府强硬的权力和非常陌生的市场环境进行市场营销，所以对用于普通营销的 4P 模式要有所改进发展。他认为大市场营销必须掌握另外两种技能，一是政治权力(Political Power)，必须懂得怎样与国家权力打交道，必须了解其国家的政治状况。二是公共关系(Public Relations)，营销人员必须懂得公共关系，知道如何在公众中树立产品的良好形象。

(2)服务营销 7P 理论。20 世纪 80 年代中后期，学者们根据服务及服务市场的特殊性，在制定服务营销组合策略的过程中，又在传统的 4P 基础上又增加了 3P。人员(People)指公司的服务人员与顾客。有形展示(Physical Evidence)是服务产品的有形实体部分，包括服务作业活动本身、相关设施设备、用品、人员和场景等。顾客能从中得到可触及的线索，去体验企业提供的服务质量。过程管理(Process Management)包括顾客上门、接受服务前的等候排队、服务中的作业流程及服务结束顾客告别离去的全过程的管理。它实际上是服务营销实施的全过程。

3. 4C 模式

20 世纪 90 年代，随着市场经济和互联网信息技术的发展，市场竞争更加激烈，用户的购买行为也更加复杂多变。新产品、好产品层出不穷，顾客的购买兴趣很容易发生变化转移。因此，市场营销主体为了适应新时期的这种新动向，又在 4P 的基础上，创造出了追求顾客满意的 4C 模式。1990 年，罗伯特·劳特朋在《广告时代》上提出了“营销的 4C”。4C 是指消费者(Consumer)、成本(Cost)、便利(Convenience)、沟通(Communication)。强调企业首先应该把追求顾客满意放在第一位，产品必须满足顾客需求，同时降低顾客的购买成本，产品和服务在研发时就要充分考虑客户的购买力，然后要充分注意到顾客购买过程中的便利性，最后还应以消费者为中心实施有效的营销沟通。

4. 4R 模式

4R 理论是由美国整合营销传播理论的鼻祖唐·E. 舒尔茨(Don E. Schultz)在 4C 理论的基础上提出的新营销理论。艾略特·艾登伯格(Elliott Ettenberg)在 2001 年在其《4R 营销》一书中对 4R 营销理论做了系统的讨论。4R 营销理论分别指 Relevance(关联)、Reaction(反应)、Relationship(关系)和 Reward(回报)。4R 营销理论以关系营销为核心,注重企业和客户关系的长期互动,重在建立顾客忠诚。它既从企业的利益出发又兼顾消费者的需求,是一个更为实际、有效的营销制胜术。

综上所述,人们对于市场营销"是什么、做什么、怎么做"的理解和实践不断发生变化的过程是"4P—4C—4R"的演进过程。

4P 指产品、价格、促销、渠道。它告诉企业:要生产价格适宜的产品,以满足客户需要。

4C 指顾客、成本、方便性、沟通。它告诉企业:如何了解顾客需求,如何提升客户的满意度。

4R 指关联、反应、关系、回报。它告诉企业:如何对社会和大众负责,如何培养客户的忠诚。

第二节　市场研究

一、市场需求

需求是市场营销学的核心概念之一,企业的一切营销活动都围绕着消费者需求而展开。因此,市场营销管理的本质是需求管理,是企业认识需求性质、调节需求水平的过程。数字时代中的消费者不再只是被动地作为购买者接受企业的产品或服务,而是能够积极主动地参与价值创造、传播等活动当中,他们不仅拥有了新的角色,而且呈现出一系列新的消费特征。例如,在数字平台上,消费者兼具数据提供者、内容生产者、传播者等角色。因此,企业面临的市场需求不断在变化,企业必须研究市场需求的各种形态,引导和调节市场需求的性质、规模、时机、水平,使之和企业的能力相协调,从而积极把握市场机会,有效利用企业内部资源,主动、充分地满足市场需求,最终取得企业、消费者与社会整体利益的最大化。

(一)市场需求的定义

对于企业而言,某一特定产品的市场需求是指一定的顾客,在一定的地理区域、时间、市场营销环境和市场营销方案下购买的总量。可见,该产品的市场需求包括以下 8 个要素:

(1)产品。由于产品的范围是广泛的,因而企业在进行需求测量时,应首先明确规定产品的类别及范围。

(2)总量。它通常直接标明了需求的规模,可以用金额表示,也可以使用实物单位指标。

(3)顾客群。在对需求加以测量时,企业要确定特定顾客群的范围,明确是总体市场的顾客群、某一层次市场的顾客群,还是目标市场或某一细分市场的顾客群。

(4)地理区域。不同地域往往在需求上存在差异,因此,测量需求时必须以明确的地理区域为基础,根据具体情况,合理划分区域,测定各自的市场需求。

(5)时间周期。市场需求测量具有时间性,如年度市场需求、3 年及 5 年的市场需求。在进行市场需求测量时,必须以明确的时期为限。由于未来环境和营销条件变化的不确定性,预测时期越长,测量的准确性就越差。

(6)营销环境。在进行市场需求测量时,应注意对各类环境影响因素的相关分析,如宏观环境中人口、经济、政治、法律、文化等诸因素的变化及其对需求的影响。

(7)实际购买。只有最终进行购买的需求,才是真正的市场需求。这里主要包括订购量、装运量、收货量、付款数量或消费数量等。

(8)企业的营销活动。企业的营销行为对市场需求变动也会产生一定的影响。市场需求受产品质量、产品价格、促销和分销方式等因素的影响而发生相应的变化，一般表现出某种程度的弹性。

(二)市场需求的不同形态

1. 否定需求

否定需求又称负需求，指市场中的部分消费群体不喜欢或拒绝某种产品或服务。例如，素食者回避肉食，糖尿病患者忌讳含糖量高的食品，这些都属于否定需求。否定需求的产生往往源于价值观、风俗习惯、宗教信仰、生理及心理因素与其他环境因素等。对待否定需求形态，企业可采取的营销对策是转换型营销策略，即企业在充分的市场调研基础上，采取多种方法消除引起消费者厌恶的因素，将否定需求转化为肯定需求，负需求转化为正需求。

2. 无需求

无需求又称零需求，指市场中的部分消费群体对某种产品或服务不感兴趣，漠不关心。导致无需求的原因一般有以下几种：人们熟悉某些商品，但认为它们对自己没有使用价值，从而表现为无需求状态。人们对商品缺乏认识，不熟悉、不了解从而导致无需求。这种情况往往发生在新产品上市阶段。某些废弃物品一般被认为是没有价值的。针对无需求形态，企业的营销对策是刺激性营销策略，向消费者展示商品价值，刺激购买欲望，将无需求转化为有需求。

3. 潜在需求

潜在需求是指现有的产品或服务不能满足的需求，包括市场上消费者已有新需求但还没有相应的产品或服务供应；或者已经有产品但市场上还有一部分潜在购买力没有实现。针对潜在需求，企业可以采取开发性营销策略。企业必须善于研究和发掘市场的潜在需求，积极开发相应产品，引导消费者购买和使用新产品，开辟新市场，将潜在需求转化为现实需求，这是企业发展壮大的机会。

4. 过度需求

过度需求又称超饱和需求、过量需求，是指市场需求超过了企业供给能力，呈现供不应求的现象。市场上的紧俏商品、缺货商品等往往属于过度需求。针对过度需求，企业可以采取两种不同的营销策略：第一，企业有实力快速扩大生产规模时，选择增长性营销策略，在有效市场预测的基础上，有计划地快速提升生产能力，增加供应满足市场需求；第二，企业暂时无法扩大生产规模时，选择限制性营销策略，通过提高产品价格、减少服务、限量供应等手段平衡市场需求，使之与企业生产能力相匹配。

5. 不规则需求

不规则需求又称波动需求，是指市场需求和供给在时间或地点上不均衡，表现为有些产品或服务的供给量受企业生产能力的限制，往往比较均衡，而需求量则在不同时期、不同地点上下波动，两者之间往往具有较大差别。我们常见的一些季节性商品、旅游产品等的市场需求都呈现出波动性特征。对于不规则需求，企业可以采取调和性营销策略，对供给与需求进行调节，使两者保持适当的同步，将不规则需求转化为规则需求。

6. 退却需求

退却需求又称下降需求，指某种产品或服务的需求逐渐减少，购买量呈下降趋势。由于任何产品或服务均具有一定的生命周期，进入市场一段时间之后，市场需求会自然趋于衰退。对于退却需求形态，企业可以采取的营销对策是再定位型营销策略，主要包括产品再定位和市场再定位。

【小思考】　武汉大学发布赏樱政策 实施预约限流入校

2025 年 3 月 12 日，武汉大学发布 2025 年赏樱政策。今年该校将继续向社会公众开放入校赏樱预约，工作日每天预约限额 2 万人，周末每天预约限额 4 万人。考虑到校园环境实际承载量，武汉大学今年将于 3 月 12 日至 3 月 31 日樱花开放期间，对校门及校内局部区域实行严格管控。其间，在珞珈门（正门）、弘毅门（西门）、珞南门（附中门）、茶港门设置“预约游客通道”，周末增开扬波门，其他校门禁止通行。武汉拥有“湿地花城”之称，全城樱花超 50 万株。对于未能成功预约的游客，武汉大学建议可以选择前往东湖樱花园、汉口江滩公园等地观赏樱花或其他春天美景。

想一想：樱花盛开期间，慕名而来的国内外游客涌向校园，武汉大学赏樱政策体现了对哪种需求的应对策略？

（三）消费者购买行为

消费者市场是指由为了满足生活消费而购买消费品的消费者构成的市场。其中，消费品是用于个人及家庭消费的商品，消费者购买商品不以营利为目的。按消费者的购买习惯，可以将消费品划分为便利品、选购品、特殊品和非渴求品。按商品的耐用程度，可以将消费品划分为耐用品和非耐用品。

1. 影响消费者购买行为的主要因素

消费者购买行为是指消费者为满足其个人及家庭的生活消费而发生的购买产品的决策过程。消费者购买行为是复杂的，购买行为的产生是受到其内在因素和外在因素的相互促进、交互影响的。消费者购买行为的影响因素可用公式表示：

$$B=f(P,E)$$

其中，B——消费者行为，P——个人因素，E——环境因素（个人以外的社会环境、文化环境等因素）。消费者行为既受到个人需要、认知、学习、态度等心理因素和年龄、生活方式、自我形象、个性等个人因素的影响，也受到参照群体、社会阶层等社会因素和价值观、宗教等文化因素的影响。

（1）文化因素。关于文化的定义、分类及构成要素，本教材已在第四章详细阐述，故本节不再赘述。从市场营销角度来看，主要是通过亚文化群来确定文化因素对消费者购买行为的影响。亚文化通常按民族、宗教、种族、地理、职业、性别、年龄、语言、文化与教育水平等标准进行划分。

（2）社会因素。消费者的购买行为受到一系列社会因素的影响，主要包括参照群体、家庭、身份和地位等因素。

（3）个人因素。消费者的购买行为同样受到一系列个人因素的影响，主要包括生活方式、个性、家庭生命周期、经济状况和自我概念等因素。

（4）心理因素。从市场营销的角度来看，影响消费者购买行为的心理因素主要包括动机、感知、学习和态度等。

【微阅读】　2024 中国青年消费趋势：理性购物与精致生活并行

《2024 中国青年消费趋势报告》最新发布，揭示了当代年轻人的消费理念与偏好。这份报告显示，年轻消费者在务实的基础上，逐渐喜爱精致化与个性化的消费体验，主要体现在以下几个方面：

首先，年轻人热衷于比价，追求“平替”产品，注重性价比。在购物前，他们通常会先进行充分的研究与比较，并重视他人的评价和推荐。

其次，健康成为年轻消费群体的重要考量。越来越多的年轻人偏爱“精细养生”，期望产品能立即带来滋补效果，通过消费来实现健康管理。

同时，旅游方式也悄然改变。年轻消费者倾向于“反向花式旅游”，追求自然和人文的滋养，享受深度体验，而非单纯的景点打卡。

此外，报告指出，国货品牌获得年轻人的青睐。他们对国货的品质与信任感逐渐增强，越来越多的消费者选择支持本土品牌。与此同时，宠物消费也在年轻人中流行开来，宠物生活“家人化”成为趋势，许多年轻人不惜花费资金来精心养护自己的“毛孩子”。

在心理健康方面，约三成年轻受访者会因情绪价值进行消费，注重解压与自我疗愈。同时，绿色可循环的生活方式逐渐成为新的时尚，年轻人愿意为可持续产品买单。

智能家电的普及也在改变年轻人的生活方式，帮助他们减轻生活压力，提升生活效率。而在理财意识方面，“花式理财”逐渐流行，年轻人通过多元化的方式进行无痛攒钱，以获取更好的生活掌控感。

《2024中国青年消费趋势报告》展现出年轻消费者的理性与探索精神，他们的消费决策日益受到深思熟虑与个性化需求的驱动。在未来的市场中，品牌需紧跟这些趋势，以满足年轻人的多样化需求。

资料来源：搜狐网。

2. 消费者购买决策的参与者

消费者的购买行为会因其购买产品的不同而存在很大差异，根据消费者的参与程度和品牌间的差异程度，将消费者的购买行为分为复杂性的、多样性的、习惯性的、减少失调感的等4种类型。同时，消费者的购买行为虽然是以一个家庭为单位，但参与购买决策的通常并非一个家庭的全体成员，更多的时候是一个家庭的某个成员或某几个成员扮演不同的角色。营销人员了解消费者在购买决策中扮演的角色，并针对其角色地位与特性，采取有针对性的营销策略，以便更好地实现营销目标。一般而言，消费者购买决策过程中的参与者可以分为以下5种类型。

(1)发起者。首先想到或提议购买某种产品或劳务的人。

(2)影响者。其看法或意见对最终决策具有直接或间接影响的人。

(3)决定者。能够对买不买、买什么、买多少、何时买、何处买等问题做出全部或部分的最后决定的人。

(4)购买者。实际采购的人。

(5)使用者。直接消费或使用所购商品或劳务的人。

3. 消费者购买行为决策过程

任何一个消费者在购买某一商品时，均会有一个决策过程，只是因所购产品类型、购买者类型的不同而使购买决策过程有所区别。研究消费者购买行为决策过程，要了解消费者旅程。消费者旅程是指消费者从认知问题开始到信息收集与方案评价再到购买决策、实际消费和购后行为的一系列阶段中所包括的整个过程。在这个过程中，消费者需要不断地做出选择和决策，他们对每个阶段的体验和满意度也会影响其最终购买行为。时间、地点、设备、个人喜好、行为历史等消费者的环境和背景信息可以帮助企业更好地了解消费者的需求和行为，从而提供更有针对性、更个性化的服务和用户体验。

典型的消费者购买决策过程一般由 5 个阶段所组成，即需求确认、信息收集、选择判断、购买决策和购后行为，如图 6.2 所示。

图 6.2　消费者购买决策过程

二、市场营销调研

市场营销作为一种组织职能，与企业其他职能一道，共同服务于顾客价值创造，其独特之处在于它主要通过履行连接、匹配和交易功能来创造价值。市场营销的关键是识别、驱动和满足消费者的需求。为了成功地开展市场营销，营销人员必须确定顾客需求，实施以满足顾客需求为目的的营销战略和营销组合策略。在这个过程，营销管理人员需要作出许多营销决策。为了提高这些决策的正确性和有效性，决策者需要大量的有关宏观环境、市场状况、消费者状况、竞争者状况和企业自身状况等方面的信息的帮助。正因为如此，菲利普・科特勒指出：营销越来越取决于信息，而非销售力量。

（一）市场营销调研的定义和特点

1. 定义

市场营销调研的英文是 Marketing Research，也译为营销调研、营销研究等。它是针对组织特定的营销问题，采用科学的研究方法，系统地、客观地收集、整理、分析、解释和沟通有关市场营销各方面的信息，为营销管理者制定、评估和改进营销决策提供依据的一项营销活动。

2. 特点

从市场营销调研的定义中，我们可以看出它具备以下几个基本特点：

(1)科学性。有效的营销调研活动使用科学的研究方法，在调研活动的整个过程中都要按照科学的原则和步骤来进行。

(2)系统性。一项营销调研活动对研究程序都有周密的规划和安排，研究人员一般要遵循既定的研究程序和日程安排去开展活动。

(3)客观性。它要求研究人员在研究活动中应当以公正和中立的态度对信息进行收集、整理、分析与报告，而不应受个人或其他权威人士的价值取向及信仰的影响。

(4)针对性。营销调研是针对某个特定的营销问题而展开的，并不是组织中的一项连续的营销职能，而是根据需要间断地进行。

(5)局限性。营销调研是一项复杂的工作，它能够在一定程度上提供营销决策所需要的信息，降低决策风险和失误率，但由于调研人员在认知上或操作上的局限性，甚至有时会在某些环节出现失误，不一定能提供一项决策所需的全部的客观的信息，不能保证决策一定是正确的。

（二）市场营销调研的类型及主要内容

1. 类型

对市场营销调研进行分类的方法很多，按调研的目的与功能，市场营销调研可以分为四种：探索性调研、描述性调研、因果性调研、预测性调研。

(1)探索性调研。探索性调研的目的是对营销问题的本质作一个初步评估，为进一步的调研确定范围和方向做准备。当研究人员对所需研究的问题不甚清楚时，可通过探测性调研帮助确定问题的关键或产生的原因。探测性调研通常是一种非正式的、采用小样本的小范围的定性调研，往往为正式调研中明确问题阶段所采用。收集信息资料的方式也比较灵活，包括二手资料、小组座谈、深度访谈、投影技法、个案分析等。

(2)描述性调研。描述性调研是通过详细的调查与分析，对市场营销活动的某个特定方面进行客观的描述，以说明其性质与特征。描述性调研是营销调研中使用最多的一种类型，与探索性调研相比，它研究的问题更加具体，资料收集的具体目标也已经明确，而且通常事先往往已形成了具体的研究假设。描述性调研会事先拟定周密的调研方案，包括准备收集的资料、收集资料的方法和步骤及调研活动的程序、路线和进度安排，而且需要较大的样本容量，资料的收集通常采用询问法和观察法。

(3)因果性调研。因果性调研的目的是为了证明一种变量的变化能够引起另一种变量发生变化，这种调研方法是以实验为基础的调研。在实验调研中，研究人员成为研究过程中积极的参与者，他们会改变一些被称为自变量的因素，观察这些因素的变化对其他因素(因变量)有什么影响。在营销实验中，因变量经常是衡量销售的一些指标，如销售额、市场份额等，而自变量则是营销组合中的一些因素，如价格、广告支出、产品质量等。

(4)预测性调研。预测性调研是为了预测所需要的有关未来的信息而进行的调研活动。它可能是为了预测市场的潜在需求及其变化以帮助组织做相应的营销决策，也可能是预测特定营销活动的后果以使该营销活动的计划更加完善。

【小思考】 下列这些市场营销调研行为各属于哪种调研类型?

(1)请若干专家来讨论电子商务未来的发展趋势。

(2)请市场营销调研专家对公司产品的价格与销售量之间的关系进行分析。

(3)向公司中间商了解本公司产品价格水平与各竞争对手价格水平的比较情况。

(4)请小朋友回忆本公司的广告用语。

2. 主要内容

市场营销调研活动涉及营销管理中的整个过程，针对每个环节出现的特定的营销问题，可以通过营销调研活动来提供解决问题的参考信息。因此，营销调研的内容可能涉及的范围非常广泛。常见的营销研究活动可能涉及以下的一种或者几种，包括市场需求研究、用户及消费者购买行为研究、营销因素研究、市场环境研究及竞争对手研究等。

(三)市场营销调研程序

市场营销调研具有系统性的特点，遵循一个普遍适用的科学的程序。虽然不同的学者对营销调研程序应该具体分为哪些步骤有着不同的看法，但是所有的程序模式所包含的内容却是相近的。典型的市场营销调研大都可分六步：定义调研问题、制订调研计划、收集资料、整理与分析调研资料、提出调研报告、评估调研成果。

1. 界定调研问题，确立调研目标

开展一项市场营销调研项目，首先要界定调研问题。问题的界定涉及界定营销管理决策问题和营销调研问题。企业的市场营销总会面临或多或少、或大或小的问题，市场营销调研正是为解决这些问题提供信息支持，因此开展一项营销调研首先要确定企业亟须解决的营销管理问题是什么。营销管理决策问题所关心的是决策者可以采取什么样的行动和如何行动(管理者应该做什么)，它是行动导向的。管理者有时非常清楚企业面临的管理问题，有时候可能只是模糊地感觉到甚至不知道存在什么样的问题。为了准确把握营销管理人员面临的决策问题,研究人员需要开展一些研究。这些研究包括与决策者讨论、分析二手资料和开展定性研究等。

值得注意的是,营销调研人员在界定调研问题时要注意避免两种错误。一是将问题定义得过宽,在一个调研项目中包含太多的内容,结果对每个问题研究得不够透彻,对决策的帮助不大;二是将问题定义得过窄,导致无用的甚至是误导的研究结果。

界定了调研问题之后就要围绕着这个问题确定更具体的调研目标,也就是确定一项调研具体要收集哪些信息,以便确保调研活动沿着正确线路展开。调研目标包括总目标与具体目标。总目标是对一项调研要收集的信息的总的概述;具体目标是针对总目标的深入细化。调研目标的确立需要根据营销调研问题,利用相关的理论框架、分析模型来进行分析。对一些调研目标有时还可以建立研究假设。所谓研究假设是对所研究问题提出一个可能的暂时性的答案,用以指导调研人员收集必要的信息以检验假设的正确与否,它可以使调研目标更加明确。

2.制订调研计划

调研计划是一项营销调研活动中的重要的指导性文件。营销调研计划一般应包含以下内容:调研类型、资料来源、收集资料的方法、调研工具、抽样计划、时间安排与研究费用等。

(1)确定调研类型。市场营销调研包括探索性调研、描述性调研、因果性调研等。每种调研的研究目的、特征、研究方法等方面都不一样。营销调研人员需要根据研究问题的性质、调研的目的来确定开展的是哪一类调研,便于研究人员采用正确的方法完成调研项目。

(2)确定资料来源。信息资料可分为原始资料和二手资料。原始资料是为当前某种特定目的由调研人员开展实地调查活动直接从调查对象那里获取的信息;二手资料则是为了其他的目的已收集、整理且通常是已经发表过的信息。调研人员一般都先尽可能地利用二手资料,如果它们无法满足调研需要时,就必须通过利用一定的资料收集方法来直接收集原始资料。

(3)选择收集原始资料的方法。常用的用来收集原始资料的方法主要包括四种:访问法、观察法、实验法与定性研究法。定性研究法包括焦点小组访谈法、个人深度访谈与投影技法。

(4)准备收集资料的工具。经常需要准备的工具就是调查问卷、观察表及访谈提纲。除此之外,随着科学技术的发展,越来越多的仪器设备被用于营销调研之中,如录音机、照相机、摄像机、收视测试器、印象测试机、交通流量计数器等。零售商可以使用交通流量计数器来确定每天经过某一特定区域的人数用来确定在那里开设商店是否合适。用实验法来收集原始资料时,需要准备实验场所等。

(5)抽样计划。大多数营销调研都是进行抽样调查,利用样本结果来推断总体情况。抽样计划主要解决下述三个问题:谁是抽样对象?调查样本有多大?样本应如何挑选出来?抽样方法常见的有随机抽样和非随机抽样两大类。在随机抽样中包括简单随机抽样、分层抽样、整群抽样和系统抽样等几种具体方法;在非随机抽样中包括方便抽样、判断抽样、配额抽样和参考抽样等几种具体方法。这些方法各有利弊,需根据实际情况权衡之后选择使用。

(6)拟定数据分析计划。对将会收集起来的数据资料拟定一个详细的数据分析方案,包括对定性资料与定量资料的分析。

除以上内容外,调研计划还应包含实施的时间、人力安排和预算。调研计划确定后,营销调研人员需要撰写营销调研计划书,以便获取调研资源并指导、监控调研工作的开展。营销调研计划书要阐述营销调研过程的所有步骤,并要估计完成项目的成本与时间进度。

3. 收集资料

按照调研计划的要求收集信息资料。这一阶段的工作量大，支出费用高，且容易出错。为了保证收集的资料达到目标要求，调研人员需根据调研任务及其规模要求建立调查组织，训练调查人员，准备调查工具，实地展开调查。在调研人力有限的情况下，也可以外请专业调查公司进行资料的收集。

4. 整理与分析调研资料

收集来的资料可能是大量的调查问卷，也可能是一些观察记录，或者是一些实验数据等，这些资料必须经过整理后才能够进行分析，得出调研结论、提出建议供决策者使用。资料的整理包括编辑、编码、列表等。编辑是指对收集到的资料进行检查以确定它们的有效性；编码是给调查问卷中每个问题及答案配上数字或符号以便做进一步统计分析；列表则是按照一定的目的，将资料中的信息用表格的形式展现出来。

资料的分析需要用到许多统计分析方法。简单的描述性统计方法，如计算算术平均值、中位数和众数等反映集中趋势指标的方法；计算标准差、方差、全距等反映离散程度指标的方法。对于有些较大规模的定量调研，还会用到参数估计、假设检验、方差分析、相关分析、回归分析、聚类分析等更加复杂的统计分析方法。经过这些分析，调研人员可以得出一些有益的结论，并提出一些建议。

5. 提出调研报告

调研报告是调研活动的最终成果，也是评价调研活动质量的重要文件。调研报告从形式上可分为书面报告与口头报告。书面报告没有完全统一的格式，但一份翔实、完整的报告应包含下面的基本内容：概要、引言、正文、附录。

6. 评估调研成果

报告提交后，调研人员的工作并未结束，他们还须跟踪了解该报告的建议是否被决策者采纳？如果没有采纳，是因为什么？如果采纳了，采纳后的实际效果如何？是否需要提出进一步的补充和修正意见？这一工作一方面可以提高调研成果的使用效率，另一方面也可为今后的调研活动积累经验。

第三节　市场营销 STP 战略

目标营销战略又称为 STP 战略，包括市场细分（Market Segmentation）、目标市场选择（Market Targeting）和市场定位（Market Positioning）。如图 6.3 所示，整个目标营销战略经过以下 3 个步骤：首先是市场细分，即按照购买者需求的差异性，将一个整体市场分为若干不同的细分市场的行动；其次是选择目标市场，即结合企业资源和竞争优势选择要进入的一个或多个细分市场的过程；最后是市场定位，即为产品和企业形象在顾客心中确定一个富有竞争性地位的行为。STP 战略是企业筛选顾客群最终达到精准营销的过程。

其中市场细分是目标营销战略活动的基础，也是营销战略成败的关键所在。在对整体市场进行细分后，要对细分市场进行有效的评价，并选择目标市场。而在完成这两项基础性的步骤之后，更为重要的一个环节便是市场定位。

图 6.3　STP 战略

一、市场细分

(一)定义及作用

1. 定义

市场细分理论是美国市场学家温德尔·R. 史密斯(Wendell R. Smith)于 20 世纪 50 年代中期提出来的。它是营销学研究中继"消费者为中心"的观念之后的又一次革命。市场细分,又称市场分割,是指企业按照一定的标准,根据购买者需求和购买行为的差异性把一个整体市场划分为若干个细分市场(或称子市场)的过程。每一个需求特点相似的消费者群体就是一个细分市场,不同细分市场之间,需求存在着明显的差别。例如,佳明(Garmin)按照购买者的年龄、收入、职业、生活方式、追求利益等细分标准将整体市场划分为若干细分市场,佳明智能手表主要服务于热爱运动和健身的顾客群体。

2. 作用

(1)进行市场细分,有利于企业发掘最优的市场机会。市场机会往往是市场上客观存在的未被满足或未被充分满足的消费需求。通过市场细分,企业可以更准确地发现市场需求的差异性和需求未被满足的程度,发掘最优的市场机会。

(2)进行市场细分,有利于企业集中资源投入目标市场,获得市场营销成功。市场细分的这一意义对中小企业尤为重要。任何一个企业的资源(包括人力、物力、财力、经营管理水平等)都是有限的。企业通过细分市场,集中有限的资源投放到适合自己的目标市场上,去争取局部市场上的优势,使自己在激烈的市场竞争的夹缝中生存、发展。

(3)进行市场细分,有利于企业设计并调整市场营销策略。一方面,企业通过市场细分,可以对每一个细分市场的购买潜力、满足程度、竞争情况等进行分析对比,把握不同细分市场的需求差异性,并相应地制定市场营销策略。另一方面,由于细分市场顾客需求及竞争态势的变化,且细分市场可再细分,企业可以进一步探索出有利于本企业的市场机会,适时调整市场营销策略,以便更好地满足市场需求的变化。

(二)标准

市场营销学中,把那些能够导致顾客群体对某种产品的需求产生差异性的因素,称为细分标准。市场细分时,企业可根据实际情况选择一个或者多个标准作为市场细分的依据。由于消费者市场和组织市场各有不同的需求特点,市场细分所采用的标准也不尽相同。

消费者市场的细分标准主要有四类,分别是地理标准、人口标准、心理标准和行为标准,每个细分标准又包含各种细分变量。消费者市场的细分标准如表 6.2 所示。

表 6.2　消费者市场细分标准

细分标准	细分变量
地理细分	国家、地区、城市大小、农村、气候、地形等

续表

细分标准	细分变量
人口细分	年龄、性别、收入、职业、教育程度、民族、家庭类型及生命周期、宗教信仰、参照群体等
心理细分	社会阶层、生活方式、个性、价值观念、兴趣爱好等
行为细分	购买时机、消费习惯、使用者情况、使用频率、追求利益、品牌忠诚度等

(1)地理标准。地理细分通常是最容易识别的细分之一,将顾客的地理位置分类。地理标准主要包括国家、地区、城镇、气候和地形等细分变量。地理标准易于识别、相对稳定且操作简便,因此成为大多数企业细分市场选用的重要标准。地理细分的主要理论依据是:地理特征不同的地区,顾客对产品的需求是存在较大差异的。

(2)人口标准。当谈到"市场细分"时,人口细分可能是企业首先想到的。这也许是定义顾客组的最直接的方法。人口标准主要包括年龄、性别、收入、职业、教育程度、家庭规模、家庭生命周期、国籍、种族、宗教等细分变量。由于消费者的需求及偏好与人口标准的各细分变量有着很密切的关系,再加上人口标准较其他因素容易衡量,有关数据容易获取,因此是消费者市场最常用的、最重要的细分标准。

(3)心理标准。心理细分是针对顾客的个性和兴趣的。心理标准主要包括社会阶层、生活方式、价值观、兴趣爱好、个性特点等细分变量。消费者受个人心理因素的影响往往比其他因素要深,直接会导致购买动机和购买行为不同。心理标准是最重要的互联网市场细分标准,互联网带来的最大改变是价值观的改变。随着自媒体的崛起,互联网上民主、平等、自由、参与、共享的价值观逐渐形成,基于不同的价值认同,形成不同的人群细分,赋予了根据价值观和生活方式细分的市场方法新的内涵。互联网生态下的消费者不再是单独的个体,而是一个个有共同兴趣、爱好和价值、相同生活方式的部落。企业最重要的就是与消费者共建"部落",并成为这个部落的产品和服务的提供者。

(4)行为标准。行为细分基于顾客在与品牌互动或做出购买决定时的行为模式将顾客分为几类。行为标准包括态度、购买时机、消费习惯、消费场景、追求利益、使用频率、使用者情况、忠诚度等细分变量。消费者的行为活动是一种客观的外在表现,相对于其心理活动而言更容易被企业所掌握。所以行为标准能更直接地反映消费者的需求差异,因而成为重要的细分标准。

【小思考】 市场细分是分得越细越好吗?

在营销实践中,并非所有的细分市场都是有意义的。因此,企业在进行市场细分时要遵循一些原则,以达到事半功倍。结合市场细分的定义及标准思考,市场细分是分得越细越好吗?请阐述你的理由。

二、目标市场选择

(一)目标市场

1. 定义

在 STP 营销战略中,目标市场选择是承上启下的一环。在这一步,企业需要确定对其最具价值和吸引力的细分市场,实现其资源运用和实现利益的最大化。目标市场(Target Market)是企业所选择和确定的营销对象,即企业能够为之提供有效产品和服务的顾客群体。

2. 目标市场的选择模式

企业在完成对不同细分市场的评估后，就必须对进入哪些市场和为多少个细分市场服务作出决策。一般来讲，企业可供选择的目标市场选择模式有5种。

(1)单一市场集中化。企业只选择一个细分市场进行集中营销，为某一类顾客提供一种产品或服务。一般适用于资源有限的小型企业，特别适合初创公司、市场补缺型企业。

(2)产品专业化。企业专门生产一种产品服务于几个细分市场，并按照不同的细分市场对产品加以调整使其适应不同的顾客需求。企业可以在特定的产品领域树立良好信誉。

(3)市场专业化。企业专门为一个特殊的细分市场服务，并为该细分市场提供一系列不同的产品。

(4)选择性专业化。企业选择若干个细分市场，为不同顾客群体提供不同的产品或服务。一般适用于资源丰富、实力较为雄厚的企业。

(5)市场全面化。企业要为整个市场的所有顾客群服务，市场全面化可以通过大市场战略或多重细分市场战略来实现。适用于具有相当实力的大企业。

【小案例】　手机打印用汉印

打印机行业是一个千亿元级规模的市场，高技术壁垒以及国际大厂占据高市场份额。随着移动互联网及国内高新尖技术的发展，越来越多的国产品牌入局并逐渐打破垄断地位。2020年以来，在办公环境变化、双减政策和技术创新的多轮驱动下，家用打印机在国内加速升温。汉印凭借着多年深耕小型打印机领域的技术积累，以及对国内消费者的深入洞察，仅在一年多时间里就相继推出针对家用消费场景的学习打印机FT800系列、U100系列及主打便携的MT800系列，提出"手机打印用汉印"的概念，在移动打印的细分市场抢占先机，为与国外巨头同台竞争持续加码。

首先是打印的便携性。汉印家用打印机FT800支持手机远程/异地打印，即使在外地出差办公，也可以为家庭成员打印各类文件。同时也支持QQ、微信、钉钉等社交软件的文件打印，真正做到了无门槛适配。汉印学习打印机不同于传统打印机，不占空间的A4大小尺寸，原木纯白的年轻化配色，也为这一产品打上了区别于传统打印机的鲜明印记。

其次是无墨打印的应用。相比传统家用打印机，汉印家用打印机FT800应用无墨打印技术，无油无墨告别粉尘污染，不卡纸不换墨也极大减少操作的难度，非常适合小白用户入手。

最后，智能科技的结合还带来了汉印家用打印机产品功能上的延展。汉印家用打印机FT800内置有海量免费题库/工作模板，学习工作两不误。错题成集、抹除字迹等的智能化功能，大大提升学习效率，告别无效刷题，让学业更轻松便捷。

据了解，从年初开学季至今，汉印学习打印机FT800在全网销量持续走俏，一度出现了不同程度的缺货情况。天猫平台显示的汉印家用打印机FT800的月销售量均保持在数千台以上。无论是近20年打印领域的技术沉淀，还是精准切入风口市场的敏锐嗅觉，汉印作为国内打印行业的代表品牌之一，无疑起到了很好的先锋带头作用。

资料来源：瞄准家用打印机市场 汉印加速打印机行业重塑[EB/OL].(2022-03-22). http://www.hprt.com.cn/News/130.html.

(二)目标市场的营销战略

从目标市场营销选择模式可以看出，企业选择目标市场的范围是不一样的，所以采取的营销战略也就不同。一般而言，可供企业选择的目标市场营销战略有三种，分别是无差异性营销战略、差异性营销战略和集中性营销战略。

1. 无差异性营销战略

无差异性营销战略是指企业将产品的整个市场看做一个大的目标市场，提供标准化的产品，用单一的营销策略开拓市场，吸引尽可能多的顾客。无差异性营销战略最大的特点即看重的是顾客需求的共性，认为市场上顾客的需求不存在差别，或者即便有差别但差别很小可以忽略不计。

无差异性营销战略的主要优点体现在：企业减少品种、扩大产量，易实现规模经济；单一的产品降低了储存和运输成本，也便于管理；同时大大节省了研发费用和促销费用。主要缺点是：忽视了市场需求的差异性，当其他企业针对不同细分市场提供更有特色的产品和服务时，极易被竞争者击败。无差异性营销战略仅适合于那些市场同质性高且能大量生产、大量销售的产品。由于顾客需求的个性化、多样化促进了市场日益细分，这些变化都使得无差异性营销战略变得更为困难。

2. 差异性营销战略

差异性营销战略是指企业按照某种标准把整个市场划分为若干个细分市场，并分别为各细分市场提供互有差异的产品并实施各具特色的营销策略。

差异性营销战略的主要优点体现在：避免了产品单一的缺陷，针对性强，并提供不同的营销组合来服务于不同的子市场，更好地满足了顾客的需求。由于企业在多个子市场上经营，对降低企业经营风险有重要意义。有利于树立产品及企业的良好形象，培养顾客品牌忠诚度。该种战略的主要缺陷体现在：一方面，实施差异化营销易分散企业资源，可能使企业的资源配置不能有效集中，甚至会在企业内部出现相互争夺资源的现象。另一方面，由于产品开发、分销渠道维护和整合营销传播的扩大，也大大地增加了企业的生产、运输、管理、销售等成本。由于差异性营销战略对企业的要求较高，所以一般是那些资金雄厚、管理水平高、研发力量强的大型企业采用该种战略。

3. 集中性营销战略

集中性营销战略是指企业将整个市场划分为若干个细分市场后，集中力量只进入单一的主要目标市场，为之提供一种或少数几种产品，实行专业化生产和销售。

集中性营销战略的主要优点体现在：有利于企业集中有限的资源在主要目标市场上形成竞争优势，提高市场占有率，提高企业知名度；由于生产和营销的专业化，可大大节省经营成本，获得较高的投资收益率；企业易于掌握目标市场的需求特点和变化情况。该种战略的主要缺陷是：潜伏着较大的经营风险，一旦目标市场上顾客需求发生变化或强大竞争对手进入，或质量更好、功能更强的替代品出现，都极有可能使企业陷入困境。这一战略特别适合于实力不强、资源有限的中小企业或者初次进入某个市场的大企业。中小企业由于受财力、技术、管理水平等因素的制约，在整体市场可能无力与大企业抗衡，但如果集中资源优势在大企业尚未顾及或尚未建立绝对优势的某个或某几个细分市场进行竞争，成功可能性更大。大量经营实践证明，实施该种战略的企业因在某一个主要目标市场拥有较高的市场份额，具有竞争优势，获得了很好的经济效益。

三、市场定位

(一)定义

市场细分和目标市场选择告诉营销管理者在哪里竞争，而市场定位则要解决如何竞争这一问题。定位(Positioning)最先出现在美国的两位广告经理艾·里斯和杰克·特劳特于1972年发表在《广告时代》上的名为“定位纪元”的文章中,他们提出了“定位时代”。他们认为:定位始于产品,是指要针对潜在顾客的心理采取行动,即要将产品在顾客的心目中定一个适当的位置。定位,改观了人类“满足需求”的旧有营销认识,开创了“胜出竞争”的营销之道。

市场定位是指企业根据目标市场上同类产品的竞争状况,对其产品或服务以及企业形象进行设计,以便在目标顾客的心目中占有独特地位的一系列活动。企业的市场定位战略将本企业的产品及形象塑造强有力的、与众不同的鲜明个性(价值主张),形象生动地传递给顾客,以求得顾客认同。其实质是使本企业与其他企业严格区分开来,使顾客明显感觉和认识到这种差别,从而在顾客心目中占有特殊的位置。

(二)市场定位的步骤

企业市场定位的过程一般经过三个步骤,分别是确定竞争优势、选择正确的竞争优势和显示独特的竞争优势。

1. 确定竞争优势

市场定位首先应该确定本企业的竞争优势,以达到比竞争者更好地赢得目标顾客满意的效果。企业可以通过低成本优势和差异性竞争优势来确定竞争优势。成本优势可以通过优化企业的价值链实现;差异化竞争优势可以通过产品、服务、人员和形象等方面体现。

2. 选择正确的竞争优势

企业也许拥有一个或多个构建竞争优势的差异点,但并非每一个差异点都能形成竞争优势,必须准确地选择可以形成竞争优势的差异点作为市场定位的基础。例如,某棉纺企业在产品的成本、质量、技术和服务上都具有竞争优势,通过和主要竞争者的对比,选择最具有竞争力的成本因素确定了低成本竞争优势。以一个差异点还是多个差异点作为定位基础,有两种明显不同的观点:一种观点认为企业应该只宣传一个差异点,定位为一种差异,通过宣传一个独特的卖点使得顾客记住“第一位”的品牌。例如,怕上火,喝王老吉。另一种观点认为企业应当向顾客宣传多个差异点,以多种差异作为定位基础。例如,顺丰特快提供“快速、准时、稳定”的高品质、门到门的标准快递服务。特别值得一提的是,企业在市场定位中要避免三种定位错误:定位不足(underpositioning)、定位过头(overpositioning)和定位混乱(confused positioning)。

3. 显示独特的竞争优势

企业的竞争优势不会自动在市场上显示出来,这就需要企业及时准确地向目标市场传播和表述自己的竞争优势,以便让目标顾客对企业的市场定位充分认识、了解、熟悉、认同、喜欢,直至形成偏好。

(三)市场定位战略的类型

1. 对抗定位战略

对抗定位又称迎头定位,该种定位战略最大的特点就是“对着干”,即企业将本企业的产品定位于与竞争对手相似的位置上,同竞争对手展开激烈的争夺。实行对抗定位,风险性较大,一般情况下,除非企业是市场领袖或有足够的实力等特殊因素,否则选择该种定位方式要非常谨慎。

2. 避强定位战略

避强定位又称为“补缺定位”,该种定位战略最大的特点就是“寻找缝隙填空补缺”,即企业不与对手直接对抗,避开强有力的竞争对手,定位于市场的“空白”地带或缺口。这种定位的优点是能够迅速地在市场上站稳脚跟,并尽快在消费者心中树立起一定形象。由于这种定位方式市场风险较小，成功率较高，常常为多数企业所采用。

3. 侧翼定位战略

该种定位战略最大的特点就是“避实击虚”，即与主要竞争对手适当拉开距离的定位战略。当企业尤其是中小企业的产品和市场策略与主要竞争对手有较大的差异，而自身实力又不足以和竞争者抗衡时，要避免与强大对手的正面竞争。

4. 重新定位战略

重新定位是调整顾客心智中已经存在的认知，使目标顾客对新形象有一个重新的认识过程。这些认知是可以关于企业自身的，也可以是关于竞争对手的。一般来讲，重新定位是企业为了摆脱经营困境，寻求重新获得竞争力和增加利润的手段。

第四节　市场营销组合策略

一、产品策略

产品策略是企业市场营销组合的核心，是企业市场营销活动的支柱和基石，是价格策略、分销策略和促销策略的基础。企业成功与发展的关键在于产品能在多大程度上满足目标市场的需要。因而，企业在制订市场营销组合策略时首先要解决好产品策略问题。数字化时代，数字经济的发展催生了数字产品，并不断推动着传统产品朝数字化方向发展。

（一）整体产品概念

所谓产品，是指能提供给市场，用于满足人们某种需求和欲望的任何事物，不仅包括产品实物等有形的东西，还包括购买者所获得的精神上的满足和效用。因此，市场营销管理强调整体产品概念。菲利普·科特勒教授提出，整体产品具体可分为核心产品、形式产品、期望产品、附加产品和潜在产品五个层次。如图 6.4 所示。

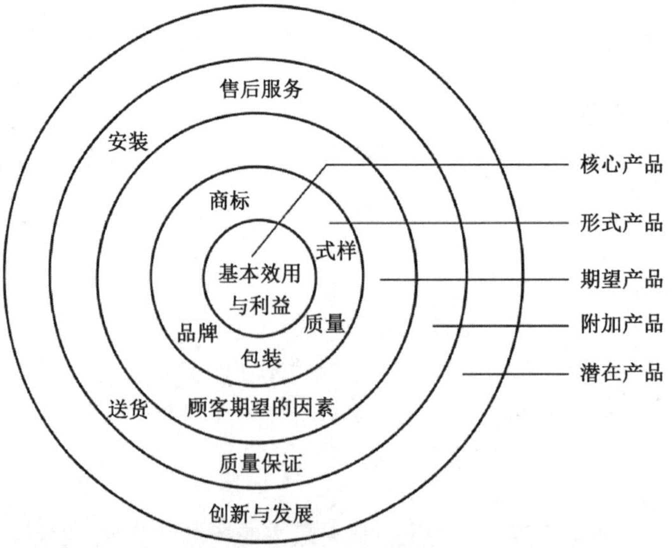

图 6.4　整体产品概念

整体产品概念的提出，进一步体现了现代市场营销学中的消费者导向，体现了以顾客需求为中心的市场营销观念。首先，整体产品层次的划分表明企业明确顾客所追求的核心利益非常重要。其次，整体产品概念反映了消费者对产品多层次、多侧面、多样化和不断发展变化的需求。在动态的营销环境中，企业要想获得持续的发展，就必须时刻把握住消费需求的上述特点与具体内容。再次，整体产品概念表明企业在产品上的竞争可以在多个层次上展开。整体产品概念的提出为企业提供了新的竞争思路，帮助企业在产品的不同层次上建立竞争优势和赢得市场地位。

数字化时代，数字经济的发展催生了数字产品，并不断推动着传统产品朝数字化方向发展。企业广泛采用数字化的营销管理策略，努力实现产品策略的数字化和智能化。产品的数字化是指传统产品利用数字技术，实现向数字化与智能化方向的转变。一般而言，产品的数字化也主要体现在核心产品、形式产品、期望产品、附加产品、潜在产品这五个层次的数字化升级上。诸如产品功能的智能化，产品互动的虚拟化等。

（二）产品组合与产品市场生命周期

1. 产品线

产品线，又称产品系列或产品大类，是指能满足同类需求，在功能、使用与销售等方面具有类似性质的一组密切相关的产品。产品项目是指产品线内各种不同规格、型号、款式、档次、特色、价格水平的具体产品。

2. 产品组合的定义

产品组合是指企业生产经营的全部产品及其品种、规格的组合或搭配，是企业全部产品线和产品项目的有机组合方式。产品组合主要从广度、深度和关联度三个方面进行分析。

(1)产品组合的广度。又称产品组合的宽度，是指企业生产经营的产品线的数目，它表明企业的经营范围。产品线越多，代表企业的经营范围越广。

(2)产品组合的深度。是指每条产品线中包含的产品种类的数目。一个企业不同产品线包含的产品种类往往并不相同。有的产品线按照花色、品种、规格等可以划分为较多产品种类的搭配，产品组合的深度较大。

(3)产品组合的关联度。又称产品组合的密度，是指企业各条产品线在最终用途、生产条件、销售渠道或其他方面相互关联的程度，它表明产品种类之间的一致性。

产品组合的广度、深度与关联度为企业制订产品决策提供了依据。产品组合的广度、深度或关联度不同，就构成了不同的产品组合。企业可以通过选择和决定产品组合的广度、深度、关联度，灵活制订和实施不同的产品组合策略，来调整和扩展企业的产品业务。

【小思考】 “清江野渔”产品组合

湖北土老憨生态农业集团(简称“土老憨集团”)是一家农业产业化国家重点龙头企业，旗下注册商标“土老憨”“清江野渔”均为中国驰名商标。“清江野渔”是集团的一个淡水鱼类休闲食品品牌。目前清江野渔休闲食品包括三个系列：清江野渔系列、熊小灰系列、礼盒系列。其产品种类、口味、规格如下表所示。

产品系列	产品种类	口味	典型包装规格
清江野渔系列	小鱼仔	泡椒味、香辣味	60g、110g、180g
	蟹味棒	香辣味、烧烤味	168g
	鱼肉干	香酥味、烧烤味、糖醋味、芝麻味、香辣味、五香味、泡椒味、橘香味	500g
熊小灰系列	鱼肉干	甜辣味、香辣味、原味、泡椒味	20 袋装
	小鱼仔	麻辣味、香辣味、泡椒味	
礼盒系列	清江野渔礼盒	香辣、香酥、泡椒、烧烤、豆豉、五香等	580g/盒、248g/盒
	鱼肉干礼盒	泡椒味、香辣味、香酥味、烧烤味	200g/盒
	蟹味棒礼盒	香辣味、烧烤味	500g/盒

资料来源：根据公司网站等资料整理。

思考：

从案例来看，“清江野渔”产品组合在广度、深度、关联度上有什么特点？

3. 产品市场生命周期

当企业的新产品进入市场之后，会经历一个从诞生、成长到成熟，最终走向衰老死亡的过程。在现代营销学中，一种新产品从投入市场到最后被市场淘汰为止的全过程，被称为产品的市场生命周期。

产品市场生命周期按照市场销售量与利润额的变化趋势，具体可以分为导入期、成长期、成熟期和衰退期。

(1)导入期：产品进入市场的初级阶段，销售量缓慢增长，利润多为负数。

(2)成长期：市场销售量迅速增加，利润快速上升。

(3)成熟期：市场销售量增长放慢，利润停止增长或下降。

(4)衰退期：市场销售量急剧减少，利润跌落。

S 形的产品市场生命周期曲线是产品市场生命发展变化的最典型的表现形态，是对产品的市场销售状况的一种抽象描述，并非所有产品的市场生命周期曲线都是标准的 S 形。不同的产品，其市场生命周期往往各不相同，不但表现在市场生命周期的长短具有差异性，还表现在市场生命周期的曲线形状也可能各具特色。如有的产品进入市场后就迅速掀起销售高潮，很快迈入成熟期；有的产品达到成熟期后，并不依序进入衰退期，而是又进入第二个成长期；还有的产品经历导入期后，尚未成长起来就直接进入衰退期。

(三)新产品开发

1. 新产品的定义

市场营销学中所说的新产品是从企业和市场两个角度来体现的，它与传统上所指的因为科学技术在某一领域的重大发展而产生的新产品的概念并不完全相同。从企业角度来说，在用途、性能、结构或材料等方面较原有产品有了显著改进和提高的产品就是新产品。从市场角度来说，凡是在当地市场上首次出现的产品或者与市场上的现有产品有明显差异、能够为消费者提供新效用的产品均可认为是该市场上的新产品。

2. 新产品的分类

(1)全新产品。全新产品即采用新原理、新技术、新结构研制而成的前所未有的产品。全新产品因首次开发，其研制与生产往往伴随着科学技术的重大突破，如视听技术的发展带来了电视机的问世，并为人们的生活带来长远影响。全新产品的开发需要企业大量的资金技术支持，与其他新产品相比，开发难度与市场风险均很大。

(2)改进新产品。改进新产品指在原有产品的基础上，采用各种技术对其在结构、功能、款式、质量等方面做一定改变和更新的产品。一方面，改进新产品与原有产品相比，结构更合理、功能更完善、款式更新颖、质量更可靠，更能满足变化了的消费者需求。另一方面，改进新产品以原有产品为基础，比全新产品的开发费用低，而且更容易为市场所接受。

(3)换代新产品。换代新产品指在原有产品的基础上，部分采用新技术、新材料、新结构研制而成的在性能上有显著提高的产品。换代新产品是在原有产品大类下开发出来的新的品种、规格等，与原有的产品属于相同的产品系列，不同的产品项目。换代新产品的出现，是对企业原有产品线的延伸和拓展，扩大了产品的目标市场。换代新产品与改进新产品的研发都是建立在企业原有产品基础上的，所需投资有限，在企业开发新产品中占有较大比重。

(4)仿制新产品。企业模仿市场上已有的产品生产出来的产品，称为企业的仿制新产品。合法的仿制也是企业新产品开发的重要途径之一。因为开发市场上已有的产品一般投入相对较少，风险也较小，而且如果企业选择研制那些具有较高的市场增长率和较大的市场潜力的新产品，可能会获得较大的发展机会。

(5)重新定位新产品。当现有产品进入新的目标市场时被称为该市场的新产品。因为同一产品在不同细分市场上所处的市场生命周期阶段不一定相同，在某些市场上处于衰退期的产品在另一些市场上可能处于增长期，所以企业寻找新的目标市场，将已有产品有意识地在不同市场之间转移，可以适当地延长该产品的市场生命周期。

3.新产品开发的基本步骤及新产品扩散

(1)新产品开发的基本步骤。开发新产品是一项艰难的工作，不仅需要投入大量的资金，而且过程复杂、成功率低，具有很大的风险性。因此，企业的新产品开发应该按照一定的程序进行。新产品开发的基本步骤有：新产品构思、构思的筛选、产品概念的形成与检验、制订市场营销战略、营业分析、产品试制、市场试销、商业化生产。

(2)新产品扩散。新产品扩散是指新产品上市后随着时间的推移逐步取代老产品，不断地被越来越多的消费者所接受的过程，也就是新产品上市后逐渐地扩张到其潜在市场的各个部分的过程。

(四)品牌

1.品牌的定义

品牌是用以识别某个销售者或某群销售者的产品或服务，并使之与竞争对手的产品或服务区别开来的商业名称及其标志，通常由文字、标记、符号、图案和颜色等要素或这些要素的组合构成。根据这个定义，创造一个品牌的关键是选择名称、标识、标志、包装设计，或其他能识别一个产品，并同其他产品区别开来的要素，我们称之为品牌要素。

品牌是一个集合概念，它包括品牌名称(Brand Name)和品牌标志(Brand Mark)两部分。品牌名称是指品牌中可以用语言称呼的部分，如“华为”“海尔”等；品牌标志是指品牌中可以被认出、易于记忆但不能用言语称呼的部分，通常由图案、符号、独具特色的色彩、字体或其他特殊的设计组成，如永久牌自行车的“永久”图案、百事可乐的字体标记等。

2.品牌资产

品牌资产是一种超过商品或服务本身利益以外的价值，它通过为消费者和企业提供附加利益来体现其价值，并与某一特定的品牌紧密联系着。如果某种品牌给消费者提供的超过商品或服务本身以外的附加利益越多，则该品牌对消费者的吸引就越大，从而品牌资产价值也就越高；如果该品牌的名称或标志发生变更，则附着在该品牌上的资产也将丧失。品牌给企业带来的附加利益，最终源于品牌对消费者的吸引力和感召力，也可以说，品牌资产是企业与顾客关系的反映，而且是长期动态关系的反映。一般来说，具有价值的品牌，不仅有助于为消费者解释、处理和储存大量与该品牌以及该品牌标定下产品相关的信息，而且还会大大增强消费者购买和使用该品牌产品的信心。品牌资产包括品牌核心价值、品牌知名度、品牌信任度、品牌美誉度、品牌忠诚度、品牌溢价能力等。

【微阅读】 品牌资产的“五星”模型

品牌资产是20世纪80年代在营销研究和实践领域出现的一个重要概念。20世纪90年代后，特别是美国先知品牌战略咨询公司的副总裁戴维·阿克出版著作《管理品牌资产》后，品牌资产就成为营销研究的热点问题。戴维·阿克在《管理品牌资产》一书中，综合前人的基础，提炼出品牌资产的“五星”模型。

品牌资产的“五星”模型

二、价格策略

产品价格涉及生产者、经营者、消费者等各方面的利益，是市场营销组合中最为灵活、敏感而又难以控制的因素，它直接影响着企业产品的市场竞争力的强弱、市场份额的大小和盈利的高低。

(一)定价的一般方法

影响企业定价的因素很多，在一定时期内，企业定价时主要考虑成本、需求与竞争三大因素。企业制定的价格既不能低得无利可图，也不能高得无法产生需求，而应介于其间。成本、需求、竞争三个主要因素对于企业定价的影响主要表现为：产品成本是定价的下限，竞争者的价格和代用品的价格是定价的定向点，消费者对产品独特的评估是定价的上限。产品的定价方法是指企业在一定的定价目标指导下，参考产品成本、市场供求、市场竞争等因素，具体对产品价格进行计算的方法。企业在选择定价方法时，都会考虑上述一个或一个以上的因素，企业的产品定价方法可以分为三类：成本导向定价法、需求导向定价法和竞争导向定价法。

1. 成本导向定价法

成本导向定价法是一类主要以成本为依据来制定价格的方法。这一类方法操作简单，在实际工作中得到较为广泛的应用。

(1)成本加成定价法。是在单位产品成本的基础上加上按照单位产品成本的一定比率所确定的利润作为产品的价格的一种定价方法。其计算公式如下。

$$单位产品价格=单位产品成本\times(1+成本加成率)$$

(2)盈亏平衡定价法。又称保本分析法或量本利分析法，是通过考察产量(或销售量)、成本和利润的关系以及盈亏变化的规律来为管理决策提供依据的方法。使用这种方法进行分析时，需要将产品的总成本划分为固定成本与变动成本，并假定生产的产品都能销售出去，即产品的产量与销量相等。此方法简单、实用，是管理决策中常用的定量分析方法。这种方法也可以用于企业的定价决策中。

设Q为产品产量，F为总固定成本，v为单位产品变动成本，p为产品价格，π为盈利。则盈亏平衡时，$\pi=0$，则盈亏平衡时的产品价格为：

$$p^{*}=\frac{F}{Q}+v$$

【小思考】

某儿童玩具公司设计开发出一种新产品，市场部门需要考虑产品定价问题。该企业年固定成本 300 万元，产品单位变动成本 12 元，如果计划销售量是 15 万件，在不亏本的情况下，企业应该如何定价？

2.需求导向定价法

成本导向定价法的出发点是成本，没有考虑市场需求与竞争，适合于卖方市场；而需求导向定价法的出发点是市场需求，是根据市场需求状况和消费者对产品的感觉差异来确定价格的定价方法，它的特点是价格随需求的变化而变化。这一方法符合现代市场营销中以消费者需求为中心的营销理念。它主要包括认知价值定价法、需求差异定价法。

(1)认知价值定价法。认知价值定价法是根据消费者对商品价值的主观判断而确定价格的方法。所谓"认知价值"，也就是消费者对商品价值的主观评价，通俗地说，就是企业提供的商品在消费者心目中值多少钱。这种定价方法认为：某一产品的性能、质量、服务、品牌、包装等，在消费者的心目中都有一定的认知与评价。消费者往往根据他们对产品的认知、理解或感受的价值水平，综合购物经验、对市场行情和同类产品的了解而对价格做出评判。企业产品的价格如果与消费者心目中的尺度相吻合，则更有利于产品的销售。

(2)需求差异定价法。又称差别定价法，是指根据销售的对象、时间、地点等的不同而产生的需求差异，对相同的产品采用不同价格的定价方法。在这里，同一产品的价格差异并不是因为产品成本的不同而引起的，而主要是由消费者需求的差异所决定的。这种定价方法对同一商品在同一市场上制定两个或两个以上的价格，或使不同商品价格之间的差额大于其成本之间的差额，其好处是可以使企业的产品定价最大限度地符合市场需求，促进商品销售，有利于企业获取最佳的经济效益。

3.竞争导向定价法

竞争导向定价法是根据应对竞争或避免竞争的要求，以市场上的竞争者的产品价格作为企业定价的依据，结合本企业与竞争者之间的产品特色，制定出具有竞争力的产品价格，并根据竞争者价格的变动进行调整。竞争导向定价法包括随行就市定价法和密封投标定价法。

(1)随行就市定价法。又称为流行水准定价法，是根据同行业企业的现行价格水平来为本企业产品制定价格的定价方法。随行就市定价法是处于竞争市场中的企业通常采用的一种定价方法。采用这种方法既可以追随市场领先者的定价，也可以根据市场的一般的价格水平定价。在完全竞争市场中，由于任何企业都无法独立影响市场价格，它们定价时只能随行就市，根据市场的一般价格水平来制定价格；在垄断竞争市场中，一些中小企业经常根据在市场中处于领导地位的大企业的产品价格来定价，它们没有实力用价格手段与大企业竞争，只能充当市场追随者的角色；而在寡头垄断市场中，各竞争厂商相互比较了解，各企业在长期的互相试探中可能形成一定的价格默契，任何一家企业都不会贸然改变价格，以避免可能产生的恶性竞争。

(2)密封投标定价法。这是企业在参与投标、竞争一个大型采购项目时所采用的定价方法。企业在投标过程中，对标的物的报价是决定竞标成功与否的关键因素。在不知道竞争对手报价的情况下，企业报价过高自然会得到更多的利润，但是却减少了中标的可能性；反之，报价过低，可以增加中标的可能性，但是失去了可能得到的更多的利润。因此，企业在投标前往往会拟几套投标方案，计算出各方案的利润并根据对竞争者的了解和以往参与类似投标的经验，预测各方案可能中标的概率，然后计算各方案的期望利润，期望利润最大的投标方案的价格就是企业的报价。

（二）定价的基本策略

企业采用不同的定价方法，得出产品的基础价格后，还要根据不同的销售渠道、产品条件及消费者的具体情况，实行灵活多变的定价策略，以更好地实现企业的定价目标与总体营销目标。定价策略，是指企业在一定的价格决策目标指导下，根据商品的特点、市场状况、竞争状况和消费者购买行为而采取的定价手段。定价策略表现出价格决策的艺术性。

1. 新产品定价策略

新产品定价策略包括撇脂定价策略、渗透定价策略和满意定价策略。

撇脂定价策略是指企业以高价将新产品投入市场，以便在产品市场生命周期的开始阶段取得较大利润，尽快收回成本，然后再逐渐降低价格的策略。渗透定价策略是指新产品上市之初将价格定得较低以吸引大量的购买者，迅速占领市场取得较高的市场占有率的一种定价策略。满意定价策略又称温和定价策略，是指企业为了兼得撇脂定价和渗透定价策略的优点，将价格定在适中水平上的价格策略。这种价格策略介于撇脂定价和渗透定价之间，是一种居中的价格策略，它既能保证企业获得满意的利润，又能为消费者接受，对买卖双方都有利。

【小案例】 “珍珠陈皮”的新产品定价

在 20 世纪 80 年代和 90 年代初，罐头在中国市场上有很大的销量，尤其是水果罐头，更是受到广大消费者的喜爱。在汕头有一罐头厂，以生产橘子罐头出名，但是剩下的橘子皮一直没有很好的方法处理，于是便将橘子皮以九分钱一斤的价格送往药品收购站销售，但依然十分困难。他们思考难道橘子皮只能入中药做成陈皮才有用？经过一段时间的研究，他们终于开发出“珍珠陈皮”这一新用途，可将其用做小食品，而且这种小食品具有养颜、保持身材苗条等功能。

以何种价格销售这一产品？经市场调查发现，妇女和儿童尤其喜欢吃零食，且在此方面不吝花钱，但惧怕吃零食会导致肥胖，而珍珠陈皮正好解其后顾之忧，且市场上尚无同类产品。于是，他们决定每 15 克袋装售价 1 元，合 33 元一斤，投放市场后，该产品销售火爆。

资料来源：市场营销学经典案例分析十二篇[EB/OL].（2024-12-11）. https://max.book118.com/html/2024/1210/8052016022007006.shtm.

2. 心理定价策略

心理定价策略是一种运用营销心理学原理，利用顾客的心理因素或心理障碍，根据顾客购买商品或服务时的各种心理动机制定商品或服务的价格，引导和刺激购买的价格策略。在实际应用中，心理定价策略主要有尾数定价、整数定价、声望定价、习惯定价和招徕定价等形式。

尾数定价又称为“零数定价”“非整数定价”，是指利用顾客对数字认知的某种心理，以低于某一整数的零头数结尾的一种定价策略。整数定价策略是指以整数结尾的定价策略，常常以偶数，特别是以 0 结尾。这种定价策略可以使消费者产生一种品质高、可靠性强的心理感受，在消费者心目中树立高价优质的产品形象。声望定价策略是指利用产品高价格来树立产品及其品牌在消费者心目中的高档形象，或是企业利用已有的良好声誉、品牌和消费者仰慕名牌商品或名店的声望所产生的某种心理来制定商品的价格的一种定价策略。习惯定价策略是指根据产品在消费者心目中早已形成的习惯价格来定价的一种价格策略。招徕定价策略是指多品种经营的企业利用消费者求廉的心理，特意将某几种商品的价格定得较低以吸引顾客前来购买这些商品的同时购买其他商品，求得总的销售量上升的一种价格策略。

3. 折扣定价策略

折扣定价是企业在基本价格的基础上，根据不同销售情况（交易对象、成交数量、交货时间、付款条件等）采用各种不同方式给购买者一定比例的价格减让的一种价格策略。这一策略的实质是一种价格优惠，有利于企业更有效地吸引顾客，鼓励顾客购买本企业的产品，是企业的重要价格竞争手段。折扣定价包括数量折扣、功能折扣、现金折扣、季节折扣等。

数量折扣是根据顾客购买数量的多少，分别给予不同幅度的折扣优惠。顾客购买得越多，获得的折扣优惠越大。其目的是鼓励顾客大量购买。功能折扣也称为中间商折扣、交易折扣，是生产企业根据渠道上中间商在产品分销过程中所承担的功能、责任和风险的不同给予其不同的折扣优惠。现金折扣是企业在实施赊销政策的情况下，给予迅速付款的顾客的一种价格折扣。其直接目的并不是扩大销售，而是鼓励赊购的顾客尽早支付货款，加快资金周转，降低回收欠款的费用和减少坏账损失。季节折扣是指对购买过季商品或服务的顾客提供的价格减让。

4. 产品组合定价策略

在企业产品组合中的产品之间存在需求和成本的相互联系，会带来不同程度的竞争，所以企业需制定出一系列的价格，使整个产品组合的利润实现最大化。产品组合定价策略有产品线定价、选择品定价、互补品定价、产品系列定价。

产品线定价是对产品线内的不同产品，根据不同的规格、型号、质量和档次，顾客的不同需求及竞争者产品的情况，确定不同的价格。许多企业在提供主要产品的同时，还提供某些与主要产品密切相关的选择品。选择品定价有两种方式：一是将选择品的价格定得较高，靠它来赢利；二是以低价的选择品来招徕生意。互补产品指必须配套使用的产品，例如剃须刀的刀架与刀片。两种相关产品同时生产的企业一般将主体产品价格定得较低，以吸引顾客购买，而其互补产品的价格定得较高。顾客一旦购买了主体产品以后，还须购买互补产品，企业可以通过提高互补产品的价格来弥补主体产品低价造成的损失，并获取长期的利益。企业经常将其生产和经营的产品组合在一起，制定一个成套产品的价格。成套产品的价格低于分别购买其中每一件产品的价格的总和，这种定价策略就是产品系列定价策略。常见的有化妆品组合、学生用具组合、厨房用具组合等。

三、分销渠道策略

在市场经济条件下，生产者与消费者之间的供求关系，存在着时间、地点、数量、品种、信息、产品估价和所有权等多方面的差异和矛盾。企业生产的产品需要经过一定的方式、方法和路线，才能在适当的时间、地点，以适当的价格和方式提供给消费者或用户，因此企业能否合理地制定分销策略，对于满足市场需求，实现企业的营销目标有着重要的影响。

（一）分销渠道概述

1. 分销渠道的定义

美国市场营销协会（AMA）将分销渠道定义为：公司内部单位以及公司外部代理商和经销商的组织机构，通过这些组织，商品才得以上市营销。美国市场学者爱德华・W. 肯迪夫（Edward W. Candiff）和理查德・R. 斯蒂尔（Richard R. Still）认为，分销渠道是当产品从生产者向最终消费者和产业用户转移时,直接或间接转移所有权经过的途径。

分销渠道的功能是实现商品从生产者向消费者的转移,它解决产品、服务和其使用者在时间、空间和所有权上存在的矛盾,分销渠道的流程主要有五大流程,即:实物流程、所有权流程、付款流程、信息流程和促销流程。

2.分销渠道的类型

分销渠道的划分有多种依据,一般情况下,可从四个角度进行划分:

(1)根据有无中间商参与分销可分为直接渠道和间接渠道;

(2)根据参与渠道层级数的多少可分为长渠道和短渠道;

(3)根据同种类型渠道成员参与数量的多少可分为宽渠道和窄渠道;

(4)根据企业选择的销售渠道的混合性可分为单渠道、多渠道、跨渠道、全渠道。

【知识链接】 全渠道

全渠道零售的定义

全渠道零售(Omni—Channel retailing)是指企业为了满足消费者任何时候、任何地点、任何方式购买的需求,采取实体渠道、电子商务渠道和移动电子商务渠道整合的方式销售商品或服务,提供给顾客无差别的购买体验。全渠道零售的核心在于以消费者为中心,提供无缝的购物体验,其特点主要集中在用户需求为中心、去中心化、全渠道运营。

具体来说,全渠道零售具有多样性、无缝性和数据驱动等特点。多样性体现在涵盖多种销售渠道,如实体店铺、电商平台、社交媒体、移动应用等,使企业能够更广泛地触达消费者。无缝性则强调不同渠道之间的顺畅衔接,确保消费者在不同渠道之间切换时能获得一致的购物体验。数据驱动则是指全渠道零售依赖于大数据和人工智能技术,对消费者行为进行深入分析,实现精准营销和个性化服务。

全渠道零售与多渠道零售的区别

多渠道零售是指超过一种零售渠道的零售方式,它强调的是采用多个渠道同时作为销售和订单完成的途径,但不强调各个渠道之间的联系和顾客在渠道之间转换的可能性。全渠道零售是多渠道的一种提升和完善,它强调的是客户可以选取自己认为最方便的模式在该公司下任意渠道之间获取信息、进行采购,并且最终取得商品的无缝连接过程。换句话说,多渠道零售更注重的是渠道的多样性,全渠道零售则更注重渠道之间的协同和无缝衔接。在全渠道零售中,企业需要在商品信息、库存管理、物流配送等方面实现高度协同,以确保消费者在不同渠道之间切换时能够获得一致、顺畅的购物体验。

资料来源:根据知乎、百度百科等网络资料整理。

(二)分销渠道的设计和管理

1.分销渠道设计

合适的分销渠道是企业提高销售效率的重要基础。一个企业的渠道系统是在适应目标市场机会和条件的过程中逐步形成的。设计一个渠道系统需要明确影响渠道设计的因素,进而选择合适的渠道方案,并对所选方案进行评价,最终确定渠道成员。

(1)影响渠道设计的因素

企业在设计分销渠道时,要综合考虑企业所要达到的目标市场和各种限制及影响因素。

①市场因素。市场因素主要包括目标市场的大小、目标顾客的集中程度。

②产品因素。产品因素主要包括产品的容易腐蚀性和毁坏性、产品单位价值的高低、产品

的体积与重量、产品的技术性。

③企业自身因素。企业自身因素包括声誉与资金、企业管理能力的强弱、企业控制渠道的能力、企业的营销目标。

④竞争者因素。竞争状况对选择分销渠道的影响较大，特别是产品功能、定价和目标市场相同或相近的同类产品，需要认真研究竞争者的分销渠道模式，然后制订销售方案。

(2)选择渠道方案

通过分析影响分销渠道设计的因素，企业可据此选择适当的分销渠道方案。渠道方案的选择，主要涉及如何选择渠道模式和中间商数量、如何确定渠道成员的条件及职责等。

①选择渠道模式。渠道设计首先要决定采用什么类型的分销渠道，即确定渠道的长度。不管是选择直接渠道、间接渠道，还是选择长渠道、短渠道，应综合分析制造商的特点、产品的特点、中间商的特点以及竞争者的特点加以确定，以利于降低渠道成本，便于控制分销渠道。

②中间商数量的选择。在综合分析分销渠道结构和影响分销渠道选择的各种因素之后，就要确定分销渠道的策略，即决定每个渠道层次使用多少中间商。在利用中间商销售本企业的产品时，有三种策略可供选择：密集性分销、选择性分销和独家分销。

③确定渠道成员的条件和责任。生产企业必须确定渠道成员的条件和责任，而这些渠道成员具备的条件和需要承担的责任主要受价格政策、销售条件、地区权利和每一方所应提供的具体服务等一系列的要素影响。

(3)评价备选渠道方案

分销渠道方案确定后，生产企业就要对各种备选方案进行评价，选择出最优的渠道方案。通常，渠道评估的标准有三个：经济性标准、可控性标准和适应性标准，其中最重要的是经济性标准。

①经济性标准。经济性标准主要是比较每个方案可能达到的销售额及费用水平。

②可控性标准。一般来说，采用中间商销售可控性较小，企业直接销售可控性较大；分销渠道越长可控难度越大，渠道越短越容易控制。企业必须进行全面比较、权衡，选择最优的分销渠道方案。

③适应性标准。如果生产企业同所选择的中间商的合约时间较长，而在此期间其他销售方法(如直接邮购)更有效，但生产企业不能随便解除合同，这样企业选择分销渠道便缺乏灵活性。因此，生产企业必须考虑选择策略的灵活性，不签订时间过长的合约，除非在经济或控制方面具有十分优越的条件。

2. 分销渠道管理

分销渠道管理是一项长期的任务。企业必须对渠道成员进行激励与评价，协调渠道冲突中各方的利益，还要对渠道不断地进行调整，以适应新的市场状况和环境变化，从而提高分销效率，实现分销目标和企业整体目标。

(1)渠道成员的管理

①选择渠道成员。选择渠道成员首先要确定其能力的标准。对于不同类型的渠道成员以及它们与企业的关系，应确定不同的评价标准，这些标准包括销售能力、支付能力、经营管理能力、信誉。

②激励渠道成员。激励渠道成员，使其出色地完成销售任务。通常有合作、合伙、经销规划等几种方式。

③评估渠道成员。生产厂商必须定期评估渠道成员的绩效是否已达到某些标准。如果渠

道成员绩效低于标准，则应考虑造成的原因及补救的方法。生产厂商有时必须容忍这些令人不满的绩效，因为若断绝与该渠道成员的关系或以其他渠道成员取代可能造成更严重的后果。但若对该渠道成员的使用存在其他有利方案时，生产厂商应对渠道成员达到某种水平有时限要求，否则就要将其从渠道中剔除。

(2)渠道冲突的管理

由于渠道成员的目标不同，所追求的利益不同，对经济前景的感知也不同，发生渠道冲突在所难免。渠道冲突，是指某渠道成员意识到另一个渠道成员正在从事会损害、威胁其利益，或者以牺牲其利益为代价获取稀缺资源的活动，从而引发在他们之间的争执、敌对和报复等行为。依照不同的划分标准，渠道冲突有不同的表现形式。

①按渠道成员的关系类型，渠道冲突一般分为渠道内冲突和渠道间冲突两大类。渠道内冲突是指同一分销渠道内部各成员间的冲突。这种冲突分为水平渠道冲突和垂直渠道冲突两种。水平冲突指的是同一渠道中同一层次的渠道成员之间的矛盾与冲突。这种冲突往往发生在划分区域分销的渠道结构中。垂直渠道冲突是指同一渠道中不同层次渠道成员之间的冲突，如制造商与批发商、批发商与零售商之间的冲突，主要表现为零售商与批发商之间的利益冲突。渠道间的冲突是指两种或两种以上的营销渠道之间发生的冲突。渠道间的冲突只是在使用多渠道组织形式时才会出现，因而又称“多渠道冲突”。

②按其显现程度，渠道冲突还可分为潜在冲突和现实冲突。

③按冲突性质，渠道冲突可分为功能性冲突和病态性冲突。

④按其产生的原因，渠道冲突可分为竞争性冲突和非竞争性冲突。

(3)渠道的改进与调整

分销渠道的改进与调整是指为了适应市场环境的变化，对企业原有的整个渠道系统或部分渠道系统加以修正和改进。主要涉及三个层次：增加或剔除某些渠道成员；增加或减少某些市场的渠道；改进整个分销系统，在所有市场建立全新的渠道销售其产品。通过改进或调整，使得企业的分销渠道结构层次更加合理，能够以最小的成本发挥最大的营销功能，提高企业的竞争力。

四、促销策略

市场营销活动不仅要求企业生产适销对路的产品，制定恰当的价格，在适当的地点为顾客提供所需的产品，还要求采取适当的促销方法激发顾客的购买欲望。可见，促销策略也是市场营销策略的重要组成部分，它要求企业利用各种方法，把企业相关信息传递给目标顾客、渠道成员和社会公众等，同时收集来自这些方面的信息反馈，促进企业完成经营目标。

(一)促销策略概述

1. 促销的定义

从市场营销的角度看，促销是企业通过人员与非人员的方式，沟通和传播企业与消费者之间的信息，引发、刺激消费者的消费欲望和兴趣，使其产生购买行为的一种市场营销活动。促销在把产品及相关信息传播给目标顾客的同时，试图在特定目标顾客中唤起营销者预期的意念，使之形成对产品的正面反应。在理解促销含义时，应注意把握以下三点：

(1)促销工作的核心是沟通信息。企业与消费者之间达成交易的基本条件是信息沟通。企业将有关产品和服务的存在及其性能、特征等信息，通过文字、声音、图像或实物传送给顾客，增进顾客对其产品和服务的了解，引起顾客的注意和兴趣，帮助顾客认识产品或服务所能带给他们的利益，才可能激发他们的购买欲望。

(2)促销的最终目的是引发、刺激消费者产生购买行为。在消费者可支配收入既定的条件下，消费者是否产生购买行为主要取决于消费者的购买欲望，而消费者的购买欲望又与外界的刺激、诱导密不可分。因此，促销需通过各种传播方式把产品或服务等有关信息传递给消费者，以激发其购买欲望，产生购买行为。

(3)促销的方式有人员促销和非人员促销两种。人员促销也称为直接促销，是企业雇用推销人员向消费者推销产品或服务的一种促销活动。非人员促销又称间接促销，是指企业通过一定的传媒传递产品或服务等有关信息，以激发消费者产生购买欲望、发生购买行为的一系列促销活动，包括广告、公共关系和营业推广等。数字化时代，非人员促销和人员促销的形式都得到了进一步发展，极大地丰富了促销策略。

2. 促销组合的定义

促销组合也称营销沟通组合，是指企业在市场营销过程中，根据产品的特点和营销目标，综合各种影响因素，对人员推销、广告、销售促进、直接营销、公共关系等沟通手段的选择、编配和运用。促销组合是一个重要的概念，它体现了现代市场营销理论的核心思想——整体营销，这一概念的提出反映了促销实践对整体营销思想的需要。

推式促销策略是企业通过促销努力将产品由制造商销售给批发商、批发商转而销售给零售商、零售商转而销售给消费者的一种有方向的链式系统。在推式促销策略中，人员推销是其主要手段，辅之以广告、公共关系和营业推广，使前一环节能尽量地把产品推销给销售中的下一环节。拉式促销策略是企业通过树立良好的企业形象、品牌形象与产品形象，使消费者产生需求，并向零售商购买，零售商转而向批发商订货，批发商转而向制造商订货的这样一种与推式逆方向的链式系统。在拉式促销策略中，广告、公共关系、营业推广是其主要手段，通过这些手段树立形象、产生拉力，人员推销只是辅助手段。

(二)人员推销

1. 人员推销的定义

人员推销是指企业的销售人员用谈话的方式向可能购买的顾客做口头宣传，以达到推销产品、满足消费者的需求，是实现企业营销目标的一种直接销售方法。人员推销是一种最古老的销售方式，但由于其独特的优点，因此在现代营销中，它仍然是最重要的促销方式之一。

人员推销大致可以分为上门推销、街头推销、柜台推销和会议推销等几种形式。通常有效的人员推销过程包括确定目标、接近潜在顾客、推销介绍、回答异议、促成交易、跟踪售后等基本步骤。

2. 人员推销的特点

人员推销与非人员推销相比，有如下特点：

(1)能实现信息的双向沟通。推销人员与顾客在推销过程中直接联系，可以进行信息的双向沟通。在信息的双向沟通中，推销人员可以根据顾客的反应，灵活运用推销技巧，调整信息传播内容，并对顾客提出的疑问及时给予答复，并进行必要的解释。

(2)针对性强，可以有的放矢地开展促销活动。推销人员在开展促销工作前，能够对潜在顾客进行分析，选择可能的购买者劝说其购买。

(3)促成购买行为及时。人员推销可以根据各类顾客的欲望、需求、动机和行动，介绍所推销的具体商品，达成协议，迅速成交。其他促销方式虽然能够激发顾客的购买欲望，但无法使顾客立即采取购买行动。

(4)可以在企业与顾客之间建立起稳定的关系。人员推销通过其经常性的促销活动,有可能和顾客建立长期的合作关系,稳定企业的商品销售。推销人员除了推销商品外,还可以同时兼做销售服务、情报收集、市场调查和公共关系等多方面的工作。

(三)非人员推销

1. 广告

(1)广告的概念

广告是指法人、公民和其他经济组织借助传播媒介进行的有偿的、非人员的、有组织的一种劝说并使人产生信服的信息传播活动。广告主是广告活动的发起者,广告主不仅包括商业性机构,还包括慈善机构、各类社会组织、专业团体、政府部门和个人。不管是用来建立品牌声誉,还是教育公众,广告是一种成本与效率都很高的信息传播方式。数字化时代,数字技术提供了更多的传播媒介平台,使企业能够精准地根据消费者的位置、偏好等信息推送广告,广告形式也在发生很大变化。

【微阅读】 虚拟代言人

在企业品牌营销传播中,明星代言是最为常见的一种方式,企业可以利用明星的形象、知名度和影响力来提升企业品牌的知名度,吸引更为精准的受众,吸引更多的流量等。然而在合作的过程中会受到诸多不可预料因素的影响,成功则互相成就,互利共赢,失败则两败俱伤,得不偿失。明星"翻车"事件已经是屡见不鲜,明星代言可谓是一把双刃剑,为了解决明星代言存在的各种问题,很多企业开始尝试启用虚拟代言人。例如,百度旗下的虚拟人度晓晓和希加加,央视数字代言人阿央,四川日报虚拟人"小观",武汉"三镇之眼"虚拟代言人"祁小蓦"等。

一般来说,品牌虚拟代言人是指,广告商在综合分析竞争环境、竞争对手以及消费者心理的基础上,结合自身产品特点,虚构一个产品的代言人,这个代言人可以是一个卡通或漫画人物,也可以是一个并不存在的和真人相似的人物。虚拟代言人兴起背后反映的中国进入消费大时代,是一个更加多元化、更丰富、多样化的新时代,本质上反映了中国消费市场正日趋成熟,消费者需求正变得多样化、个性化、定制化等。

虚拟代言人的推出无疑能更加精准切入年轻消费群体的需求,吸引其对品牌和商品的关注,而更重要的是能与之建立认知和信任。所以说,虚拟代言人是吸引年轻人的一种好策略。

资料来源:吴文武. 虚拟代言人出圈,只是一个简单的B计划,还是潮流趋势?[EB/OL]. (2021-02-01). https://www.thepaper.cn/newsDetail_forward_11030164.

(2)广告的类型

广告可根据多种不同的标准分类,但最具实际意义的则是按广告目标将其分为三大类型。

①信息性广告。这种广告主要用于大类产品的市场开拓阶段。此时的目标重点是建立该类产品的原始需求或基本需求,而不在于建立该类产品对某一特定品牌的需求,即是告知消费者现在出现了某类新产品,以便促进整类商品的销售。

②说服性广告。这种广告主要用于进入竞争阶段的产品。此时公司的目标是为特定的品牌培植选择性需求。市场上大多数的广告都属于这种类型,生产者利用这种品牌导向的广告,说服消费者购买他们所生产的产品。

③提醒性广告。这种广告主要用于处于成熟期的产品。此时广告的目标不是通知或说服消费者购买某一不为人们所知的产品,而是提醒消费者不要忘记购买某一特定品牌的产品。为了使这种提醒的作用更强,通常还辅以相关的机构广告,其目的在于提高企业的形象和声

誉,间接刺激消费者购买本企业的产品。

(3)广告媒体

媒体(Media),又称媒介,是指将信息传播给大众的载体(或工具),是联系生产者和消费者的中介物。信息的传播须借助媒体,并配合以图片、文字、色彩三种最有影响力的传播符号以互相补充说明。

广告媒体是指能够借以实现广告主与广告对象之间信息传播的各种物质载体。从不同的角度进行划分,广告媒体的类型表现出多样化的特点,常见的广告媒体种类及特点如表 6.3 所示。

表 6.3　广告媒体的种类及特点

广告媒体	优　点	缺　点
报纸	弹性大,及时,对当地市场的覆盖率最高,易被接受和信任	印刷质量一般,广告寿命短,传阅者少
杂志	印刷质量精美,可选择适当地区和对象,传阅者多,时效长	广告作业前置时间长,无法快速回应市场变化
电视	视、听、动作紧密结合,引人注意,送到率高	成本高,展露瞬间即逝,观众选择性低
广播	可选择地区和对象,成本低,能快速回应市场变化	仅有声音效果,广告寿命短
户外广告	比较灵活,展露重复性强,成本低	受地区限制,不能选择对象,创造力受到限制
网络新媒体	(1)交互性:用户既可以是信息的发布者,也可以是信息的交流者 (2)分众性:适应受众需求的多样化和受众市场的细分化 (3)复合性:突破传统媒体信息传递的单一性,同时也体现传播形态的多样性	受硬件环境的限制,如网络自身的基础建设

【知识链接】　与广告媒体相关的几个概念

(1)触及率(Reach,R)。是指某特定时间内,即一则广告推出一段时间后,接收到这则广告的受众人数占覆盖域内总人数的百分比。

(2)频率(Frequency,F)。是指在某一特定期间内,平均每一个目标受众所接触到信息的次数。

(3)冲击度(Impact,I)。这是指某一特定媒体展露所产生的定性价值,亦即其展露质量。

(4)毛评点(Gross Rating Point,GRP)。这是触及率与频率的乘积,又称为总展露次数(GRP=R×F=E)。GRP 只考虑定量因素,没有考虑定性因素,亦即没有考虑广告的质量。

(5)加权后总展露冲击(Weighted Exposure,WE)。这是考虑广告的质量后的总展露冲击(WE=R×F×I)。

(6)千人印象成本(Cost Per Thousand Impression,CPM)。这是指广告平均每接触 1 000 位目标受众所花费的成本。

2. 营业推广

(1)营业推广的概念

营业推广又称销售促进(Selling Promotion,SP),是指除了人员推销、广告和公共关系之外的其他促销形式,是在短期内刺激顾客或中间商迅速和大量地购买某种特定产品或服务的促销活动。营业推广在促使消费者使用产品、劝诱使用者再购买、增加消费、对抗竞争和促进本企业其他产品的消费等方面起到重要作用。

(2)营业推广的特点

①短期性和非规则性。短期性是营业推广最主要的特点,适用于诸如新产品上市、重要节假日等短期内的促销活动,能有效地吸引新消费者。它不像广告、人员推销、公共关系那样经常出现,目的只是解决一些具体的营销问题。

②灵活多样,适应性强。可根据顾客心理和市场营销环境等因素,采取针对性很强的营业推广方法,向消费者提供特殊的购买机会,具有较高的吸引力和诱惑力,能够唤起顾客的广泛关注,促成立即购买行为,在较大范围内收到立竿见影的功效。

③直观的表现形式。许多营业推广工具具有吸引注意力的性质,可以打破顾客购买某一特殊产品的惰性。它们告诉顾客说这是永不再来的一次机会,这种吸引力,尤其是对于那些精打细算的人,是一种很强的吸引力,但这类人对于任何一种品牌的产品都不会永远购买,是品牌转换者,而不是品牌忠实者。

④有一定的局限性和副作用。有些方式显现出卖者急于出售的意图,容易造成顾客的逆反心理。如果使用太多或使用不当,顾客会怀疑此产品的品质及产品的品牌,或产品的价格是否合理。

(3)营业推广的实施过程

一个企业在运用营业推广时,必须确定目标,选择方式,制定方案,实施和控制方案及评价结果。

①确定营业推广目标。就消费者而言,目标包括鼓励消费者更多地使用本企业的商品和促进大批量购买,争取未使用者试用,吸引竞争者品牌的使用者。就零售商而言,目标包括吸引零售商们经营新的商品和维持较高水平的存货,鼓励他们购买落令商品,储存相关品目,抵制各种竞争性的促销影响,建立零售商的品牌忠诚和获得进入新的零售网点的机会。就销售队伍而言,目标包括鼓励他们支持一种新产品或新型号,激励他们寻找更多的潜在顾客和刺激他们推销时令商品。

②选择营业推广方式。可以选择不同的方式实现不同的销售促进目标。在选择营业推广方式的时候,必须充分考虑营业推广的目标、市场的类型、市场竞争的状况以及各种推广方式的特点、成本、经济效益等因素。

③制定营业推广方案。营业推广方案应该包括费用、参加者的条件、营业推广措施的分配途径、营业推广时间、营业推广的总预算等。

④测试营业推广方案。面向消费者市场的营业推广能轻易地进行预试,可邀请消费者对几种不同的、可能的优惠办法做出评价和分等级,也可以在有限的地区进行试用性测试。

⑤实施和控制营业推广方案。实施的期限包括前置时间和销售延续时间。前置时间是从开始实施这种方案前所必需的准备时间。它包括最初的计划工作、设计工作,以及包装修改的批准或者材料的邮寄或者分送到家;配合广告的准备工作和销售点材料;通知现场推销人员,为个别的分店建立地区的配额,购买或印刷特别赠品或包装材料,预期存货的生产,存放到分配中心准备在特定的日期发放。销售延续时间是指从开始实施到大约95%的采取此促销办法的商品已经在消费者手里所经历的时间。

⑥评价营业推广结果。企业可以运用多种不同的方法对营业推广的结果进行评价，评价的程序也因市场类型的不同而有所差异。最普通的一种方法是把推广前、推广中和推广后的销售进行比较。

3. 公共关系

(1)公共关系的概念

公共关系是指组织为改善与社会公众的关系，增进公众对企业的认识、理解和支持，树立良好的组织形象，采用非付费方式而进行的一系列信息传播活动。随着市场营销活动的日趋复杂，公共关系在营销中的地位和作用被重新认识。

公关关系有几种常见工具，如新闻、特殊事件、书面资料、企业形象识别、公共服务活动、视听资料等，近些年应用广泛的网络和社交媒体等。

(2)公共关系的特点

①注重长期效应。公共关系要达到的目标是树立企业良好的社会形象，创造良好的社会关系环境。实现这一目标是一个长期的过程，并不强调即刻见效。企业通过各种公共关系活动的运用，能树立良好的产品形象和企业形象，从而长时间地促进销售和占领市场。

②注重双向沟通。公共关系的工作对象是各种公众，包括企业内部和外部公众两大方面。它是全方位的关系网络，强调企业与公众之间的感情传播与沟通。在企业内部和外部的各种关系中，如果处理得当，企业会左右逢源，获得良好的发展环境；企业通过公共关系听取公众意见，接受监督，也有利于企业全面考虑问题，追求更高的社会形象目标。

③注重间接促销。公共关系传播信息并不是直接介绍和推销商品，而是通过积极地参与各种社会活动，宣传企业宗旨、联络感情、扩大知名度，从而加深社会各界对企业的了解和信任，达到间接促进销售的目的。

(3)公共关系活动类型

根据公共关系工作的业务特点，可以将公共关系活动划分为 5 种类型。

①宣传型公关。运用印刷媒介、电子媒介等宣传型手段，传递组织的信息，影响公众舆论，迅速扩大组织的社会影响。宣传型公关的特点是主导性、时效性强，传播面广，推广组织形象的速度快，特别有利于提高组织的知名度。

②交际型公关。运用各种交际方法和沟通艺术，广交朋友、协调关系、缓和矛盾、化解冲突，为组织创造“人和”的环境。交际型公关的特点是直接沟通、形式灵活、信息反馈快、富于人情味，在加强感情联络方面效果突出。

③服务型公关。以实际的服务行为作为特殊媒介，吸引公众、感化人心、获得好评、争取合作，使组织与公众之间的关系更加融洽、和谐。服务型公关的特点是以行动作为最有力的语言，实在实惠最容易被公众所接受，特别有利于提高组织的美誉度。

④社会活动型公关。以组织的名义发起或参与社会性的活动，在公益、慈善、文化、体育、教育等社会活动中充当主角或热心参与者，在支持社会事业的同时，扩大组织的整体影响。社会活动型公关的特点是社会参与面广，与公众接触面大，社会影响力强，形象投资费用也高，能较有效地提高知名度和美誉度。

⑤征询型公关。运用收集信息、社会调查、民意测验、舆论分析等信息反馈手段，了解民情民意，把握时势动态，监测组织环境，为决策提供咨询。征询型公关的特点是以输入信息为主，具有较强的研究性、参谋性，是整个双向沟通中不可缺少的重要机制。

(4)危机公关

危机公关是公共关系中十分重要的组成部分，是公共关系的一种特殊表现形态，是企业公共关系水平的综合显示。对企业而言，危机公关实际就是研究一个企业或一种产品因某些事故、意外或灾难，而使“形象”受到损害的时候，企业调动公共关系范围内的一切手段，采取转危为安的各种有效步骤，恢复和巩固公众信任的公关方法。危机公关5S原则由著名危机公关专家、关键点传播集团创始人游昌乔先生创导提出。

①承担责任原则(SHOULDER THE MATTER)。危机发生后，公众会关心两方面的问题：一方面是利益的问题，利益是公众关注的焦点，因此无论谁是谁非，企业应该承担责任。另一方面是感情问题，公众很在意企业是否在意自己的感受，因此企业应该站在受害者的立场上表示同情和安慰，并通过新闻媒介向公众致歉，解决深层次的心理、情感关系问题，从而赢得公众的理解和信任。

②真诚沟通原则 (SINCERITY)。危机中的企业是公众和媒介的焦点。企业应该主动与新闻媒介联系，尽快与公众沟通，说明事实真相，促使双方互相理解，做到真诚沟通，即诚意、诚恳、诚实。

③速度第一原则 (SPEED)。在危机出现的最初12—24小时内，消息会像病毒一样，以裂变方式高速传播。媒体、公众及政府都密切注视公司发出的第一份声明。因此公司必须当机立断，快速反应，果决行动，与媒体和公众进行沟通以迅速控制事态，使其不扩大、不升级、不蔓延，这是处理危机的关键。

④系统运行原则 (SYSTEM)。在进行危机管理时必须系统运作，绝不可顾此失彼，需做好以下几点：以冷对热、以静制动，统一观点、稳住阵脚，组建班子、专项负责，果断决策、迅速实施，合纵连横、借助外力，循序渐进、标本兼治。

⑤权威证实原则 (STANDARD)。危机发生后，企业需请重量级的第三者站在公众面前，使消费者解除对自己的警戒心理，重获他们的信任。

【小思考】“逗鹅冤”：老干妈的危机公关

2020年6月，腾讯起诉老干妈发酵出“逗鹅冤”事件，先进行一下事件梳理：

2019年3月，腾讯与老干妈公司签订了一份所谓的“联合市场推广合作协议”，腾讯投放资源用于老干妈油辣椒系列的推广。腾讯因此在《QQ飞车》游戏中，设计推出老干妈头像框还有定制服装等，在直播中也给到老干妈油辣椒镜头。

在大多数人印象中《QQ飞车》的受众，应该是青少年为主，而老干妈的受众则不然，虽然面向所有群体，但是青少年显然不在关键目标受众当中。老干妈如果作出这样的广告决策，显然并不符合逻辑。事后，有网友认为腾讯这一波操作，是为宣传自己的游戏，至少吃了这么大一个瓜，即使不知道“QQ飞车”的人，也知道了这个游戏。

2020年4月，腾讯以拖欠广告费为名，状告老干妈。广东省深圳市南山区人民法院发布民事裁定书，同意原告腾讯请求查封、冻结老干妈名下价值16 240 600元的财产。老干妈向来以不缺现金著称，为何会拖欠腾讯广告费一年之久？老干妈声称从未收到腾讯的催收通知，那么腾讯方所谓的多次催收未收到广告款是缘何？而且广告款一分钱未到账，怎么联合推广还在持续进行？

2020年6月30日，老干妈发布公告称，从未直接或者授权委托他人与腾讯公司达成市场推广合作，为维护自身合法权益，已报案处理。

2020年7月1日，贵阳警方发布通告，有3人伪造老干妈公司印章、冒充市场部经理，与腾讯公司签订合作协议，而目的是为了获得游戏推广活动中价值1 600万元的游戏礼包码，并倒卖以获取经济利益。

2020 年 7 月 1 日晚间,腾讯发布自嘲视频《我就是那个吃了假辣椒酱的憨憨企鹅》,一波自黑,顺势将愚蠢洗白成憨憨,转危为机。视频评论区,一时成为各个蓝 V 用户的打卡圣地。给鹅厂带来巨大的流量收益,也把鹅厂一直以来从网友口袋里掏钱的“贪财鹅”形象,转为天真的“傻白鹅”。

至此,腾讯老干妈事件落下帷幕,这一事件也被网友戏称为“逗鹅冤”。

资料来源:王泽霖. 企业突发事件如何处理?《紧急公关》给你答案! [J]. 销售与市场(营销版),2021(30).

思考:

以危机公关的“5S 原则”分析老干妈的公关动作。

本章小结

市场营销管理是现代企业职能管理的一个重要组成部分,企业的生存与发展面临复杂的行业竞争及多变的市场需求,通过本章的学习,引发学生思考市场营销对于企业生存与发展的重要性。本章的教学目的是帮助学生认识市场营销管理职能的重要性,理解并掌握市场营销管理的基本原理及知识,具备一定的分析市场营销问题并解决市场营销问题的能力。

习题

一、单选题

1. 市场营销学中所指的“市场概念”是(　　)。

A. 顾客群体　　B. 供应商群体　　C. 商品交换关系　　D. 商品交换场所

2. 某企业的高层管理者认为:“好产品不愁销,因此要努力提高技术抓好产品质量就行了。”其奉行的营销观念是(　　)。

A. 生产观念　　B. 产品观念　　C. 推销观念　　D. 市场营销观念

3. 顾客对产品没有购买兴趣或关注度不高,这种需求属于(　　)。

A. 潜在需求　　B. 无需求　　C. 负需求　　D. 过度需求

4. 汽车、家具、家电等产品属于(　　)。

A. 便利品　　B. 选购品　　C. 特殊品　　D. 非渴求品

5. 为了了解企业在市场中可能遇到的问题,可以开展(　　)。

A. 探索性调研　　B. 描述性调研　　C. 因果性调研　　D. 预测性调研

6. 中国移动根据顾客对通话时长、上网流量、短信服务等的需求设计了不同的话费套餐业务。中国移动使用的市场细分标准是(　　)。

A. 地理细分　　B. 人口细分　　C. 心理细分　　D. 行为细分

7. (　　)是消费者购买决策过程的终点。

A. 需求确认　　B. 信息收集　　C. 选择判断　　D. 购后评价

8. (　　)是产品整体概念中最基本的层次,是购买者购买某一特定产品时追求的基本效用和利益。

A. 核心产品　　B. 形式产品　　C. 延伸产品　　D. 期望产品

9. A公司拥有油气控制产品线、供热控制产品线、燃气控制产品线、空调控制产品线、内燃机配件产品线等5大产品线。企业产品线的数目是指产品组合的(　　)。

A. 深度　　B. 宽度　　C. 密度　　D. 关联度

10. 某中国服装设计师设计的女士服装以典雅、高贵享誉中外。在国际市场,该设计师设计的中式旗袍售价高达1 000美元,这种定价策略属于(　　)。

A. 招来定价　　B. 尾数定价　　C. 声望定价　　D. 需求导向定价

二、多选题

1. 探索性调研的主要方法包括(　　)。

A. 深度访谈　　B. 大样本问卷调查　　C. 小组座谈　　D. 分析二手资料

2. 提出定位理论的市场营销学者包括(　　)。

A. 艾·里斯　　B. 杰克·特劳特　　C. 迈克尔·波特　　D. 菲利普·科特勒

3. 目标市场营销战略(STP战略)包括(　　)。

A. 市场细分　　B. 目标市场选择　　C. 市场定位　　D. 市场补缺

4. 当消费者购买空调时,(　　)属于所获得的附加产品。

A. 免费送货　　B. 免费安装　　C. 品牌价值　　D. 终身保修

5. 某公司制定价格的时候考虑了会员与非会员、社区与机场、工作日与节假日等因素,这体现了(　　)。

A. 基于顾客差异的差别定价　　B. 基于不同地理位置的差别定价

C. 基于时间差异的差别定价　　D. 基于不同产品形式的差别定价

三、判断题

1. 消费品仅包括实体产品。(　　)

2. 营销主体仅限于企业。(　　)

3. 根据参与渠道层级数的多少可分为长渠道和短渠道。(　　)

4. 提醒性广告主要用于产品的市场开拓阶段。(　　)

5. 企业的促销方式大致可分为人员推销及非人员推销两大类。(　　)

四、简答题

1. 20世纪90年代,营销学者针对传统的4P模式提出了4C模式,4C模式强调企业首先应该把追求顾客满意放在第一位,4P、4C分别代表什么?

2. 影响消费者购买行为的主要因素有哪些?请结合你自身的购物经历举例说明。

3. 简述改进型新产品与换代型新产品的区别。

4. 简述影响分销渠道设计的主要因素。

5. 简述推式促销策略与拉式促销策略的联系及区别。

五、论述题

结合品牌的定义谈一谈,如何理解消费者对品牌的选择从“买国外”到“买国内”的变化。

六、案例分析

满足细分需求 激发消费潜力

随着我国消费升级趋势越来越明显，以单一的性别、年龄、收入等指标对消费人群进行分类的方法已难以精准反映消费者的需求，小众化、定制化消费应运而生，相关企业应瞄准需求变化，不断提升供给能力。消费细分化的趋势显而易见，但细分市场的商机并不好抓。传统制造业的批量化、标准化生产，传统服务业的大众化、流程化服务，都难以满足消费者日益个性化、多元化的需求。

以家政服务业为例，一部分消费者不仅需要常规的上门打扫服务，还对个人生活空间的舒适性提出了高要求。为满足这一细分需求，出现了整理、护理、管家等专业家政服务模式。不少商家还捕捉到来自单身群体的商机："一人食烤肉""一人食火锅"很受欢迎；小巧又兼具多种功能的小家电的销量快速增长；小户型单身公寓的租赁需求强劲；小包装商品，如 500 克装大米、500 毫升装食用油等非常受欢迎。专家建议，服务业要通过云计算、大数据等技术，实现供需精准对接，优化内部管理流程，有效提升经营管理效率。

资料来源：模仿型、排浪式消费加快向个性化、多元化消费转变——满足细分需求 激发消费潜力[EB/OL].（2022-01-19）. http://finance.sina.com.cn/chanjing/cyxw/2022-01-19/doc-ikyakumy1226639.shtml.

思考：

(1)什么是 STP 战略？瞄准单身群体市场的家政服务商主要根据哪些细分标准进行市场细分？

(2)"一人食烤肉""一人食火锅"及小户型单身公寓等服务主要面向哪一类目标消费群体？

第七章　供应链管理

主要知识结构图

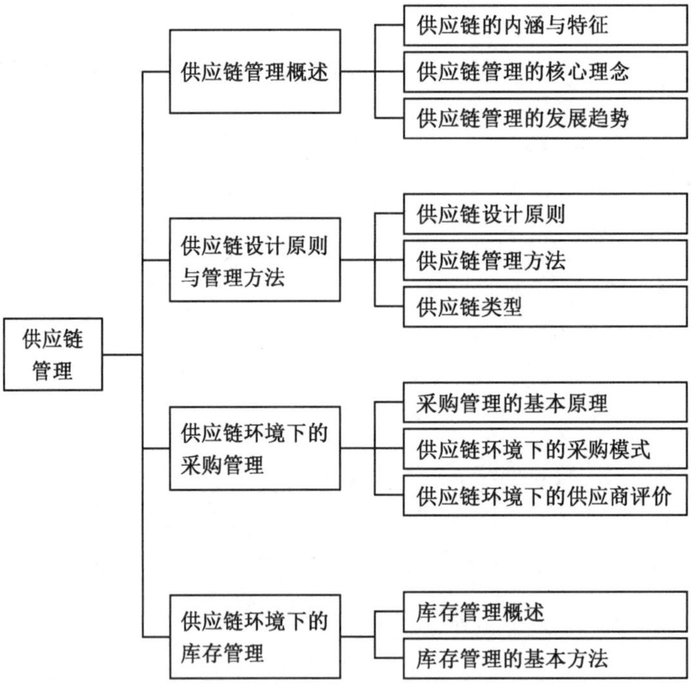

教学目标

- 帮助学生初步了解供应链管理的核心理念和发展趋势。
- 帮助学生理解供应链设计和管理方法。
- 帮助学生系统掌握供应链环境下的采购管理和库存管理方法，提升供应链环境下企业管理专业技能。

● 引导学生紧密结合中国供应链管理实践，讲好中国供应链故事，帮助学生树立正确的人生观与价值观。

开篇案例

数字化供应链的创新者——京东物流

什么是数字化供应链？

数字化供应链，是基于物联网、大数据与人工智能等关键技术，构建的以客户为中心，以需求为驱动的，动态、协同、智能、可视、可预测、可持续发展的网状供应链体系。数字化供应链可通过多渠道实时获取并最大化利用数据，敏捷感知与识别客户需求，并通过与外部合作伙伴之间的高效协同，实现快速响应，以提升企业效率与业绩，最大程度降低经营风险。

数字化供应链的创新者——京东物流

京东集团2007年开始自建物流，2017年4月正式成立京东物流集团，2021年5月，京东物流于香港联交所主板上市。京东物流是中国领先的技术驱动的供应链解决方案及物流服务商，以"技术驱动，引领全球高效流通和可持续发展"为使命，致力于成为全球最值得信赖的供应链基础设施服务商。一体化供应链物流服务是京东物流的核心赛道。目前，京东物流主要聚焦于快消、服装、家电家具、3C、汽车、生鲜等六大行业，为客户提供一体化供应链解决方案和物流服务，帮助客户优化存货管理、减少运营成本、高效分配内部资源，实现新的增长。同时，京东物流将长期积累的解决方案、产品和能力进行解耦，以更加灵活、可调用与组合的方式，满足不同行业的中小客户需求。

京东物流建立了包含仓储网络、综合运输网络、最后一公里配送网络、大件网络、冷链物流网络和跨境物流网络在内的高度协同的六大网络，具备数字化、广泛和灵活的特点。京东物流是全球唯一拥有中小件、大件、冷链、B2B、跨境、众包（达达）六大物流网络的企业，现拥有500＋物流中心、13个"亚洲一号"大型智能物流中心、1 200万㎡仓库，物流网络覆盖全国99%的人口，为客户提供仓储、运输、配送、客服、售后的正逆向一体化供应链解决方案；快递、快运、大件、冷链、跨境、客服、售后等全方位的物流产品和服务；以及物流云、物流科技、物流数据、云仓等物流科技产品。

作为数字化供应链的创新者与引领者，京东物流基于"预测—库存—仓储—运输—配送"全链路的智能化，支撑复杂网络、庞大库存和海量订单的高效管理，为商家提供线上线下、全渠道、一体化的供应链服务，实现多渠道库存共享、灵活调配与敏捷交付，以此帮助商家提升后台运营效率、降低库存成本，以及提升前台销量，据统计，与京东物流合作的商家中，当渗透率达到50%—100%时，有87%的商家销量增长超过100%。

在供应链管理与运作方面，京东物流利用人工智能技术进行销售预测、采购、存货布局以及补货，管理在库SKU 530万，实现数百万个SKU的库存周转天数仅有30多天；通过智能排产保证了大促期间订单增长数倍的情况下，履约时效仍能保证；基于智慧商品布局，减少拣货区无效跑动23%，动态路区规划实现站点终端派送效能提升25%；智慧路由规划降低了干线运输成本降低10%以上。

资料来源：

2025 京东物流企业介绍[EB/OL]．（2025-03-07）．https：//www.jdl.com/news/5670/content02570．

创业家．罗戈研究院 & 京东物流：数字化供应链综合研究报告[EB/OL]．（2018-2-25）．https：//baijiahao.baidu.com/s？id=1593376842314477813．

第一节 供应链管理概述

一、供应链的内涵与特征

（一）供应链的内涵

供应链管理是现代企业的一种新型战略方式，供应链管理的研究对象是由多个相互合作的企业所构成的整体，这些企业通过合作实现战略定位，提高运作效率。供应链的概念是从扩大生产概念发展来的。哈里森（Harrison）将供应链定义为："供应链是执行采购原材料，将它们转换为中间产品和成品，并且将成品销售到用户的功能网链"。美国的史蒂文斯（Stevens）认为："通过增值过程和分销渠道控制从供应商到用户的流就是供应链，它开始于供应的源点，结束于消费的终点。"国内学者马士华认为："供应链是围绕核心企业，通过信息流、物流、资金流的控制，从采购原材料开始，制成中间产品以及最终产品，最后由销售网络把产品送到消费者手中的将供应商、制造商、分销商、零售商直到最终用户连成一个整体的功能网链结构。"因此，供应链是通过计划、获得、存储、分销、服务等活动而在顾客和供应商之间形成的一种衔接，从而使企业能满足内外部顾客的需求。

（二）供应链的特征

供应链是一个网链结构，由核心企业的供应商、多级供应商和最终用户组成。一个企业是一个节点，节点企业和节点企业之间是一种需求与供应关系。供应链具有以下特征：

1. 复杂性

因为供应链节点企业组成的跨度不同，供应链往往由多个、多类型甚至多国企业构成，所以供应链的结构模式比一般企业的结构模式更为复杂。

2. 动态性

供应链管理因企业战略和适应市场需求变化的需要，其中节点企业需要动态地更新，这就使得供应链具有明显的动态性。

3. 面向用户需求

供应链的形成和重构，都是基于市场需求而发生，在供应链的运作过程中，用户的需求拉动是供应链中信息流、产品服务流、资金流运作的驱动源。

4. 交叉性

节点企业是这个供应链的成员，同时又是另一个供应链的成员，众多的供应链形成交叉结构，增加协调管理的难度。

二、供应链管理的核心理念

(一)供应链管理的概念

供应链管理,是对供应链的计划、组织、指挥、协调和控制。供应链管理是一种集成的管理思想和方法,它执行供应链中从供应商到最终用户的物流的计划和控制等职能。伊文斯(E-vens)认为:供应链管理是通过前馈的信息流和反馈的物料流及信息流,将供应商、制造商、分销商、零售商,直到最终用户连成一个整体的管理模式。

我国国家标准《物流术语》(GB/T18354－2021)对供应链管理的定义:"从供应链整体目标出发,对供应链中采购、生产、销售各环节的商流、物流、信息流及资金流进行统一计划、组织、协调、控制的活动与过程。"供应链管理的实质是将顾客所需的正确产品能够在正确的时间,按照正确的数量、正确的质量和正确的状态送到正确的地点,并使总成本最小。

(二)供应链管理的核心理念

供应链管理是以市场和客户需求为导向,本着共赢原则,以提高竞争力、市场占有率为目标,以协同商务、协同竞争为商业运作模式,通过运用现代企业管理技术、信息技术和集成技术,达到对整个供应链上的信息流、物流、资金流、业务流和价值流的有效规划和控制,从而将客户、供应商、制造商、销售商、服务商等合作伙伴连成一个完整的网状结构,形成一个极具竞争力的动态战略联盟。

供应链管理是一种先进的管理理念,它的先进性体现在是以顾客和最终消费者为经营导向的,以满足顾客和消费者的最终期望来生产和供应的。供应链管理的核心理念是从消费者的角度,通过企业间的协作,谋求供应链整体最佳化。成功的供应链管理能够协调并整合供应链中所有的活动,最终成为无缝连接的一体化过程。

供应链管理核心思想体现在以下方面:

(1)供应链管理把所有节点企业看作是一个整体,实现全过程的战略管理。供应链是由供应商、制造商、分销商、销售商、客户和服务商组成的网状结构。链中各环节不是彼此分割的,而是环环相扣的一个有机整体。供应链管理将物流、信息流、资金流、业务流和价值流的管理贯穿于供应链的全过程。它覆盖了整个物流,从原材料和零部件的采购与供应、产品制造、运输与仓储到销售各种职能领域。它要求各节点企业之间实现信息共享、风险共担、利益共存,并从战略的高度来认识供应链管理的重要性和必要性,从而真正实现整体的有效管理。

(2)供应链管理是一种集成化的管理模式。供应链管理的关键是采用集成的思想和方法,它是一种从供应商开始,经由制造商、分销商、零售商直到最终客户的全要素、全过程的集成化管理模式,是一种新的管理策略,它把不同的企业集成起来以增加整个供应链的效率,注重的是企业之间的合作,以达到全局最优。

(3)供应链管理提出了全新的库存观念。传统的库存思想认为:库存是维系生产的必要措施,是一种必要的成本。因此,供应链管理使企业与其上、下游之间在不同的市场环境下实现库存的转移,降低了企业的库存成本,这也要求供应链上的各个企业成员建立战略合作关系,通过快速反应来降低库存总成本。

(4)供应链管理以最终客户为中心。这也是供应链管理的经营导向。无论构成供应链的节点的企业数量是多少,也无论供应链节点企业的类型、层次有多少,供应链的形成都是以客户和最终消费者的需求为导向的。正是有了客户和最终消费者的需求,才有了供应链的存在。而且,也只有让客户和最终消费者的需求得到满足,才能有供应链的更大发展。

三、供应链管理的发展趋势

在供应链的重构和供应链的转型过程中，供应链管理的发展呈现三大基本趋势。

(一)供应链管理数字化

传统供应链在资源整合和产业之间做流程优化，提升效率。20 世纪 90 年代，进入降本增效、提高精益化的发展阶段，通过数字化可实现价值创造，数字化可推进组织协同能力的提升。供应链数字化应适应物流运作场景，离开了物流运作实际，也会变为无源之水、无本之木。供应链数字化的目的是通过资源整合、流程优化、组织协同，达到供需适配、无缝衔接，降低全社会物流成本，提高物流效率和质量。供应链数字化的应用要有利于综合整治"内卷式"竞争，维护供应链生态圈有序运行，使上下游全链条、全要素能够实现利益共享，价值共创。

【小案例】 跨境数字供应链和多式联运平台系统

普洛斯供应链从跨境进口贸易起步，逐步发展迈向进出口全链路供应链综合服务平台。

近年来跨境电商的贸易规模保持高速增长态势，现有跨境出口商家主要为国内品牌工厂及总代贸易商，对于他们而言，跨境出口供应链集成服务的问题主要表现在出海供应链链路太长，跨境供应链服务商分散，中间环节繁杂，信息不对称，价格不透明，供应链履约不稳定，海外仓资源匮乏，以及跨境数字贸易监管模式复杂等。面对以上问题，普洛斯供应链提出信息化解决方案，即通过科技手段、信息能力来赋能基础履约服务，建立共享的信息数据平台，有效地遴选和评估优质的服务供应商，让合作服务商服从于统一的服务标准，实现数字化管控业务风险。

普洛斯供应链开发跨境数字供应链和多式联运平台系统，首先实现跨境供应链的仓储、国际干线、关务、配送等全流程的信息化打通，实现可视化的一站式集成供应链服务；其次，系统链接各环节服务商，形成丰富的供应链服务资源池；最后，基于以上功能，为品牌、经销商、平台等不同类型客户提供服务商与服务模块的智能化选择，完成一站式的供应链履约交付。普洛斯供应链通过集成供应链端到端的优质服务商资源，搭建覆盖供应链全过程的综合性服务平台，同时利用大数据、机器学习等科技手段，对跨境供应链效率及成本进行统计分析，形成智能化组合物流链路方案，帮助客户实现一站式服务对接，大大提升履约效率，降低客户总运营成本。普洛斯供应链通过信息化系统和科技手段赋能合作服务商，不断提升合作服务商的专业度及数字化服务能力；并根据每次履约实况反馈，帮助合作服务商明确自身能力矩阵和市场匹配情况，定向化助力合作服务商的整体能力提升。普洛斯供应链通过标准的系统对接能力，把上游供应商、合作服务商、下游客户的信息流打通，为供应链全链路数字化提供技术保障，实现物流全链路可视，各环节实时可控，推进供应链服务行业数字化升级。普洛斯供应链跨境供应链集成服务，在 ILS 信息系统的支持下，集成十几家物流及相关服务商，并基于需求任务的分配完成整体任务的调度。目前在该系统的支持下，进口跨境供应链集成服务业务平台交易规模达到数十亿元级别，科技服务性收入达到千万元级别，并提升了整体集成服务效率，缩短了供应链端到端的物品履约交付时间。

资料来源：跨境数字供应链及多式联运平台创新案例——跨境数字供应链和多式联运平台系统[EB/OL]. (2023-12-28). http://www.chinawuliu.com.cn/xsyj/202312/28/623896.shtml.

(二)供应链的绿色低碳可持续发展

绿色低碳可持续发展的供应链是未来供应链发展的根本方向和最高境界。一是从寻求竞争优势转变为寻求发展优势;二是以自我为中心的发展理念转变为利他为中心的发展理念。未来的企业要做什么?就是"ESG","E"即环境保护,也就是未来企业优势体现在对环境保护承担了多大的责任,做出了多大的贡献;"S"即社会责任,企业对社会做出的贡献大小,对企业所在的社区做出了多大的贡献;"G"就是公司治理,员工是否有获得感、成就感和归属感,为供应商和客户做出了什么样的价值创造。习近平总书记"在亚太经合组织第三十次领导人非正式会议上的讲话"的第三条所谈及的,即绿色发展,人与自然相和谐。与自然和谐共生的"生态",是绿色低碳可持续发展的出发点和落脚点。

(三)供应链的韧性和安全

近年来,习近平总书记在历次中央会议中多次提及产业链供应链问题,强调"产业链、供应链在关键时刻不能掉链子,这是大国经济必须具备的重要特征"。党的二十大报告指出"要着力提升产业链供应链韧性和安全水平"。产业链供应链稳定安全是构建新发展格局的重要基础,是推动高质量发展的必要条件,也是增强维护国家安全能力的关键一环。我国目前对供应链提出的要求是"自主可控",供应链就必须具备韧性和安全的条件。要做强国,自主可控,需要具备一定的主导能力。

总之,供应链的数字化、供应链的绿色低碳可持续发展、供应链的韧性与安全是当前全球供应链发展的三大特点。数字化的链接和数字化的共生这两个特征也决定了供应链发展数字化方向。通过数字化来实现价值创造能力的提升,通过数字化来推进组织协同能力的提升。通过供应链的转型升级,真正运用数字化形成价值创造的能力;通过绿色低碳可持续发展,形成发展优势;通过韧性和安全能力的不断提升,形成自主可控的供应链。

【微阅读】《中国供应链发展报告(2023—2024)》解读

《中国供应链发展报告(2023—2024)》于2024年9月10日由中国物流与采购联合会发布。根据报告,供应链韧性与安全的重要性愈发凸显,中国正在加快构建供应链国家标准体系。

《中国供应链发展报告(2023—2024)》解读

第二节 供应链设计原则与管理方法

一、供应链设计原则

设计一个有效的供应链不仅可以减少不必要的损失和浪费,而且可以显著地改善客户服务水平,降低运营成本,赢得竞争优势。为了保证供应链的设计能满足供应链管理思想顺利实施的要求,供应链设计应该遵循以下原则。

(一)自顶向下和自底向上相结合的原则

在系统建模设计方法中,存在两种设计方法,即自顶向下和自底向上的方法。自顶向下的方法是从全局走向局部的方法,自底向上的方法是从局部走向全局的方法;自上而下是系统分解的过程,而自下而上则是一种集成的过程。在设计一个供应链系统时,往往是先有主管高层做出战略规划与决策,规划与决策的依据来自市场需求和企业发展规划,然后由下层部门实施决策,因此供应链的设计是自顶向下和自底向上的综合。

(二)简洁性原则

简洁性是供应链的一个重要原则,为了能使供应链具有灵活快速响应市场的能力,供应链的每个节点都应是简洁的、具有活力的，能实现业务流程的快速组合。比如供应商的选择就应以少而精的原则，通过和少数的供应商建立战略伙伴关系，减少采购成本，推动实施 JIT 采购法和准时生产。生产系统的设计更是应以精益思想为指导，努力实现从精细的制造模式到精细的供应链这一目标。

（三）互补性原则

供应链的各个节点的选择应遵循强强联合的原则，达到实现资源外用的目的，每个企业只集中精力致力于各自核心的业务过程，就像一个独立的制造单元，这些所谓单元化企业具有自我组织、自我优化、面向目标、动态运行和充满活力的特点，能够实现供应链业务的快速重组。

（四）协调性原则

供应链绩效取决于供应链合作伙伴关系是否和谐，因此建立基于战略伙伴关系的合作企业关系是实现供应链最佳效能的保证。协同是反映系统是否形成系统成员和子系统的能动性、创造性及系统与环境的总体协调性。只有和谐而协调的系统才能发挥最佳的效能。

（五）不确定性（动态性）原则

不确定性在供应链中随处可见，许多学者在研究供应链运作效率时都提到不确定性问题。由于不确定性的存在，导致需求信息的扭曲。因此要预见各种不确定因素对供应链运作的影响，减少信息传递过程中的信息延迟和失真。降低安全库存总是和服务水平的提高相矛盾。增加透明性，减少不必要的中间环节，提高预测的精度和时效性对降低不确定性的影响都是极为重要的。

（六）创新性原则

创新设计是系统设计的重要原则，没有创新性思维，就不可能有创新的管理模式，因此在供应链的设计过程中，创新性是很重要的一个原则。进行创新设计，应注意以下方面：一是创新必须在企业总体目标和战略的指导下进行，并与战略目标保持一致；二是要从市场需求的角度出发，综合运用企业的能力和优势；三是发挥企业各类人员的创造性，集思广益，并与其他企业共同协作，发挥供应链整体优势；四是建立科学的供应链和项目评价体系及组织管理系统，进行技术经济分析和可行性论证。

二、供应链管理方法

（一）快速响应策略

快速响应机制是指供应链管理者所采取的一系列降低补给货物交货期的措施。快速响应是通过极大地提高灵活性和不断地缩短创新周期从而增强响应能力。面对快速变化、不确定因素增多的市场环境，越来越多的企业建立了快速响应策略。通过快速响应策略，企业实现缩短整个提前期、风险共享、提高服务水平等目的。要想实现快速响应，企业需要做到以下四点：

(1)改变传统的经营方式。企业经营意识和组织结构不能局限于传统经营方式，要树立通过与供应链各方建立合作伙伴关系，努力利用各方资源来提高经营效率。

(2)信息共享是实现供应链管理的基础。供应链的协调运行建立在各个节点企业高质量的信息传递与共享的基础之上。因此，有效的供应链管理离不开信息技术(IT)系统提供的支持，减少了在复杂、重复工作中的人为错误，提高了供应链管理的运行效率。

(3)与供应链各方建立基于战略伙伴关系的企业战略联盟。企业与企业之间通过战略性的合作，形成一种协作性的竞争组织。企业之间通过联盟合作可稳定交易关系，进而减少交易费用，同时它又可抑制交易“内部化”倾向，避免组织失灵。建立战略伙伴关系的不同企业在各自的价值链环节上拥有不同的核心专长，相互合作可在整个价值链上创造更大的价值。

(4)选择合理的库存管理方式，降低商品库存。库存是企业的一项庞大的投资，良好的库存管理能够加快资金的周转、提高资金的使用效率、增加投资的效益。企业通过加强供应链管理环境下的控制库存来提高供应链的系统性和集成性，增强企业的敏捷性和响应性。

实施快速响应策略的收益是巨大的，原因有以下几点：①可以降低经营成本，从而能降低销售价格，增加销售；②伴随着商品库存风险的减少，商品以低价位定价，增加销售；③能减少缺货现象，降低销售的机会损失；④易于确定畅销商品，能保证畅销品的品种齐全，连续供应；⑤减少商品的库存量，并保证畅销商品的正常库存量，加快商品周转。

【小案例】　日日顺：行业首个“黑灯”大件智能无人仓

青岛日日顺物流有限公司，成立于山东青岛，是国家5A级物流企业和3A信用企业，日日顺物流定位于颠覆传统物流服务模式，成为行业引领的物联网场景物流生态品牌。目前日日顺物流通过“科技化”基础物流能力、“数字化”SCM定制方案、“场景化”社群服务平台三大差异化竞争力，成为居家大件物流领域的引领者。

目前企业“小而全”、协同弱、库存高、成本高、效率低的情况还比较普遍，影响了实体经济整体的竞争力；企业与市场之间的供求关系失衡，产业供应链体系的缺失，则进一步加剧了经济结构性失衡、循环不畅等突出问题。就物流行业而言，行业内对大件、大家电物流的行业标准模式为平面仓、高架仓配合信息化系统(传统WMS)，操作办法为人工+机械(夹抱车、叉车)的处理办法，库内策略管理为人工分析、系统配置形式，无人工智能要素，无法实现自主迭代、自主升级、产品预测。传统的仓库占比高，仓库自动化水平低，作业效率不高致使库存周转率低；其次货物装卸搬运上的人力成本逐年增加，人力搬运造成的货损率较高。

为此日日顺物流发挥技术引领优势、强化物联网模式优势，完成数字化全球供应链产业布局，从理念、方法、技术、装备以及系统集成的全链创新，促进物流科技发展，在助力增强物流服务业新旧动能转化的同时，也对服务经济高质量发展起着重要推动作用。

日日顺物流依托先进的管理理念和物流技术，以数字化为驱动力，在大件物流智能化上先行先试。目前，日日顺物流在全国拥有15大发运基地、136个智慧物流仓、6 000多个网点、3 300条干线班车线路、10 000余条区域配送线路、10万“车小微”创业司机、20万场景服务师。目前，日日顺物流已先后在山东青岛、浙江杭州、广东佛山、山东胶州等地建立了众多不同类型的智能仓，首个大件物流智能无人仓的启用，再次凸显出日日顺物流在行业的影响力。

位于即墨物流园的智能无人仓，定位于连接产业端到用户端的全流程、全场景区域配送中心，是日日顺物流基于新基建背景在科技化、数字化、场景化方面深度探索的成果，通过5G、人工智能技术以及智能装备的集中应用，打通前端用户和后端工厂的全流程、全场景，为用户提供定制化的场景物流服务解决方案。所处理的SKU数量超过1万个，覆盖海尔、海信、小米、格力等绝大部分家电品牌，实现全品类大家电的存储、拣选、发货无人化。整个无人仓主要分为四大作业区域，分别为入库扫描区、自动化立体存储区、拆零拣选区、备货(发货暂存)区。

基于领先的设备和“智慧大脑”，无人仓作业效率和准确率均得到大幅提升，出货量达到2.4万件/天。与传统仓库相比较，作业人员大量节省，目前库存利用率提高4倍；同时，通过智能码垛、智能存储、智能分拣等全自动化作业，避免了人工作业引起的差错，保证物流作业精准高效地进行；此外，智能设备可以更好地保护商品，实现产品质量零损失。

日日顺物流供应链一体化解决方案平台，聚集10万辆车，仓储资源600万平方米，建立起能够支撑全年服务8 000万件B端客户，6 000万单C端客户配送能力。平台上每年的吞吐量

1.3亿立方米。作为行业引领的物联网场景物流生态平台，日日顺物流设备的智能化、供应链解决方案的数字化，以及为客户提供场景化定制服务，是未来发展的主要方向，即墨智能无人仓的建成是日日顺物流引领行业布局新基建的思考，也是立足品牌不断提升用户服务体验的探索。

资料来源：日日顺：行业首个"黑灯"大件智能无人仓[EB/OL].(2021-04-14). http://chinawuliu.com.cn/xsyj/202104/14/546225.shtml.

(二)有效顾客反应

有效顾客反应(Efficient Consumer Response，ECR)是一个由生产厂家、批发商和零售商等供应链组成的，各方相互协调和合作，以更好、更快并以更低的成本满足消费者需要为目的供应链管理系统。ECR的优点在于供应链各方为了提高消费满意度这个共同的目标，分享信息和诀窍。ECR是一种把以前处于分离状态的供应链联系在一起来满足客户需求的重要的工具。ECR具有以下特征。

(1)管理意识的创新。传统的产销之间的交易关系是一种此消彼长的对立关系，即交易各方以对自己有利的买卖条件进行交易。简单地说，是一种输赢型关系。ECR要求产销双方的交易关系是一种合作伙伴关系，即交易各方通过相互协调合作，实现以低成本向消费者提供更高价值服务的目标，在此基础上追求双方的利益。简单地说是一种双赢关系。

(2)供应链整体协调。传统流通活动缺乏效率的主要原因在于生产商、批发商和零售商之间存在企业间联系的非效率性和企业内采购、生产、销售和物流等部门或职能之间联系的非效率性。传统的组织是以部门或职能为中心进行经营活动，以各个部门或职能的效益最大化为目标。这样虽然能够提高各个部门或职能的效率，但容易引起部门或职能间的摩擦。同样，传统的业务流程中各个企业以各自企业的效益最大化为目标，这样虽然能够提高各个企业的经营效率，但容易引起企业间的利益摩擦。ECR要求对各部门、各职能以及各企业之间的隔阂，进行跨部门、跨职能和跨企业的管理和协调，使商品流和信息流在企业内和供应链内顺畅地流动。

(三)电子订货系统

电子订货系统(Electronic ordering system，EOS)，是指将批发、零售商场所发生的订货数据输入计算机，即通过计算机通信网络连接的方式将资料传送至总公司、批发商、商品供货商或制造商处。根据电子订货系统的整体运作程序来划分，大致可以分为以下三种类型。

连锁体系内部的网络型，即连锁门店有电子订货配置，连锁总部有接单电脑系统，并用即时、批次或电子信箱等方式传输订货信息。这是"多对一"与"一对多"相结合的初级形式的电子订货系统。

供应商对连锁门店的网络型，其具体形式有两种：一种是直接的"多对多"，即众多的不同连锁体系下属的门店对供应商，由供应商直接接单发货至门店；另一种是以各连锁体系内部的配送中心为中介的间接的"多对多"，即连锁门店直接向供应商订货，并告知配送中心有关订货信息，供货商按商品类别向配送中心发货，并由配送中心按门店组配向门店送货，这可以说是中级形式的电子订货系统。

众多零售系统共同利用的标准网络型，其特征是利用标准化的传票和社会配套的信息管理系统完成订货作业。其具体形式有两种：一是地区性社会配套的信息管理系统网络，即成立由众多的中小型零售商、批发商构成的区域性社会配套的信息管理系统营运公司和地区性的咨询处理公司，为本地区的零售业服务，支持本地区EOS的运行；二是专业性社会配套信息管理系统网络，即按商品的性质划分专业，从而形成各个不同专业的信息网络。这是高级形式的电子订货系统，必须以统一的商品代码、统一的企业代码、统一的传票和订货的规范标准的建立为前提条件。

三、供应链类型

（一）推动式供应链

推动式供应链是以制造商为核心，产品生产建立在需求预测的基础上，并在客户订货前进行生产，产品生产出来后从分销商逐级推向顾客。顾客处于被动接受的末端。一般来说，制造商利用从零售商仓库接到的订单来预测顾客需求。推动式供应链的不确定性很低，但提前期较长，按库存生产是主要的生产方式。这种运作方式适用于供应链管理的初级阶段，或产品或市场变动较小的情况，如图 7.1 所示。

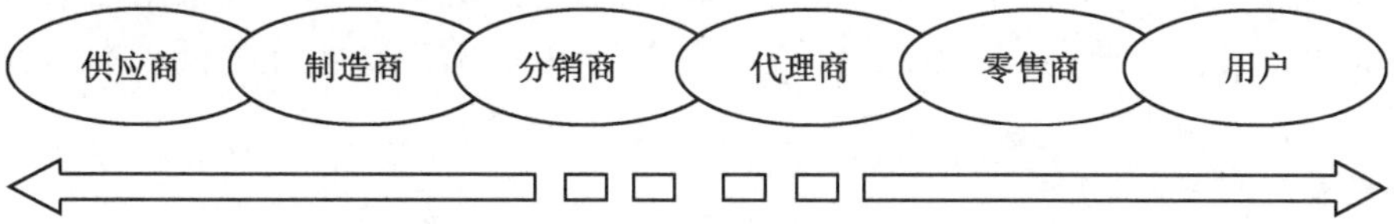

图 7.1　推动式供应链

在一个推动式的供应链中，生产和分销的决策都是根据长期预测的结果做出的。准确地说，制造商是利用从零售商处获得的订单进行需求预测。事实上，企业从零售商和仓库那里获取订单的变动性要比顾客实际需求的变动大得多，这就是通常所说的"牛鞭效应"，这种现象会使得企业的计划和管理工作变得很困难。例如，制造商不清楚应当如何确定它的生产能力，如果根据最大需求确定，就意味着在大多数时间里，制造商必须承担高昂的资源闲置成本；如果根据平均需求确定生产能力，在需求高峰时期需要寻找昂贵的补充资源。同样，对运输能力的确定也面临这样的问题：是以最高需求还是以平均需求为准呢？因此，在一个推动式的供应链中，经常会发生由于紧急的生产转换而引起的运输成本增加、库存水平变高或生产成本上升等情况。

（二）拉动式供应链

拉动式供应链是指消费者导向或需求导向的供应链，由消费者购买产品后，经由销售时点情报的数据收集，启动供应链零售店经由电子数据交换向物流中心产生自动补货要求。物流中心经由电子数据交换向制造商产生自动补货要求。制造商再快速自动化生产，并经由电子数据交换事先将寄货通知发给零售店。物流中心采取越库作业，减少入库时间，以使货物很快送达零售店。如图 7.2 所示。

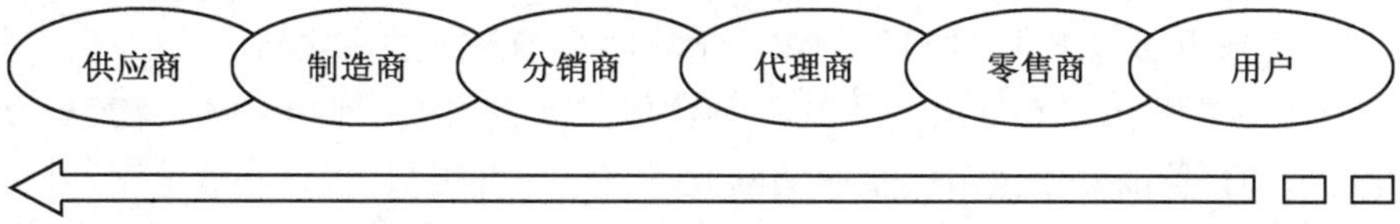

图 7.2　拉动式供应链

拉动式供应链的优点集中表现在它缩短了生产的提前期。由于拉动式市场的供应链系统能够通过外部实际需求信息的采集，更准确地预测零售商的订单而缩短提前期。而随着生产提前期的缩短，零售商的库存水平将显著减少，制造商面对的变动性也随着提前期的缩短而变小，而制造商的变动性变小使得制造商库存能够降低。因此，在一个拉动式市场的供应链系统中，经常能够看到系统的库存水平明显下降，管理资源的能力加强，整个系统的成本低于相应的推动式市场的供应链系统。

对一个特定的产品而言，应当采用什么样的供应链模式呢？企业是应该采用推动模式还是拉动模式，前面主要从市场需求变化的角度出发，考虑的是供应链如何处理需求不确定的运作问题。在实际的供应链管理过程中，不仅要考虑来自需求端的不确定性问题，而且还要考虑来自企业自身生产和分销规模经济的重要性。在其他条件相同的情况下，需求不确定性越高，就越应当采用根据实际需求管理供应链的模式——拉动战略；相反，需求不确定性越低，就越应该采用根据长期预测管理供应链的模式——推动战略。同样，在其他条件相同的情况下，规模效益对降低成本起着重要的作用，如果组合需求的价值越高，就越应当采用推动模式，根据长期需求预测管理供应链；如果规模经济不那么重要，组合需求也不能降低成本，就应当采用拉动模式。

（三）精益化供应链

精益化供应链（Lean Supply Chains）简称精益供应链，它来源于精益管理，将从产品设计到顾客得到产品，整个过程所必需的步骤和合作伙伴整合起来，快速响应顾客多变的需求，其核心是减少、消除企业中的浪费，用尽可能少的资源最大程度地满足客户需求。

精益管理的基本原理是：不断改进，消除对资源的浪费，协力工作，柔性生产。精益生产的主要支柱是及时生产制（Just in Time，JIT）、成组技术（Group Technology，GT）、全面质量管理（Total Quality Management，TQM）和并行工程（Concurrent Engineering，CE）。精益化供应链具有以下特点：

（1）结构体系简洁。这是供应链建模的重要原则。简洁的供应链能减少不确定性对供应链的负面影响，且可使生产和经营过程更加透明，非创造价值的活动减少到最低限度，订单处理周期和生产周期缩短。

（2）面向对象的供应链模式。面向对象的供应链是以订单为驱动，以订单为对象，实现“一个流供应，一个流生产，一个流分销”。

（3）非线性系统集成模式。集成式先进制造系统是实现再造工程的重要方法和手段，供应链的集成不是简单的企业兼并式集团化，而是一种松散的耦合集成——凝聚与扩散有机结合：由不同形式的企业组织的联合式集成；由企业间的技术交流与扩散，以融合形式的集成；由不同学科间交叉形成的集成。这是一种非线性、协同方式的集成，使系统实现整体大于部分的总体效果。

（4）采购与供销一体化物流系统。精细生产如果没有精细供应与分销系统与之相配合，整个供应链就达不到精细运作，因此精细的供应链应实行JIT采购使之与JIT生产相适应。

（5）基于因特网/EDI的电子业务模式。现代信息技术改变了商务通信与交易方式，因特网、EDI等技术的日益成熟使供应链企业间的业务往来速度更快，大大降低了交易成本和其他业务往来投资。

（6）动态联盟的组织形式。动态联盟建立在“强—强”联合思想之上，使企业从“公司制变成联邦制”，使企业以最小的组织实现最大的利益。从精细思想来看，它能获得较好的成本效率，其成本效率来自优化的成本结构和减少虚拟结构冗余。

(7)开放式的企业信息系统。集成化的供应链模式，企业之间要求有较好的信息透明度，供应商、制造商、分销商之间应保持较好的沟通与联系，达到信息共享，使供应链达到并行化、同步化。要实现这种运营模式，企业的信息系统不再是封闭孤岛式的企业信息系统，而是建立在互联网上的开放式的信息系统，也称为合作式的信息系统。

(四)敏捷供应链

敏捷性是美国学者于20世纪90年代初提出的一种新型战略思想，当时提出这种战略思想主要是针对制造技术领域，目标是提高制造系统对外部环境变化的应变能力。所谓敏捷供应链是指在不确定性、持续变化的环境下，为了在特定的某一市场机会中获得价值最大化而形成的基于一体化的动态联盟和协同运作的供应链，以核心企业为中心，通过对资金流、物流、信息流的控制，将供应商、制造商、分销商、零售商及最终消费者用户整合到一个统一的、无缝化程度较高的功能网络链条，以形成一个极具竞争力的战略联盟。

敏捷供应链以增强企业对市场需求的适应能力为导向，以动态联盟的快速重构为基本着眼点，致力于支持供应链的迅速结盟、优化联盟运行和联盟平稳解体。强调从整个供应链的角度考虑、决策和绩效评价，使企业与合作者共同降低产品价格，并追求快速反应市场需求，提高供应链各环节边际效益，实现利益共享的双赢目标。

敏捷供应链是一种全新理念，它突破传统的管理思想，为企业带来全新竞争优势，使企业能够在未来经济生活中大展宏图。

(1)速度优势。网络经济时代，企业实行敏捷供应链战略的一个重要竞争优势就在于速度。企业如果按敏捷供应链观念组织生产，其独特的订单驱动生产组织方式，在敏捷制造技术支持下，可以最快速度响应客户需求。

(2)顾客资源优势。企业在实行敏捷供应链战略的过程中，会通过对客户的电子商务环节开办个性化订购服务，客户可在网页上根据公司对产品组件和功能的介绍，自己选择零部件，自己设计产品的款式、颜色、尺寸，顾客的需求信息直接反映到产品设计和规划阶段上，成为企业最直接也是最有价值的信息资源。通过尽量迅速、准确地满足顾客的个性化、多样化的需求，不断地培养并提高顾客的忠诚度，从而拥有较为稳定的顾客资源。

(3)个性化产品优势。依靠敏捷制造技术、动态组织结构和柔性管理技术三个方面的支持，敏捷供应链解决了流水线生产方式难以解决的品种单一问题，实现了多产品、少批量的个性化生产，使个性化产品生产成为现实。

(4)成本优势。在通常情况下，产品的个性化生产和产品成本是一对负相关目标，从事传统产业经营的人员对这一点体会更为深刻。然而在敏捷供应链战略的实行中，这一对矛盾却得以成功解决，在获得多样化产品的同时，敏捷供应链在敏捷制造技术、信息技术(IT)及并行工程技术(CE)的支持下，成功地实现了客户需要什么就生产什么的订单驱动生产组织方式，降低了整条供应链的库存量，使企业获得了低廉的成本优势。

(5)组织优势。新战略依赖新型组织机构，敏捷供应链的成功实施依赖于虚拟组织的构建，即若干相互关联的厂商，基于战略一致性而构成的动态联盟。与传统的实体组织相比，虚拟组织具有如下几个特点：超组织性，它不一定是一个独立的法人实体，而是为了特定目标或项目由相关节点企业形成的联盟；动态性，虚拟组织不是一成不变的，当市场需求或组织目标发生变化时，原先的组织立刻解体；网状组织，它改变了传统的等级分明的金字塔结构，允许信息横向传递与交流，使信息利用更为充分。

【小案例】 戴尔的敏捷供应链

"整个供应链最关键的地方在于对生产和制造过程的控制，包括物流。"一位戴尔的员工这样告诉记者。戴尔供应链高度集成，上游或下游联系紧密，成为捆绑的联合体。不同于IBM(注意力横跨整个设计、制造、分销和市场的全过程)，戴尔在装配和市场上做足了功夫。IT行业有它的特殊性，"电脑配件放在仓库里一个月，价格就要下降1到2个百分点"。如果没有一个很好的供应链管理和生产控制，电脑的利润只会更低。

戴尔的营运方式是直销，在业界号称"零库存高周转"。在直销模式下，公司接到订货单后，将电脑部件组装成整机，而不是像很多企业那样，根据对市场预测制定生产计划，批量制成成品。真正按顾客需求定制生产，这需要在极短的时间内完成，速度和精度是考验戴尔的两大难题。戴尔的做法是，利用信息技术全面管理生产过程。通过互联网，戴尔公司和其上游配件制造商能迅速对客户订单做出反应：当订单传至戴尔的控制中心，控制中心把订单分解为子任务，并通过网络分派给各独立配件制造商进行排产。各制造商按戴尔的电子订单进行生产组装，并按戴尔控制中心的时间表来供货。戴尔所需要做的只是在成品车间完成组装和系统测试，剩下的就是客户服务中心的事情了。"经过优化后，戴尔供应链每20秒钟汇集一次订单。"

通过各种途径获得的订单被汇总后，供应链系统软件会自动地分析出所需原材料，同时比较公司现有库存和供应商库存，创建一个供应商材料清单。而戴尔的供应商仅需要90分钟的时间用来准备所需要的原材料并将它们运送到戴尔的工厂，戴尔再花30分钟时间卸载货物，并严格按照制造订单的要求将原材料放到组装线上。由于戴尔仅需要准备手头订单所需要的原材料，因此工厂的库存时间仅有7个小时。

资料来源：根据百度文库等网络资料整理。

(五)柔性供应链

柔性供应链(Supply Chain Flexibility)是指能够适应需求变化的供应链，表现为快速而经济地处理环境或由环境引起的不确定性的能力。需求的变化也可以称为不确定性或者风险，这是供应链上的各个环节都客观存在的一种现象，主要存在于企业与企业之间或者企业与最终消费者之间。需求的不确定性程度提高会加大供应链管理难度和成本。柔性供应链主要包括以下几个方面的柔性。

1. 制造系统柔性

制造系统柔性是指为应对外部环境变化，在现有的资源条件下低成本快速地生产出满足顾客和市场需要的质量优良产品的能力，包括机床柔性、产品柔性、加工柔性、工序柔性、运行柔性、产量柔性、扩展柔性和生产柔性等。

2. 物流系统柔性

物流柔性是指在外部环境条件变化的情况下，以合理的成本水平采用合适的运输方式在合适的时间和地点收集和配送合适的产品或资源以及服务以满足顾客或合作伙伴需要的能力。

3. 信息系统柔性

由于供应链在其整个生命周期运作过程中具有动态性，其间会发生供应链各个层面的重组或重构，信息柔性子系统能够相应地调整以适应变化。柔性信息系统具有可重组、可重构、模块化、可扩展以及热插拔的特性等。

4. 供应系统柔性

根据顾客或合作伙伴的需要改变供应计划有利于提高服务水平及合作伙伴之间的合作水

平。具有供应柔性的供应链能够适时调整生产计划，改变零件或产品的产量、种类或组合以满足合作伙伴或顾客的需要。

第三节　供应链环境下的采购管理

一、采购管理的基本原理

在供应链环境下，采购是指处于供应链条件下的企业，以下游客户多样化需求为导向，从外部供应商获取物资、服务、技术、能力、知识等有利资源提升自身核心竞争力的过程。这是一个企业内、外部资源整合的过程，体现了供应链环境下资源配置的本质要求，有利于合作企业之间合作伙伴关系的发展，也有利于互惠互利的企业目的实现。

(一)供应链环境下的采购特点

1. 从采购管理转变为外部资源管理

传统采购管理的不足之处在于与供应商缺乏交流合作，缺乏柔性地对需求快速响应的能力。准时化采购(JIT 采购)和准时化生产(JIT 生产)的思想出现后，为企业的供应链管理带来了挑战和机遇。将原来传统的单纯为库存而采购的管理模式，转变为提高采购的柔性和市场响应能力，增加和供应商的沟通联系，使原材料的库存为零，缺陷为零，建立新的供需合作模式。传统的采购模式只单纯地重视企业内部资源的管理，即孤立地追求采购流程的优化、监控采购环节等，而没有与供应商进行有效的合作。而在供应链管理模式下，采购管理不但加强内部资源的管理，还转向对外部资源的管理，加强了与供应商在信息沟通、市场应变能力、产品设计、产品质量、交货期等方面的合作，真正实现零库存达到双赢的目的。

2. 从为库存而采购转变为为订单而采购

在传统的采购中，其采购部门并不关心企业的生产过程，不能掌握生产的进度、用料规律、产品需求的变化，因而无法安排好进货周期。采购部门目的很简单，只要正在进行的生产不发生“停工待料”的现象就行了，为此而储备的保险库存，就是我们常说的为库存而采购。在供应链管理的模式下采购活动是以订单拉动生产的方式进行的。即生产订单是在用户需求订单的拉动下产生，生产订单拉动采购订单，采购订单再拉动供应商。这种准时化的订单拉式控制策略，使物流系统得以快速响应用户的需求，从而提高了物流的速度和库存的周转率，降低了库存成本。

3. 从一般买卖关系发展成战略协作伙伴关系

在传统的采购模式中，供应商与生产企业之间是一般的买卖关系，不能解决全局性、战略性的供应链问题，企业与企业之间无法共享库存信息，企业间所获取的信息就会出现偏差，失真导致信用风险、产品质量风险、库存资金积压等风险；而在供应链环境下，供应商与生产企业从一般的短期买卖关系发展成长期合作伙伴关系直至战略协作伙伴关系，采购决策变得透明，双方为达成长远的战略性采购供应计划而共同协商，从而避免了因信息不对称造成的成本损失。

(二)供应链采购与传统采购的比较

在探讨供应链管理环境下的采购模式时，我们不难发现，它与传统的采购模式存在显著的差异。供应链采购以需求为导向，注重信息连通和共享，实现了零库存和连续补货机制，从而在多方面提升了企业的运营效率和成本效益。供应链采购与传统采购在基本性质、采购环境、信息关系、库存关系、送货关系、双方关系、货检关系等方面都存在显著差异。供应链采购与传统采购的比较见表7.1。

表7.1 供应链采购与传统采购的比较

项目	供应链采购	传统采购
基本性质	基于需求的采购	基于库存的采购
	供应方主动型、需求方无采购操作的采购方式	需求方主动型、需求方全采购操作的采购方式
	合作型采购	对抗型采购
采购环境	友好合作环境	对抗性竞争环境
信息关系	信息传输、信息共享	信息不通、信息保密
库存关系	供应商掌握库存	需求方掌握库存
	需求方可以零库存	需求方高库存
送货关系	供应商小批量多频次连续补充货物	大批量少频次进货
双方关系	供需关系友好	供需关系敌对
	责任共担、利益共享、协调性配合	责任自负、利益独享、互斥性竞争
货检关系	免检	严格检查

【微阅读】 兵器智慧供应链协同平台智能采购创新与实践

中国兵工物资集团有限公司隶属于中国兵器工业集团有限公司，公司本部设在北京，目前在国内多个中心城市及香港特别行政区设有多家参控股子公司，服务网络辐射全国。中国兵工物资集团为应对全球新一轮科技革命和产业变革，面临供应难度日益提升、任务量大幅增加、生产资源有限、周期要求紧迫等挑战，急需产业链上相关单位开展广泛的业务协作并高效地配置资源，以达到高质量的协同与共享目标满足市场需要。依托工业互联网，融合云计算、大数据、人工智能等先进技术，以各单位生产制造及资源为基础，支持跨行业、跨领域、跨地域"三跨"，全生命周期、全价值链、全产业链"三全"的兵器智慧供应链协同平台。以市场机制打造"阳光化、规范化"平台化管控和平台化服务，以电子商务平台为节点，以集中采购交易为切入点，将供应链管理触角逐渐向需求端和供应端延伸，打通与全价值链关键节点系统对接，促进内外部资源的软整合，降低信息不对称形成的产业链无形成本，深度融合信息化和工业化，推动企业业务"云化"，提升上下游企业间协同效率。在服务于兵器工业的同时，也为国防工业领域多家集团提供整体解决方案，通过SaaS服务、接口集成和独立部署等多种形式将"互联网+供应链管理"的服务与行业企业分享，共同推进"信息互通、资源共享、能力协同、开放合作、互利共赢"的智慧供应链服务生态圈建设目标。

平台具备招投标(固定资产类)、非招标询价和竞价(统谈统签、分散采购)、网上超市(统谈分签)等四种基本电子化交易模式，并通过基本交易模式的组合，可应用于企业的所有交易模式。交易主体涵盖供应链所有成员单位，交易类型包括货物(工业设备、原材料、配套件、办公用品等)、服务(仓储运输服务、法律事务、审计事务、评估事务、资本运营事务、代理服务等中介服务)、工程建设采购、废旧物资处置等。在商业模式和服务支撑方面主要有：一是利用信息化手段实现了法规和制度的落地，交易行为的规范，以及过程的可追溯、可监控、可管理，从而形成"从线下到线上、从分散到集中"兵器特色的集中采购管理提升模式；二是为企业量身搭建个性化子超市，支持自主管理子集团级供应商，并针对企业采购人员、监察审计管理人员、供应商销售人员等不同类型的岗位用户提供专属智能客户服务和需求对接渠道；三是向供应链管理延伸，平台具备需求测算、计划管理、合同管理、客商管理、物流委托等丰富的功能模块，支持各级企业实现从采购计划到生产制造，再到废旧物资处置循环利用的产品全生命周期全过程的在线管控。

资料来源：中国兵工物资集团：兵器智慧供应链协同平台智能采购创新与实践[EB/OL].(2024-05-29). http://www.chinawuliu.com.cn/xsyj/202405/29/632142.shtml.

二、供应链环境下的采购模式

准时化采购(JIT 采购)是一种基于供应链管理思想的先进的采购管理模式。准时化采购的核心思想是：把合适的数量、合适质量的物品，在合适的时间供应到合适的地点，最大程度地满足客户的需要。其与准时化生产类似，在最好地满足客户需求的同时，还可以极大程度地减少或消除库存和浪费，从而极大地降低企业的采购成本和经营成本。准时化采购模式具有以下优点：

(1)有利于暴露生产过程隐藏的问题，从深层次上提高生产效益。准时化采购认为，过高的库存不仅增加了库存的成本，而且还将许多生产上、管理上的矛盾掩盖起来。准时化采购是一种理想的采购方式，它设置了一个高标准，一种极限目标，即原材料和外购件的库存为零。同时，为了尽可能地实现这样的目标，准时化采购提供了一个不断改进的有效途径，即降低原材料和外购件库存，暴露采购问题，采取措施解决问题。

(2)消除生产过程中的不增值过程。在企业采购中，存有大量的不增加产品价值的活动，准时化采购由于大大精简了采购作业流程，因此消除了这些浪费，极大地提高了工作效率。

(3)使企业真正实现柔性生产。由于原材料和外购件库存降到最低水平，使企业更能适应市场变化，增强了企业的柔性。

(4)有利于提高采购物资的质量。一般来说，实施准时化采购后，可以使购买的原材料和外购件质量提高 2—3 倍。

三、供应链环境下的供应商评价

(一)供应商选择考虑的主要因素

供应商选择是企业运作的首要工作，我们在选择时应该根据供应商信誉、过去与该供应商交往的经验，并考虑以下主要因素：

(1)价格。物美价廉的商品是每个企业都想获得的。各个供应商提供的价格连同各种折扣是最明显的比较。虽然价格并不是最重要的，但是价格的高低是选择供应商的一个重要指标。

(2)质量。这是一个非常重要的影响因素，有的企业愿意花大价钱购买高质量的商品，而有的企业只想购买廉价商品，质量的选择应根据实际情况而定，并不是质量最好的就是最适用的。我们要用最低的价格买到最适合本企业质量要求的产品。

(3)服务。选择供应商时，服务也是一个很重要的考虑因素。例如，换货退货、售后服务、促销支持等类似这样的一些服务可能会在选择供应商过程中起到关键作用。

(4)位置。供应商所处的位置对送货时间、运输成本、紧急订货与加急服务的回应时间等都有影响。当地购买有助于发展地区经济,形成社区信誉以及良好的售后服务。

(5)供应商存货政策。如果供应商的存货政策要求自己随时持有备件存货,拥有安全库存则将有助于突发事故的解决。

(6)柔性。愿意并且能够回应需求改变、接受设计改变等的供应商,应予以重点考虑。

(二)供应商评价

供应商评价是对现有供应商的日常表现进行定期监控和考核。传统上,虽然我们也一直在进行供应商的考评工作,但一般都只是对重要供应商的来货质量进行定期检查,没有一整套的规范和程式。随着采购管理在企业中的地位越来越重要,供应商管理水平也在不断上升,原有的考评方法已不再适应企业管理需求。新的考评办法主要包括供应商考评范围与要求、考评标准以及考评的做法等。在这里,我们主要就如何确定供应商考评范围及考评标准进行介绍。

1.确立供应商考评范围

(1)确立考评对象

供应商考评是对已经通过认证的、正为企业提供服务的供应商进行的绩效考核。其目的是了解供应商的表现、促进供应商提升供应水平,并为供应商奖惩提供依据。由于供应商考评也要耗费企业的人力和物力,因此为了节约企业资源,避免不必要的浪费,只需选择企业认为对其产品质量有重要影响的供应商。如伙伴型供应商、优先型供应商等。如果管理成熟,供应商考评可以每月进行一次,并将考评结果及时通知该供应商以督促他们加以改进。

(2)考评准备

供应商考评是一个十分烦琐,而又必须尽量公正、完备的事情。实施过程中要对供应商的表现如质量、交货、服务等进行监测记录,为考评提供量化依据。一般认为供应商考评的准备工作主要有以下几步:

设立考评准则,考评准则应体现跨功能的原则;设立考评指标,考评指标要明确、合理、与公司的大目标保持一致;确定考评的具体步骤并文件化;选择要进行考评的供应商,将考评做法、标准及要求同相应的供应商进行充分沟通;成立考评小组,小组成员要包括采购员、品质员、企划员、仓管员等。

2.确立考评范围

制定考评文件,文件内容应包括考评什么、何时考评、怎样考评、由谁考评;根据事先确定的考评指标和收集的数据通过信息系统自动计算考评结果;组织供应商会议跟进相应改善行动;设定明确的改进目标。

3.供应商考评指标

虽然供应商的考评指标很多,但是归纳起来也不过四大类:供应商质量考评指标、供应商供应考评指标、供应商经济考评指标以及供应商支持与服务考评指标。

(1)质量指标

质量是用来衡量供应商的最基本的指标。每一采购方在这方面都有自己的标准,要求供应商遵从。供应商质量指标主要包括产品批次合格率、产品抽检缺陷率、供应商产品免检率等:

产品批次合格率=合格批次/总批次×100%;

产品抽检缺陷率=抽检缺陷总数/抽检样品总数×100%;

产品免检率=免检的产品种类数/该供应商供应的产品总种类数×100%

其中尤以产品批次合格率最为常用。此外，也有一些公司将供应商质量体系、供应商是否使用以及如何运用统计过程控制（Statistical Process Control，SPC）于质量控制等也纳入考核。例如，如果供应商通过了 ISO9002 质量体系认证或供应商的质量体系审核达到某一水平则为其加分，否则不加分。还有一些公司要求供应商提供产品的同时也要提供相应的质量文件如过程质量检验报告、出货质量检验报告、产品成分性能测试报告等，并按照供应商提供信息完整、及时与否给予考评。

（2）供应指标

供应商的供应指标其中最主要的是准时交货率、交货周期、订单变化接受率等。

①准时交货率。

准时交货率＝按时按量交货的实际批次/订单确认的交货总批次×100%

②交货周期。交货周期是指自订单开出之日到收货之时的时间长度，一般以天数单位来计算。

③订单变化接受率。订单变化接受率是衡量供应商对订单变化反应灵敏度的一个指标，是指在双方确认的交货周期中供应可接受的订单增加或减少的比率。

订单变化接受率＝订单增加或减少的交货数量/订单原定的交货数量×100%

值得我们注意的是，供应商能够接受的订单增加接受率与订单减少接受率往往并不相同。其原因在于前者取决于供应商生产能力的弹性、生产计划安排与反应快慢、库存大小与状态（原材料、半成品或成品）等，而后者则主要取决于供应商的反应、库存（包括原材料与在制品）大小以及因减少订单带来可能损失的承受力。

（3）经济指标

供应商考核的经济指标主要是考虑采购价格与成本，与质量指标与供应指标不同的是，质量与供应考核按月进行，两者都是量化的指标，而经济指标则常常按季度考核，往往都是定性的，难以量化。下面介绍经济指标的具体考核点。

①价格水平。企业可以将自己的采购价格同本公司所掌握的市场行情比较，也可以根据供应商的实际成本结构及利润率等进行主观判断。

②报价行为。主要包括报价是否及时，报价单是否客观、具体、透明（分解原材料费用、加工费用、包装费用、税金、利润以及相对应的交货与付款条件）。

③降低成本的态度与行动。供应商是否自觉自愿地配合本公司或主动地开展降低成本活动、制订成本改进计划、实施改进行动，是否定期与本公司审查价格等。

④付款。供应商是否将积极配合响应本公司提出的付款条件、付款要求以及付款办法，供应商开出付款发票是否准确、及时，是否符合有关财税要求。

有些单位还将供应商的财务管理水平与手段、财务状况以及对整体成本的认识也纳入考核范围。

（4）支持与服务指标

同经济类指标一样，考核供应商在支持、合作与服务方面的表现通常也都是定性的考核，一般来说可以每个季度一次。考核的内容主要有反应与沟通、合作态度、参与本公司的改进与开发项目、售后服务等等。

①投诉灵敏度：供应商对订单、交货、质量投诉等反应是否及时、迅速，答复是否完整，对退货、挑选等要求是否及时处理。

②沟通：供应商是否派出合适的人员与本公司定期进行沟通，沟通手段是否符合本公司的

要求(电话、传真、电子邮件以及文件书写所用软件与本公司的匹配程度等等)。

③合作态度:供应商是否将本公司看成是其重要客户,供应商高层领导或关键人物是否重视本公司的要求,是否经常走访本公司,供应商内部沟通协作(如市场、生产、计划、工程、质量等部门)是否能整体理解并满足本公司的要求。

④共同改进:供应商是否积极参与或主动提出与本公司相关的质量、供应、成本等改进项目或活动,是否经常采用新的管理做法,是否积极组织参与本公司共同召开的供应商改进会议、配合本公司开展的质量体系审核等。

⑤售后服务:供应商是否主动征询顾客意见,是否主动走访本公司,是否主动解决或预防问题发生,是否及时安排技术人员对发生的问题进行处理。

⑥参与开发:供应商是否主动参与本公司的各种相关开发项目,如何参与本公司的产品或业务开发过程。

第四节　供应链环境下的库存管理

一、库存管理概述

(一)库存管理概念

库存管理又称存货管理或在库管理,是在库存论的指导下,在经济、合理或某些特定的前提下(如不允许缺货与降低服务水平等)建立库存数量的界限,即库存量(需求量)、库存水平、订量等数据界限。简单地说,库存管理主要是企业经营者解决何时补充订货,补充订货多少,以及库存系统的安全库存量、平均库存量、周转率、缺货次数各是多少等问题所采取的方法。

库存管理是对在库货物品种及其存量的管理与控制,它只考虑其合理性、经济性与最优性,而不是从技术上去考虑存货的保管与储藏以及如何运输。

(二)库存管理目标

库存管理基于两点考虑。一个是用户服务水平,即在正确的地点,正确的时间,有足够数量的合适商品。另一个则是订货成本与库存持有成本。

库存管理的总目标是:在库存成本的合理范围内达到满意的顾客服务水平。为达该目标,应尽量使库存平衡,库存管理人员须作出两项基本决策:订货时机与订货批量(何时订货与订多少货)。

(三)库存管理作用

在企业经营过程的各个环节间存在库存,也就是说,在采购、生产、销售的不断循环的过程中,库存使各个环节上相对独立的经济活动成为可能。同时库存可以调节各个环节之间由于供求品种及数量的不尽一致而发生的变化,将采购、生产和销售等企业经营的各个环节连接起来起润滑剂的作用。总之,库存管理的作用包括以下方面。

1.满足预期顾客需求

顾客可能是从街上走进来买一套立体音响设备的人,也可能是一名机工,他的工具箱或生产制造过程需要工具。这些库存就涉及预期库存,因为它们被持有是为了满足预期的平均需求。

2.平滑生产要求

经历季节性需求模式的企业总是在淡季积累库存,满足特定季节的过高需求。这种库存被命名为季节性库存。加工新鲜水果蔬菜的公司会涉及季节性库存，出售贺卡、滑雪板或圣诞树的商店也一样。

3. 分离运作过程

过去的制造企业用库存作缓冲，为保持生产的连续性而持续运行，否则就会由于设备故障而陷于混乱，并导致部分业务临时中止。缓冲使得在解决问题时，其他业务不必临时中断。

4. 阻止脱销

延迟送货和意料之外的需求增长增加缺货风险。延迟的发生可能由于气候条件、供应商缺货、运错货物、质量问题等等。持有安全库存能够降低缺货风险。安全库存是指为对付需求和交付时间的多变性而持有的超过平均需求的库存。

5. 利用订货周期

为使采购和库存成本平衡，公司往往一次性地购买超过现有需求的数量。把所购买物品的其中一些或全部储备起来用于后期使用，这种方式十分必要。同样地，大量生产往往也比少量生产经济。而且此时产出必须进入库存以后再用。因此，保存库存能够使公司以经济批量采购和生产，无须为短期需求与购买或生产的平衡而费尽心机。这就导致了定期订单或订货周期产生。订货周期并不总是取决于经济订货批量。在有些情况下，集体订货和固定时间订货会更现实或更经济。

6. 避免价格上涨

有时公司管理者怀疑实际物价要上涨，为避免增加成本他们就会以超过平时正常水平的数量进行采购。储存多余商品的能力也允许公司利用更大订单获取价格折扣。

7. 准许业务营运

生产运作过程需要花费一定量的时间这个事实(即生产的非即时性)意味着通常都会有一些在制品库存。另外，商品的中间库存(包括生产现场的原材料、半成品和产成品以及存在仓库里的商品)会产生经由生产—销售系统的流水线库存。

二、库存管理的基本方法

常见的库存管理方法有定量、双堆、定期、非强制补充供货、MRP(物料需求计划，Material Requirement Planning)及JIT(准时制生产方式，Just In Time)等订货法。定量、双堆、定期和非强制补充供货法通常适用于最终物品，而MRP和JIT法适用于用来生产最终物品的材料和零件。

定量和双堆(两堆)法统称为固定订货量法(以数量为基础的方法)。定期和非强制补充供货法统称为固定订货间隔期法(以时间为基础的方法)。物料需求计划及准时生产订货法称为派生的订货量法(以产量为基础的方法)。以数量为基础的库存管理法要不断地检查每项需求量，以确定是否应发出订单(所以又称为“连续”法)。以时间为基础的方法则要按规定的检查日期对存货进行盘点(所以命名为“定期”法)。以产量为基础的系统仅按预计的制造日程订购存货。

(一)定量订货管理法

定量订货管理法要保持存货数量的记录，并在存货量降至一定水准时进行补充供应。这种方法以经济订货量(EOQ)和订货点的原理为基础。在这种方法下，订货点和订货量都是固定的，检查期和需求率是可变的，前置时间可能是固定的或可变的。在定量订货管理法下，每件物品自仓库发出时，对出库量要记录在案，并要将存货余额同订货点进行比较，若存货余额等于或低于订货点，便要按物品的某一固定数量进行订货。若存货余额高于定量订货管理订货点，则不采取行动。所以在定量订货管理法下便负有对所有物品进行经常或连续盘点的责任。

（二）双堆订货管理法

双堆订货管理法的运行则无须日记录，因而是连续方法的一种简化形式。此方法将库存物资分为两堆存放，第一堆是订货点库存量，其余作第二堆。发料时，先动用第二堆，当第二堆用完，只剩下第一堆时，意味着库存下降到了订货点，立即提出订货。也可将保险储备量从第一堆订购量中分出来，另作一堆，称为三堆法。双堆或三堆法无须盘点，库存量形象化，简便易行。其缺点是需占用较多的仓库面积。

双堆订货管理法的显著特点是没有连续的库存记录。双堆订货管理法属于固定订货量法，它具有不少的优点。最重要的优点是减少了资料工作。对每项业务不用保持记录。订货点由肉眼来判定，当存货消耗一堆时便开始订货，其后的需求由第二堆来满足。

双堆订货管理法最适合于廉价的、用途相当单一的和前置时间短的物品，如办公用品以及螺母、螺栓等。

（三）定期订货管理法

另一种常用的库存管理方法就是定期订货管理法。在这个系统下，不使用 EOQ 值，而是按固定的订货间隔期订货。如每间隔 3 天订货一次，或 1 个月订货两次。在定量订货管理法里，订货间隔期是变化的，而每次订货数量保持不变；在定期订货管理法中，却正好相反，即每次订货数变化而订货间隔期不变。定期订货法制度可用于以下三种情况：

(1)企业未建立自动化的库存永续盘点制度，在这类企业中，主要是由仓库管理员定期用手工操作方法检查各种存货的库存数量，以确定哪些存货库存已达到最低限额。这种库存盘点工作应定期进行。

(2)如果买方按固定订货间隔期订货，卖方可以给予大笔折扣，由于获得的折扣比使用 EOQ 方法所得到的好处更大，所以，就使用定期订货管理法。

(3)企业按产地交货价格购入生产所需原材料，同时尽量利用自己的运输车辆，将原材料运回工厂。例如，某企业的自备运输车辆常从货物产地空驶回厂，企业就在货物产地购买原材料，定期利用自己的回空车辆将原材料运回工厂。

在定期订货管理法中，在库物品的数量要按固定的时间间隔期进行检查。在每一时期开始时必须对货物的现存量加以盘点。

（四）非强制补充供货管理法

非强制补充供货管理法也称为最小—最大法，是定量法和定期法的混合物。库存水准均按固定的间隔期进行检查，但订货要在库存余额已经降至预定的订货点时才进行。单一物品描述了非强制补充供货法的变化过程。最高库存水准要按每项物品来规定。若在检查日库存余额高于订货点，便不订货，若在检查日库存余额等于或低于订货点，便进行订货。订货数量等于最高库存水准减在检查期间的库存水准。

（五）MRP 与 JIT 库存管理法

MRP 与 JIT 库存管理法为大多数制造企业所采用。MRP 库存管理法被广泛地用于计划生产。由于属于材料和零件的物品被最终物品所耗用，故存货水准均根据用最终物品表示的需求量来得出。物料需求计划法是一种派生的订货量法。

这种方法的作用是按反工艺方向，并根据最终产品或主要装配件的计划完工日期，来确定各种零件和材料需要订购的日期和数量。该系统在预先已知最终产品的具体需求量和某项物品的需求量按某种可预断的方式同其他物品的需求量联系在一起时，可得到良好的效果。

JIT 库存管理法越来越受到重视，特别在供应链管理的条件下更是如此，JIT 形成于日本丰田公司，在日本称为“看板”管理。日本企业有效地使用了这一概念。在该法中，企业基本上按一定的日程表向供应商订货，并由供应商按期（如按天或小时）准时给厂商送货。该法也与 EOQ 模型有联系，它假定订货费用可略而不计，因此，企业经常订货以减少库存费用。对 JIT 较为广义的理解可以是，它仅仅是一个导致在制品与存货低水平的生产时间安排系统而已。但从某种最真实的意义上来说，JIT 代表的是一种理念，它包含着生产过程的各个方面，从产品的设计到售后服务，无所不包。在这种理念指导下的系统运行，存货水平最低，浪费最小，空间占用最小，事务量最少。它必须是一个没有中断倾向的方法，根据产品品种及其所能控制的数量范围而具备柔性，其最终目标是达到一个使材料平滑、迅速地流经整个系统的和谐系统。

【小案例】　“智慧仓储”助力打造现代化供应链管理体系

中国移动通信集团山东有限公司（以下简称山东移动）以提升治理效能为主线，实现供应链数智化转型高质量发展；从协同化、集中化、精益化、智慧化出发，实现物资在需求计划、采购、仓储、工建、转资、运维、报废等全生命周期的拉通和协同管理，深入挖掘降本增效潜力。

山东移动搭建智慧供应链运营平台，通过大数据技术的支撑，强化数据综合处理、分析能力，借以促进供应链体系进一步的集约化、高效能运作，实现智慧采购、智慧物流、智慧运营，助力网络强国建设。目前山东移动拥有 2 个省级仓库、17 个市级仓库，140 个县级仓库，保证物资供应、支撑业务发展。目前供应链服务项目业务维度多、信息多、系统多，缺乏专业的数据收集、分析、挖掘和展示工具，未能有效整合利用数据资源进行大数据分析、最大限度发挥数据价值，导致需求预测不准确、框架合同断档、缺货与爆仓现象并存，供货质量问题频发，供货配送不及时、库存呆滞严重等问题长期存在。为实现更高效的供应链运营，山东移动研发智慧供应链运营平台，将目前相对孤立的数据有机联系起来。通过系统间的对接打通与数据整合，形成大数据仓库，利用设计模型算法对数据进行整理、分析、挖掘，提供业务全程跟踪以及物资全生命周期的信息展示。并提供精准、快捷、多维度的数据分析结果和智能预警，引导用户准确评估业务现状，提前采用合理的管控措施，大大降低集约化供应链运营的风险，实现供应链智慧化运营。

资料来源：数智赋能促转型，创新驱动谋发展——“智慧仓储”助力打造现代化供应链管理体系［EB/OL］.（2024-10-22）. http://gateway.chinawuliu.com.cn/xsyj/202410/22/639387.shtml.

本章小结

供应链管理是现代企业的一种新型战略方式，供应链管理的研究对象是由多个相互合作的企业所构成的整体，这些企业通过合作实现战略定位，提高运作效率。从一定意义上讲，现代企业可持续发展的关键在于其供应链网络响应消费者需求的程度以及供应链管理策略正确与否。本章通过《数字化供应链的创新者——京东物流》的案例说明了供应链策略对于企业生产经营活动的重要性，阐述了供应链管理的核心理念、供应链设计原则、供应链管理方法、供应链类型等概念，并对供应链环境下的采购模式、供应链环境下的供应商评价、供应链库存管理策略作了较全面的说明。

习题

一、单选题

1. 供应链管理的核心在于(　　)。

A. 创造价值　　B. 实现利润　　C. 满足顾客需求　　D. 最大化成本效益

2. 供应链管理对资源概念的内涵拓展表现在(　　)。

A. 资源局限于企业内部,统称为物料

B. 核心是物料需求计划

C. 从供应链整体角度进行资源的优化

D. 资源问题归结为能力需求问题

3. JIT 的目标是(　　)。

A. 把客户、销售代理商、供应商、协作单位纳入生产体系,进而组成一个企业供应链

B. 最小化库存、提高产品质量、提高生产效率和提供最佳客户服务水平

C. 满足客户和市场的需求

D. 企业利润最大化

4. 供应链管理的形成动因是(　　)。

A. 集成效应　　B. 规模经济　　C. 距离经济　　D. 范围经济

5. 供应链联盟的动因在于两个方面:(　　)和加强企业核心竞争力。

A. 快速响应市场　　B. 降低信息成本　　C. 增加市场份额　　D. 降低库存成本

6. 拉动式供应链的流程为(　　)。

A. 生产商—零售配送中心—零售商店

B. 生产商—零售商店—零售配送中心

C. 消费者—零售商店—零售配送中心—生产商

D. 消费者—生产商—零售商店—零售配送中心

7. 响应型供应链适合的产品类型为(　　)。

A. 创新性产品　　B. 功能性产品　　C. 高附加值产品　　D. 低值易耗性产品

8. 关于供应链管理思想以下描述不正确的是(　　)。

A. 在供应链管理环境下资源优化的空间由企业内部扩展到企业外部

B. 生产能力的利用范围也扩展到了供应链系统的全过程

C. 将提前期作为一个静态的固定值来对待

D. 在供应链管理环境下更强调交货期的概念而并不强调提前期的固定与否

9. 供应商管理库存体现的管理思想是(　　)。

A. 供应链的集成化管理　　B. 供应链的分散化管理

C. 企业独立管理库存的思想　　D. 企业共同管理库存的思想

10. 关于 21 世纪全球市场竞争的主要特点以下描述错误的是(　　)。

A. 产品生产周期越来越长　　B. 产品品种数飞速膨胀

C. 对交货期的要求越来越高　　D. 对产品和服务的期望越来越高

二、多选题

1. 造成牛鞭效应的系统原因包括(　　)。

A. 需求预测修正　　B. 订货周期

C. 供应链的层次结构　　D. 产品定价销售策略

2. 基于供应链的采购管理与传统采购管理的区别包括(　　)。

A. 从为订单采购到为库存采购的转变

B. 从采购管理向外部资源管理转变

C. 从一般买卖关系向战略协作伙伴关系转变

D. 从为库存采购到为订单采购的转变

3. 供应链的不确定性从根本上讲是由以下几个方面的原因所造成:(　　)。

A. 外部环境的不可预测　　B. 决策信息的可靠性

C. 需求预测能力的偏差　　D. 管理者的决策质量

4. 供应链的基本特征包括(　　)。

A. 复杂性　　B. 动态性　　C. 面向用户需求　　D. 交叉性

5. 以下属于供应链管理主要涉及的领域的是(　　)。

A. 需求　　B. 计划　　C. 物流　　D. 订单交付

三、判断题

1. 在供应链的设计过程中,创新性并不是一个很重要的原则。　(　　)

2. 供应链管理强调横向一体化的管理思想。　(　　)

3. 传统供应商关系和供应链合作关系都是长期、稳定和紧密合作的关系。　(　　)

4. 传统采购模式具有迅速响应用户需求的能力。　(　　)

5. 拉动式供应链注重对终端消费者的满足,采取按订单生产,以销定产。　(　　)

四、简答题

1. 如何理解供应链管理的四个核心理念? 你认为这个四个核心理念的关系是什么?

2. 简述供应链管理与传统管理模式的区别。

3. 从现代企业管理理论的视角出发,你认为供应链管理应该包含哪些要素?

4. 选择某一企业在供应链管理上的成功案例(国内外的企业均可),根据供应链管理的基本观点,总结一下该企业供应链管理的成功经验。

5. 如何理解我国政府为推动供应链创新与应用所采取的各种措施?

五、论述题

2011 年,日本发生了一场强烈的地震和海啸,给该国的制造业带来了巨大的冲击。许多汽车和电子零部件供应商的工厂受到严重破坏,导致全球汽车和电子行业的供应链中断。某知名汽车制造商由于无法获得关键零部件,不得不暂停部分生产线,导致交付延迟和销售额下降。请结合材料背景深入分析供应链管理中常见的风险,并探讨相应的应对策略。

六、案例分析

锅圈食汇的供应链提升之路

锅圈食品(上海)股份有限公司(简称“锅圈”)在短短数年间,其旗下的“锅圈食汇”品牌已从最初的火锅食材专卖店,成功转型为拥有超过1万家连锁门店的综合性食材零售企业,产品线也已涵盖了火锅、烧烤、饮品、一人食、即烹餐包、生鲜、西餐及零食八大类别。2023年11月,锅圈登陆港交所上市,开启了锅圈品牌历史的新征程。目前锅圈在全国加盟店累计约13 000家,覆盖31个省份、1 000多个区县。锅圈在餐饮界的成功故事,在引发广泛关注的同时,其加盟店为主的商业模式(加盟店占比高达99.9%),也一直备受争议。这里面存在一个逻辑,加盟店为主的商业模式能否成功,取决于加盟店的管理效率、成本控制和业绩表现,并且与供应链的稳定性关联极大。这些对锅圈的品牌价值、能否回馈资本市场的期待,都有着重大影响。

一、向供应链上游延伸的“单品单厂”模式

餐饮食品行业,最普遍最敏感的问题,那就是来自供应链上游的食品安全、食材品质问题,不少食品行业零售商屡屡在这个问题上翻车。餐饮食品行业的消费者群体巨大,一旦出现批量的质量问题、食安问题,对企业的声誉、品牌力都可能造成不可挽回的损失。零售品牌的食品安全问题,根源在于代工模式的诸多不可控。

锅圈,也同样面临这个风险。全产业链模式似乎是克服代工模式这种“不可控”的唯一可选路径。但是,从原材料到成品的全产业链模式,并不适用于所有企业。锅圈走出了一条新路。那就是通过参股、控股的方式,向上游延伸,既加强了对上游供应商的控制,使得对产品质量的介入更加有深度,又免去了自主建立产业链的成本压力。锅圈已与上游数百家供应商形成深度合作,其中不乏优秀的上市公司,在关键产品上实现了单品单厂供应模式,例如肉丸品牌丸来丸去、火锅底料品牌澄明食品,虾滑来自逮虾记。

从2017年在郑州开出第一家火锅食材超市到携万店成功上市,锅圈始终深耕供应链,通过提高上游工厂的智能化水平和门店的智慧系统建设来推进供应链的创新。单品单厂的供应模式,以集中的规模换来生产效率、供应效率的大幅度提升,并使得锅圈产品的品质得到更有效的把控。单品单厂的模式是双赢的。对于锅圈来说,单品单厂让供应商专注于一个品类、一种产品,能够更好地把控品质,为锅圈源源不断地输送质量优良、安全可靠的食材。同时,单厂单品模式也让锅圈面对供应商有了更强的规模效应和议价能力。而对于供应商而言,锅圈庞大的采购订单,锻炼了供应商的生产工艺能力、品质管控能力和及时交付能力,也成就了供应商,比如逮虾记,随着与锅圈的深度合作,其规模效益越发壮大,在锅圈之外,又发展了更多其他客户,成长为全国头部的虾滑企业。

二、高效率、数字化的供应链管理

快递物流企业存在着“最后一公里”难题,而类似的难题对于连锁型企业也一样存在,从仓库到门店,配送中间环节多、配送效率低、物流成本高的问题,曾经一度困扰着锅圈。为解决这个问题,锅圈建立了一套涵盖采购、生产、运输、仓储、销售的全链路供应体系,并去掉了多余的经销商环节。锅圈在全国建设了14座中心仓、30多个分仓冷配物料网络、1 000多个冷冻前置仓,从仓库直达门店,物流更高效。相比零售行业的传统经销商模式(或者称为渠道网络模式),提高了供应链效率,为上下游创造了更大的利润空间。

此外,运用数字化、信息化等先进技术,建立了数字化仓储物流体系、数字化门店体系,实

现了降本增效。锅圈食材已经实现中心仓到门店的“次日达”，产品日流转20万件。而数字化门店管理使得锅圈一名运营人员可以管理的店铺，从2020年的3.2家增长到2023年的12.8家，管理效率极大提升。

数字化门店的另一可圈之处是，由于锅圈商品SKU众多，而大多数店铺位于社区，受限于空间、租金等问题，店铺货架空间有限，无法展示全部商品，锅圈开发出“线上云店铺”，为顾客展示线下店铺无法展示的商品，顾客通过移动端在家选购下单、指定对应提货门店，锅圈再通过中心仓到门店的“次日达”模式，以快速高效的冷链配送达成交付履约。

其实，成立于2017年的锅圈，早在2018年就着手构建信息化系统。目前，锅圈已经形成了全方位的数字化，构建了数字化、智能化能力与供应链管理相结合的云信息中心平台。这些将显著改造提升食材供应链流通全环节，实现了供应链上下游高质量发展。

资料来源：根据锅圈食品官网、新浪财经、每经网等网络资料整理。

思考：

1. 请总结锅圈食汇供应链管理的成功之处。

2. 锅圈食汇是如何强化供应链战略伙伴关系的？

3. 信息共享在锅圈食汇的供应链库存管理中起了什么作用？锅圈食汇为强化供应链库存管理采取了哪些措施？其效果怎样？

第八章　财务管理

主要知识结构图

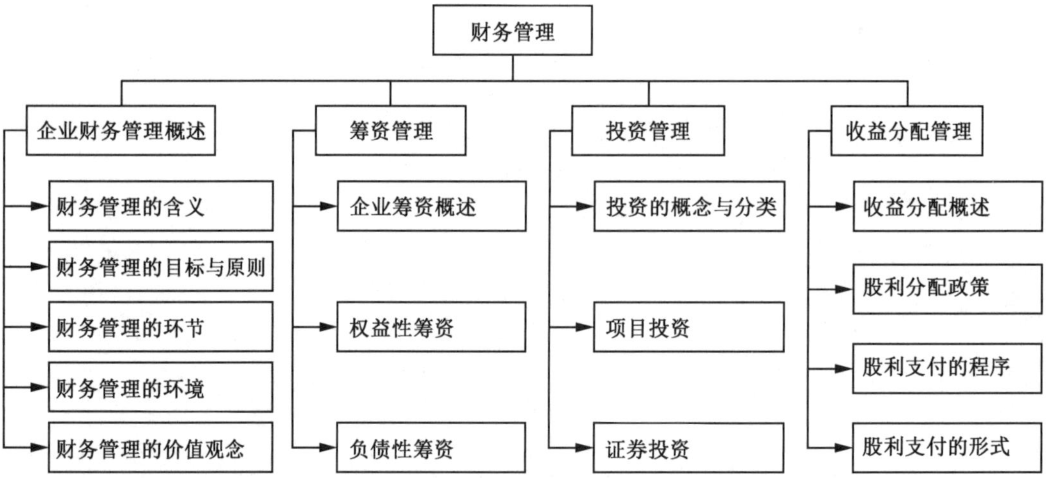

教学目标

- 帮助学生了解企业财务管理的环境、企业资金循环与周转的基本方式。
- 帮助学生理解企业财务管理的基本概念,特别是时间价值和风险价值观念。
- 帮助学生掌握企业筹资、投资和收益分配的基本程序与策略。具备识别财务现象、分析简单财务问题的专业技能。
- 引导学生理性独立地分析中国企业财务管理中的资金筹集、运用和分配问题,帮助学生建立正确的财富观与价值观,培养学生的职业道德素质。

开篇案例

辉山乳业资金链断裂

辽宁辉山乳业集团有限公司前身为1951年成立的辉山畜牧场，集团总部位于辽宁省沈阳市。中国辉山乳业控股有限公司(以下简称辉山乳业)是集团的控股公司，于2011年3月31日在开曼群岛注册成立，注册资本为2亿港元。辉山乳业于2013年9月27日在香港证券交易所上市，首次公开发行额13亿美元，成为全球消费品行业中首次发行额前10名的公司。根据发行当日的股价和总股本计算，当日公司的市值已经达到约400亿港元，成为中国在境外上市乳业公司的前3名。截至2016年9月30日，辉山乳业2016年上半年已实现营业收入25.16亿元人民币，相比于2015年同期增长了17.7%，销售毛利率达22.58%，总资产达340.90亿元人民币，员工总数12 136人。然而在2017年3月24日，公司股价开始异常波动，当日开盘价为2.81港元/股，截至收盘时，股价已跌至0.42港元/股，跌幅达85.00%，公司市值当日仅剩56.60亿港元。公司紧急停牌后，于3月28日发布“股票不寻常下跌”的公告，承认其资金链已断裂。

从财务数据分析，首先，公司已资不抵债。根据辉山乳业2017年6月5日发布的最新财务状况信息，集团于2017年3月31日未经审核的总资产(扣除拨备)约为262.2亿元人民币(除特殊标明外，后文数据均为人民币口径)，主要包括非流动资产185.5亿元，流动资产18.67亿元人民币，其他资产约58亿元。而负债总额约267.3亿元，其中包括银行贷款187.1亿元，非银行贷款约42.5亿元，其他负债为38亿元。总资产与总负债的差额为5.1亿元，公司已经严重资不抵债。其次，公司无法偿还到期债务。根据2016年3月31日披露的年报数据，公司到期的贸易应付款项及应付票据至少有24.76亿元，已经到期的银行贷款至少有69.47亿元，已经到期的融资租赁款1.83亿元，到期债务合计约96.06亿元；而公司的现金及现金等价物却只有21.85亿元，而根据2016年9月30日的中期报告，企业半年的营业收入为25.16亿元，假设全年营业收入为50亿元，企业已经到期的债务也远大于目前拥有的现金及现金等价物余额及经营活动产生的现金流量。

究其原因主要在于：辉山乳业财务风险管理意识薄弱，过度依赖短期融资，企业将短期负债用于长期资产，期限错配。辉山乳业的行为增加了流动性风险，将危机传导到公司的资金链，再加上公司非效率投资造成的盈利能力不足，最终逐渐导致了辉山乳业资金链断裂的后果。

资料来源：孙永彩、蔡亮.期限错配下民营企业资金链断裂及防范研究——以辉山乳业为例[J].财会通讯，2021(8)：108—113.

第一节　企业财务管理概述

一、财务管理的含义

(一)财务

财务泛指财务活动和财务关系。财务活动是财务的形式特征；财务关系是财务的内容本质。

1.财务活动

在社会主义市场经济的条件下，企业生产的产品是商品，既然是商品必然具有使用价值和价值的二重性。与此相适应，企业再生产过程也同样具有二重性，它既是使用价值的生产和交换过程，又是价值的形成和实现过程。因此，对企业再生产过程不仅要通过实物数量和劳动时间组织核算和管理，而且还必须借助价值形式进行核算和管理。因此，企业的财务活动是以现金收支为主的资金收支活动，主要是指筹集、运用和分配资金的活动，它们是企业经济活动的一个独立部分。

筹集资金是指企业遵照国家法律和政策的要求，从不同渠道、用各种方式，经济有效地筹措和集中所需资金的过程。它是企业进行生产经营活动的前提，也是资金运动的起点。在我国社会主义市场经济条件下，资金的筹集方式具有多样性，企业既可以发行股票、债券，也可以吸收直接投资或从金融机构借入资金。无论何种形式获得的资金，企业都需要为筹资付出代价，如此因筹集资金所发生的资金流入和流出，便形成了企业的一项重要的、经常性的财务活动。

运用资金是指企业将筹集获得的资金转化为内部营运和投放。内部营运表现为购买材料、商品、支付工资和其他费用及销售商品收回资金的资金收支活动；投放表现为对外投资的资金支出和收回以及对内投资所形成的资产变卖和收回。不论是营运资金或投放资金，都是企业运用资金而引起的财务活动。

分配资金是指企业通过资金的营运和投放，对取得的各种收入在扣除各种成本费用、税金后的收益进行分配的活动。该活动以投资人收益或企业留存方式进行。企业在生产经营过程中所形成的经营成果和收益在分配中所发生的资金收入和退出，同样也是财务活动。

2.财务关系

财务关系是指企业在组织财务活动的过程中与有关各方所发生的经济利益关系。主要表现在以下几个方面，见图 8.1。

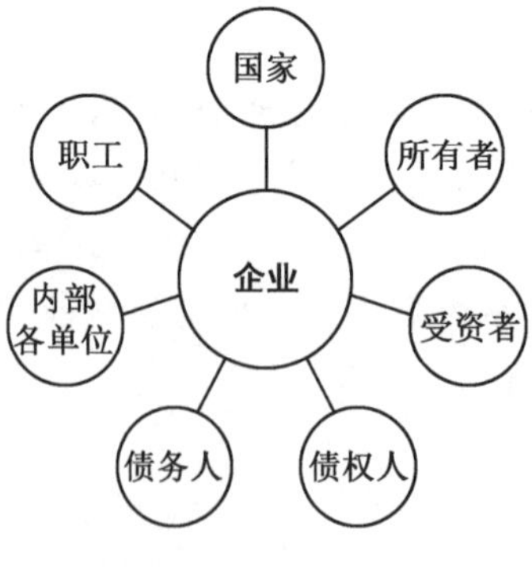

图 8.1 企业财务关系

(1)企业与国家之间的财务关系。一方面，国家作为社会管理者的身份要以税收的形式无偿地取得一部分纯收入，以维持国家机器正常运转，保证其职能的履行。企业应遵守国家税法的规定，及时、足额向国家税务机关缴纳各种税款。另一方面，国家以国有资产所有者的身份，有权与其他所有者一样参与企业税后利润的分配。

(2)企业与所有者之间的财务关系。企业的所有者向企业投入资金，形成企业的所有者权益,包括国家资本金、法人资本金、个人资本金和外商资本金。企业的所有者应按照出资比例或合同、章程的规定履行出资义务,企业实现利润后,则应定期向所有者分配利润。

(3)企业与受资者之间的财务关系。随着市场经济不断发展,企业经营规模和经营范围不断扩大,可以以购买股票或直接投资的方式向其他单位投资。企业向其他单位投资,应按照约定履行出资义务,并依据其出资份额参与受资者的经营管理和利润分配。

(4)企业与债权人之间的财务关系。企业除了利用所有者资金进行经营活动外,还要借入一定量的资金,以便降低企业资金成本,扩大企业经营规模。企业的债权人主要有本企业发行公司债券的持有人、贷款机构、商业信用提供者和其他出借资金给企业的单位和个人。企业利用债权人的资金,要按照约定的利息率及时向债权人支付利息;债务到期时,要合理调度资金,按时向债权人归还本金。

(5)企业与债务人之间的财务关系。这主要是指企业将其资金以购买债券、提供借款或商业信用等形式出借给其他单位所形成的经济关系,企业将资金出借后,有权要求其债务人按照约定的条件支付利息和归还本金。

(6)企业内部各单位之间的财务关系。在企业内部实行经济核算制的条件下,企业内部各部门之间,在相互提供产品、材料或劳务时,也要进行内部计价结算,以明确各自的经济责任,从而体现企业内部的责权关系。

(7)企业与职工之间的财务关系。职工是企业的劳动者,他们以自身提供的劳动作为参与企业分配的依据。企业根据劳动者的劳动情况,用其收入向职工支付工资、津贴、奖金等劳动报酬,体现了职工个人和集体在劳动成果上的分配关系。

(二)财务管理

企业为了实现良好的经济效益,在组织企业的财务活动、处理财务关系的过程中,要进行科学的预测、决策、预算、控制、协调、核算、分析和考核等一系列管理活动。财务管理就是基于企业再生产过程中客观存在的财务活动和财务关系而产生的,它是利用价值形式对企业再生产过程进行的管理,是组织财务活动、处理财务关系的一项综合性管理工作。

财务管理和企业其他各项管理的根本区别在于,它是一种价值管理。它主要采用收入、成本、费用和利润等价值指标,运用财务预测、财务决策、财务预算、财务控制和财务分析等手段来实现企业价值增值,并处理价值运动中的经济利益关系。企业财务管理的主要目的,就是以最少的资金占用和消耗获得最大的经济利益,并使企业保持良好的财务状况。因此,它对企业经营目标的实现起着重要的、不可代替的作用。

二、财务管理的目标与原则

(一)企业目标

企业是以营利为目标的,其出发点和归宿都是营利。在当今市场竞争如此激烈的时代,企业从成立那天起就面临着竞争。企业首先应该在竞争中求生存,然后才能寻求发展和获利。因此,企业目标可概括为生存、发展和获利。

企业的基本目标是生存,只有先生存,才能发展。在当前市场竞争激烈、优胜劣汰的条件下,企业要达到生存目标必须做到两点:一是以收抵支,维持继续经营,即企业向社会提供商品或劳务所取得的收入足够弥补企业从市场取得资源的支出;二是按期还债,避免企业举债过多,无力偿还,导致资不抵债而无法生存。因此,保证企业生存所需资金,以收抵支,按期偿还债务,是企业目标对财务管理目标的第一个要求。

企业的生产经营如“逆水行舟”，不进则退。一个企业如不能发展，就会被其他企业排挤出去。企业发展表现为产品质量和服务质量的提高、市场份额和收入的增加。因此，筹集企业发展所需的资金，是企业目标对财务管理目标的第二个要求。

企业必须能够获利，才有存在的价值。盈利是最具综合能力的目标，它体现了企业的出发点和归宿。在市场经济中，每项资金的使用都有资金成本，因此，合理、有效地使用资金，避免不必要的资金闲置，使企业获利，是企业目标对财务管理目标的第三个要求。

(二)财务管理的目标

1.财务管理的总体目标

财务管理的总体目标从属于企业目标。关于它的表述，目前主要有三种观点：利润最大化、股东财富最大化和企业价值最大化。

(1)利润最大化

利润最大化目标是指财务管理工作的最终目的是不断增加企业利润，使企业税后利润在一定时期内达到最大。这种观点认为：利润代表了企业新创造的财富，利润越多则说明企业的财富增加得越多，越接近企业的目标。

利润最大化目标反映了当期经营活动中投入与产出对比的结果，在一定程度上体现了企业经济效益的高低。另外，利润这个指标在实际运用中也比较方便。但是，利润最大化目标没有考虑时间、投入资本大小、风险等因素，往往容易导致企业财务决策产生短期行为，忽略了长远利益。

(2)股东财富最大化

股东财富最大化是指通过财务上的科学经营，为股东带来最多的财富。这种观点认为：给股东带来的财富越多，就越能提高资本报酬，实现权益资本的保值增值。在股份经济条件下，股东财富由其所拥有的股票数量和股票市场价格两个方面所决定。在股票数量一定时，股东财富最大化等同于股价最大化。

股东财富最大化考虑了风险因素，在一定程度上能够避免企业的短期行为。同时，对上市公司而言，这个目标比较容易量化，便于考核和奖惩。但对于非上市公司而言，这个目标难以适用，且它更多强调的是股东的利益，而对其他相关者的利益重视不够。

(3)企业价值最大化

企业价值最大化是指通过企业财务上的合理经营，充分考虑资金的时间价值和风险与报酬的关系，采用最优化的财务策略，在保证企业长期稳定发展的基础上使企业总价值达到最大。它的基本思想是将企业长期稳定发展放在首位，强调在企业价值增长中兼顾各方利益集团的关系，并承担起保护消费者利益、保护生态环境、支持社会公众活动等应有的社会责任。这里的企业价值是企业全部财产的市场公允价值，它是社会公众对企业总价值的市场评价，所以实施企业价值最大化目标存在的最大困难就是企业价值如何量化的问题。从理论上来讲，企业价值可以通过未来现金流量的现值来体现。从实践上来看，可以通过资产评估来确定企业价值的大小。

2.财务管理的具体目标

(1)筹集资金的目标

优化资本结构，保证资金供给。企业的资金可以从多种渠道、用多种方式来筹集，其筹资成本各不相同，这就要求企业选择最佳筹资方案，尽可能以较少的筹资成本付出获得企业所需要的资金。同时，企业在选择筹资方案时，还必须考虑财务风险，不断降低财务风险，使企业损失减少或收益增加。

(2)运用资金的目标

内部营运通畅,投资收益丰厚。一方面,企业要保证内部营运通畅,营运资金充盈,周转速度快,这样有利于企业整体获利能力的提高,增加企业市场价值;另一方面,企业在进行外部投资时,应投资合理、风险小、收益高。

(3)分配资金的目标

分配统筹兼顾,利益多方共享。分配就是将企业取得的收入和利润在企业与相关利益方之间进行分割。企业应当合理确定利润的分配比例及分配形式,实现分配与积累并重,以提高企业潜在的收益能力。同时,正确处理相关利益主体之间的关系,实现多赢,以增强企业财务的稳定性与安全性,提高企业形象和即期市场价值。

(三)财务管理的原则

财务管理的原则是指人们对财务活动共同的、理性的认识,也称为理财原则。财务管理的原则是从理财实践中抽象出来并在实践中证明是正确的行为规范,它反映理财活动的内在要求,是财务交易和财务决策的基础。

1. 收支平衡原则

所谓收支平衡,就是要求资金收支不仅在一定期间总量上求得平衡,而且在每一个时点上协调平衡。资金收支在每一时点上的平衡性,是资金循环过程得以周而复始进行的条件。收支平衡原则要求,在财务管理中不仅要保持各种资金存量的协调平衡,还要经常关注资金流量的动态协调平衡。

资金收支的平衡,归根到底取决于购产销活动的平衡。企业既要搞好生产过程的组织管理工作,又要抓好生产资料的采购和产品的销售,使购产销三个环节互相衔接,资金收支才会得以平衡,其周转才会畅通,经济效益才会良好。但必须指出的是:资金的收支平衡原则并不是要求保持资金收支的绝对平衡。收支平衡总是相对的、暂时的。经营环境和条件的变化必然会打破原来的平衡而形成新的不平衡,财务管理的任务之一就是要通过对资金的有效协调和调度,在新的条件下建立新的资金收支平衡关系。

2. 成本效益原则

成本效益原则是指在财务管理中,决策过程应充分考虑成本和收益的关系,确保两者之间的平衡,使成本与收益得到最优的结合,获取更多的盈利。这一原则要求企业在做出任何投资或采取任何行动之前,对预期的成本和收益进行详细的分析和评估。成本效益原则的核心在于确保所获得的收益能够超过所付出的成本,从而实现资源的有效配置。显而易见,成本效益原则贯穿于财务管理的全过程,自始至终地力求企业在生产经营活动中以尽可能少的劳动占用和劳动耗费,创造出尽可能多和尽可能好的劳动成果,以实现企业价值最大化的理财目标。

3. 收益风险均衡原则

在市场经济条件下,风险是客观存在的,企业要想获得收益,就不能回避风险。而所谓的收益风险均衡原则,就是要求企业在财务管理中,对每项财务活动都必须进行收益和风险的权衡,为追求高收益而承担较大的风险,或者为减少风险而接受较低的收益。要遵循这项原则,就得以严谨的科学态度,对每一项决策的风险和收益作出全面的分析和权衡,以便选择最有利的方案。特别是要注意把风险大、收益高的项目,同风险小、收益低的项目,适当地搭配起来,分散风险,使风险与收益平衡,做到既降低风险,又得到较高的收益。还要尽可能回避风险,化风险为机遇,在危机中找对策,以提高企业的经济效益。

4. 利益关系协调原则

企业在组织财务活动的过程中，必然要与各方面发生广泛的经济利益关系。实行利益关系协调原则，就是在财务管理中利用经济手段协调国家、投资者、债权人、购销客户、经营者、劳动者以及企业内部各部门的经济利益关系，维护有关各方的合法权益。具体地说，企业在财务管理中应当遵守国家法律，依法纳税，注重保护生态环境，坚持科学发展观，并正确运用价格、股利、利息、奖金、罚款等经济手段，启动激励机制和约束机制，对投资者做到资本保全，予以丰厚的回报；对债权人按期还本付息；对企业恪守诚信，等价交换；对企业内部及职工奖优罚劣，按劳分配，从而处理好各方面的经济利益关系，以实现国家、集体、个人的和谐一致。

三、财务管理的环节

财务管理环节是为了实现财务管理目标，完成财务管理任务，在进行理财活动时所采用的各种技术和手段。财务管理共有五个基本环节：财务预测、财务决策、财务计划、财务控制、财务分析与评价。这些环节紧密联系，相互配合，构成了完整的财务管理工作体系，如图 8.2 所示。

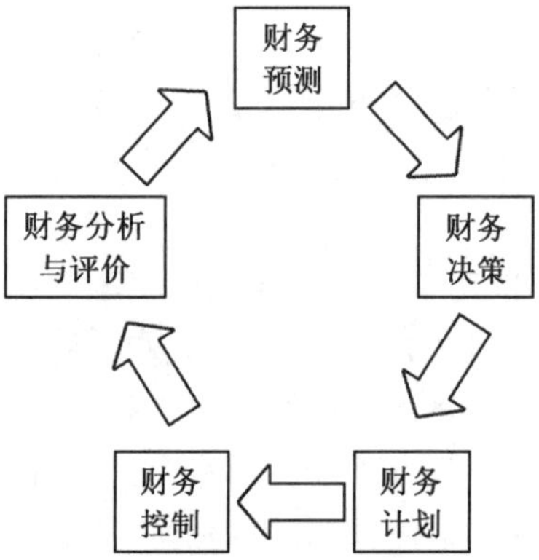

图 8.2 财务管理的环节

(一)财务预测

财务预测是财务人员根据历史资料，依据现实条件，运用特定的方法对企业未来的财务活动和财务成果所做出的科学预计和测算。财务预测环节是在前一个财务管理循环的基础上进行的，运用已取得的规律性的认识指导未来。它既是两个管理循环的联结点，又是财务决策环节的必要前提。财务预测环节包括明确预测对象和目的、搜集整理资料、选择预测模型及实施财务预测等工作步骤。

(二)财务决策

财务决策是根据企业经营战略和国家宏观经济政策的要求，为实现理财目标，从若干个财务活动方案中选择最优决策方案的过程。财务决策是在财务预测基础上进行的，是编制财务计划、进行财务控制的必要前提，其正确与否，往往关系到企业的兴衰成败，因而是财务管理的核心。财务决策环节包括确定决策目标、拟定备选方案以及评价各种方案、选择最优方案等工作步骤。

(三)财务计划

财务计划是运用科学的技术手段和数学方法对目标进行综合平衡，协调资金、收益、成本费用，反映企业再生产过程的价值运动以及财务成果的形成与分配。财务计划是财务决策的具体化和系统化，又是财务控制、财务分析与评价的依据。企业财务计划主要包括：资金筹集计划、固定资产投资和折旧计划、流动资产占用和周转计划、对外投资计划、利润和利润分配计划等。

（四）财务控制

财务控制是指在财务管理过程中，利用有关信息和特定手段，对企业的财务活动施加影响或调节，以便实现计划所规定的财务目标。财务控制的方法通常有前馈控制、过程控制和反馈控制。

（五）财务分析与评价

财务分析与评价是根据有关信息资料，运用特定方法，对企业财务活动过程及其结果进行分析和评价的一项工作。财务分析与评价既是本期财务管理循环的总结，也是下期财务预测的前提，具有承上启下的作用。通过财务分析，可以掌握企业财务计划的完成情况，评价财务状况，研究和掌握企业财务活动的规律，改善财务预测、财务决策、财务计划和财务控制，提高企业财务管理水平。

四、财务管理的环境

企业的财务管理环境又称理财环境，是指对企业财务活动和财务管理产生影响作用的企业内外部的各种条件。任何财务管理活动都是在一定环境之下开展的，必然受到环境的影响。环境构成了企业财务活动的客观条件。

（一）经济环境

财务活动是经济活动的组成部分，经济环境是财务管理的重要环境，是指企业进行财务活动的宏观经济状况。

1.经济体制

现存的经济体制主要有计划经济体制与市场经济体制两种。计划经济体制下，企业作为一个独立的核算单位而无独立的理财权利，财务管理方法比较简单。在市场经济体制下，企业成为“自主经营、自负盈亏”的经济实体，有独立的经营权，同时也有独立的理财权，可根据自身条件和外部环境做出各种各样的财务决策并组织实施，财务管理的内容比较丰富，方法比较复杂，财务管理发展水平比较高。

2.经济周期

经济周期是指总体经济活动的扩张和收缩交替反复出现的过程，也称经济波动。经济的周期性波动对企业财务管理有着重要的影响，在不同的经济周期，企业的生产规模、销售能力、盈利能力和资本需求都会出现较大差异。例如，在经济繁荣阶段，企业应扩充厂房设备，增加雇员；在经济萧条阶段，企业产量和销售量下降，投资减少，企业应保持市场份额，压缩管理费用，裁减雇员。财务人员必须预测经济变化情况，适当调整财务政策。

3.经济政策

经济政策是国家进行宏观经济调控的重要手段。国家的国民经济发展规划、产业政策、经济体制改革的措施以及政府的行政法规等，都会对企业的财务活动带来重大影响。因此，企业进行财务决策时，要认真研究国家经济政策，按照政策导向行事。

4.通货膨胀

通货膨胀犹如一个影子，始终伴随着现代经济的发展。通货膨胀不仅对消费者不利，对企业的财务活动的影响更为严重。通货膨胀是企业本身无力控制的，为了化解其给企业理财带来的困难，实现期望报酬率，必须调整收入和成本。同时，使用套期保值等办法减少损失，如提前购买设备和存货、买进现货卖出期货等，或者相反。

5.市场竞争

竞争作为市场经济的必然法则，对每一个企业来说，既是机会，也是威胁。财务管理行为的选择在很大程度上取决于企业的竞争环境。不了解企业所处的市场环境，就不可能深入地了解企业的运行状态，也就很难做出科学的、行之有效的财务决策。这就要求企业在理财的过程中，把握其规律，因势利导，趋利除弊，立于不败之地。

（二）法律环境

财务管理的法律环境是指企业和外部发生经济关系时所应遵守的各种法律、法规和规章。

1.企业组织法律规范

企业是市场经济的主体，是市场体系形成和发展的关键所在，企业组织必须依法成立。不同组织形式的企业所适用的法律规范是不同的，它们包括《中华人民共和国公司法》《中华人民共和国全民所有制工业企业法》《中华人民共和国外商投资法》《中华人民共和国个人独资企业法》《中华人民共和国合伙企业法》等。这些法律规范既是企业的组织法，又是企业的行为法。

2.税收法律规范

税收法律规范是规定企业纳税义务和责任的法律规范。税收不仅可以调节社会供求和经济结构、维护国家主权和市场经济秩序，还可以起到保护企业经济实体地位、促进公平竞争、改善经营管理和提高经济效益的微观作用。税种设置、税率高低、征收范围、优惠政策等必然影响企业的财务管理活动。财务管理人员应当精通，自觉按照税收法规开展财务管理活动。

3.财务法律规范

财务法律规范是规范企业财务活动，协调企业财务关系的行为准则，主要是《企业财务通则》及有关财务制度。分为三个层次：第一层《企业财务通则》，明确了财务管理的界限、投资者与经营者的游戏规则、财务制度的内涵和范围；第二层是具体财务规范，是关于具体财务行为与财政资金相关的操作性规定；第三层是企业财务管理指导意见，属服务性公共产品，引导企业形成共同的财务理念。

（三）金融环境

金融环境主要包括金融工具、金融机构和金融市场，是企业财务管理的重要环境。它不仅为企业筹资和投资提供了场所和方式，还促进了资本的合理流动和优化配置。

1.金融工具

金融工具又称交易工具，它是证明债权债务关系并据以进行货币资金交易的合法凭证，是货币资金或金融资产借以转让的工具。金融工具在金融市场中表现为各种可交易的金融资产。金融工具一般都具有期限性、流动性、风险性和收益性等基本特征。金融工具若按照期限不同可分为货币市场工具和资本市场工具，前者主要包括商业票据、银行承兑汇票、国库券、可转让大额定期存单等，后者主要有股票和债券。

2.金融机构

金融机构包括银行业金融机构和其他金融机构。社会资金从资金供应者手中转移到资金需求者手中，大多要通过金融机构。我国的银行业金融机构主要包括三类：中国中央银行、政策性银行和商业银行。我国主要的非银行金融机构有金融资产管理公司、保险公司、信托投资公司、证券机构、财务公司、金融租赁公司。

3. 金融市场

金融市场是实现货币借贷和资本融通、办理各种票据和有价证券交易活动的场所，是企业向社会筹集资金必不可少的条件。一般来说，金融市场可分为资本市场、外汇市场和黄金市场。与企业财务活动联系最为密切的是资本市场。金融市场为企业的投资和筹资提供了良好的场所，促进企业各种资金相互转化，提高资金使用效率。

【知识链接】　资本市场

党的二十届三中全会明确要求，健全投资和融资相协调的资本市场功能，防风险、强监管，促进资本市场健康稳定发展。中国证监会主席吴清在日前发表的署名文章《奋力开创资本市场高质量发展新局面》中提出，“着力推动资本市场规模的合理增长和结构质量的持续改善，努力为经济高质量发展贡献力量”。资本市场是现代经济体系的重要组成部分，具有优化资源配置、支持科技创新、推动企业转型升级、服务新型工业化等功能。

数据显示，截至 2025 年 2 月 25 日，A 股上市公司数量 5 404 家，总市值规模达 88.36 万亿元，涵盖了国民经济全部 90 个行业大类，在稳定经济、贡献税收、吸纳就业等方面作出了重要贡献。不断提高上市公司质量，培育更多符合高质量发展要求的上市公司也是资本市场服务实体经济的题中之义。

资料来源：安宁. 资本市场赋能实体经济高质量发展正当时[N]. 证券日报，2025-02-28(A3).

五、财务管理的价值观念

资金的时间价值和投资的风险价值是现代企业财务管理的两个基本价值观念，是企业在进行各种财务决策时的基本准则。

（一）资金时间价值

资金时间价值是指一定量的资金在不同时点上价值量的差额，也称货币时间价值。例如，我们现在有 100 元存入银行，银行年利率为 5%，一年后可得到 105 元，于是现在的 100 元与一年后的 105 元相等。因为这 100 元经过一年的时间增值了 5 元，这 5 元就是资金经过一年时间的价值。同样，企业的资金投入生产经营中，通过生产过程的不断运行，资金的不断运动，随着时间的推移，会创造出新的价值，使资金得以增值。由于有资金时间价值因素的存在，使得不同时点同等单位数量资金的价值不相等，因此，不同时点的资金收入不能直接进行比较，而必须将其换算到相同的时间基点上才能进行比较和决策，这是财务管理必须遵循的首要原则。一般换算时常采用计算利息的方法，有单利计算和复利计算，另外也有采用贴现率计算方法来计算资金时间价值。

【小案例】

成都车主陈某是一名建筑工程人员，工作多年攒了一些积蓄，想买一辆车代步。2019 年 5 月，他下载了某二手车 App，看中了一辆价格为 27.97 万元的雷克萨斯轿车。很快，陈先生与业务员陶某见面了。陶某推荐了该二手车公司推出的“一成购”的贷款方案，意思是车主只用首付一成，余款均可贷款，公司承诺车辆将在一年后过户到车主名下。陈先生觉得十分划算，爽快地签了字，并付了 40 495 元首付款。合同中显示，除去首付，陈先生贷款总额为 285 987 元，陈先生每月应付余款 7 022 元，总共 48 期付清。也就是说，陈先生购入这辆二手车最终花费 32 万多元，比原先定价多出 5 万余元。这项交易是可取的吗？如果是你的话会采取这个方案吗？

资料来源：吴雪．二手车陷阱一个套一个，买车怎么就成租车了？[J]．新民周刊，2021(10)：56－59．

（二）投资风险价值

从财务管理角度出发，风险是指一定条件下和一定时期内实际财务结果偏离预期财务目标的可能性。如果企业的一项财务活动有多种可能的结果，其将来的财务结果是不确定的，就是风险。风险客观存在，企业的财务活动都是在有风险的情况下进行的。根据收益风险均衡原则，风险程度越高，要求的收益补偿就会越高。由于冒风险进行投资而获得的超过资金时间价值的额外收益，就称为投资的风险价值或风险报酬。

在市场竞争的情况下，风险和报酬成对应关系，即高风险的投资项目必须要有高报酬，否则就没人投资；而低报酬的项目必须风险低，否则也没人投资。因此，风险和期望投资报酬率的关系可以表示为图 8.3 所示的关系。

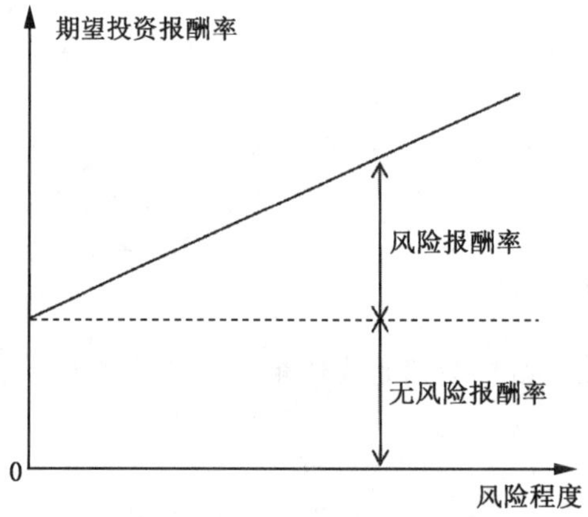

图 8.3　风险和投资报酬率的关系

第二节　筹资管理

一、企业筹资概述

（一）企业筹资的概念与分类

企业筹资是指企业根据其生产经营、对外投资和调整资本结构等需要，通过金融市场和其他渠道，运用筹资方式，经济有效地筹措和集中资金的一项财务活动。筹集资金作为企业资金周转活动的起点，决定着企业资金运动的规模和生产经营发展的程度。企业在创建之初需要通过筹资获得设立一个企业必需的初始资本；在生存发展过程中由于生产经营活动的变化，往往也需要追加筹资。

企业筹资按照不同的标准划分，可以有以下两种主要分类。

1. 按资金的来源渠道分

按资金的来源渠道不同，可分为权益性筹资和负债性筹资。

(1)权益性筹资,也称为自有资金,是指企业通过发行股票、吸收直接投资和内部积累等方式筹集资金。企业采用权益性筹资,筹集到的资金不用还本,财务风险小,但付出的资金成本相对较高。

(2)负债性筹资,也称为借入资金,是指企业通过发行债券、向银行借款、融资租赁等方式筹集资金。企业采用负债性筹资,筹集到的资金到期要归还本金和支付利息,一般承担较大的财务风险,但付出的资金成本相对较低。

2. 按所筹资金的使用期限分

按所筹资金使用期限的长短,可分为短期筹资和长期筹资。

(1)短期筹资,是指企业筹集使用期限在一年以内的资金筹集活动。短期资金主要用于企业的流动资产和日常资金周转,一般在短期内需要归还。短期筹资通常利用商业信用、短期借款和应收账款转让等方式来筹集。

(2)长期筹资,是指企业筹集使用期限在一年以上的资金筹集活动。长期筹资通常采用吸收直接投资、发行股票、发行债券、长期借款、融资租赁等方式来筹集。

(二)筹资渠道

筹资渠道是指筹集资金来源的方向与通道,体现了资金的来源和流量,即钱从哪里来。目前,我国企业筹资渠道可以归纳为以下 7 种。

1. 国家财政资金

国家财政资金历来是我国国有企业资金来源的主要渠道。但随着我国经济体制改革的深入,除了国家重点扶持的一些大中型国有企业和重点项目投资外,国家财政资金在企业自有资金中的比例逐步减少。

2. 银行信贷资金

银行信贷资金目前是我国企业负债资金的主要来源,由于其贷款方式灵活多样,限制相对较少,是企业生产经营和发展所需长、短期资金的主要筹资渠道。

3. 非银行金融机构资金

非银行金融机构所提供的金融服务比银行更为广泛,既包括信贷资金的投放,也包括物资的融通,还可以为企业提供承销证券等金融服务。因此,也是企业筹资的重要渠道。

4. 其他法人单位资金

其他法人单位资金是指企业经营过程中的闲置资金在企业间的相互融通以及企业在商品交易中由于延期付款、预收货款或延期交货而形成的一种借贷关系,是企业之间的一种直接信用行为,是企业短期资金的重要来源之一。

5. 企业自留资金

企业自留资金是指企业通过提取盈余公积金和保留未分配利润而形成的资金,也称企业内部留存,这是企业能保持持续增长能力的一种良好资金来源。内部留存资金的大小取决于企业盈利能力和企业利润分配政策。

6. 民间资金

民间资金是指企业职工和城乡居民的节余货币未转化为银行储蓄的社会“游离”资金,这部分资金也可以用于对企业的投资而形成企业筹资的渠道。

7. 外商和港澳台资金

外商和港澳台资金是指外国投资者以及我国香港、澳门、台湾地区投资者投入的资金。随着国际经济业务的拓展,利用外商和港澳台资金已成为企业筹资的一个重要来源。

(三)筹资方式

筹资方式,是指企业筹集资金所采用的具体形式,即钱怎么来。目前我国企业的筹资方式主要有以下7种:吸收直接投资、发行股票、利用留存收益、商业信用、银行借款、发行债券和融资租赁。其中,前3种属于权益性资金筹集方式,后4种属于负债性资金筹集方式。后文将按照筹资方式分类详细介绍,此处不再赘述。

二、权益性筹资

(一)吸收直接投资

吸收直接投资,是指企业按照"共同投资、共同经营、共担风险、共享收益"的原则,以协议的形式筹集政府、法人、自然人等直接投入的资本,可以筹集到永久性股权资本。投资者可以用现金、厂房、机器设备、无形资产等作价出资。

1. 吸收直接投资的优点

(1)吸收直接投资所筹集的资金属于企业的权益资金,与借入资金相比,它能提高企业的资信和举债能力。

(2)吸收直接投资不仅可以筹集到现金,增强企业支付能力,而且能够获取所需的先进设备和技术,与仅筹集现金的方式相比较,能尽快地形成生产经营能力。

(3)吸收直接投资不仅不存在还本问题,而且向投资者支付报酬也具有一定的灵活性,因而财务风险较小。

2. 吸收直接投资的缺点

(1)吸收直接投资一般要根据企业盈利的多少和出资数额来确定向投资者支付的报酬,与负债筹资方式相比,资金成本较高。

(2)吸收直接投资由于没有证券为媒介,产权关系有时不够明晰,不便于产权的控制和交易。

(二)发行股票

发行股票是指股份有限公司经国家批准以发行股票的形式向国家、其他企业和个人筹集资金,形成企业资本金的一种筹资方式。发行股票是股份有限公司筹措自有资本的基本方式。股票作为一种所有权凭证,代表着股东对发行公司净资产的所有权。

根据股东权利和义务不同,发行股票方式有发行普通股和优先股两种。普通股是股份公司发行的无特别权利的股份,也是最基本和最标准的股份。优先股是公司发行的相对于普通股来说具有一定优先权的股票。其优先权利主要表现在股利分配优先权和分配剩余财产优先权上。优先股股东在股东大会上无表决权,在参与公司经营管理上受到一定限制,仅对涉及优先股权利的问题有表决权。

1. 发行股票的优点

(1)发行股票并上市交易可以提高企业的知名度,增加曝光率,进而提升公司形象和品牌价值。同时,上市公司通常被视为经营稳健、管理规范的企业,有助于提高企业的信誉。

(2)与负债性筹资方式相比,发行股票通常可以减轻融资压力。因为股票筹资没有固定的到期日和利息支付,企业可以根据自身经营状况灵活调整股利政策。

2. 发行股票的缺点

(1)筹资成本较高,手续复杂。股票投资者要求有较高的报酬,且股利需要从税后利润中支付,增加了企业的财务负担。同时,普通股发行的成本较高,手续较为复杂,需要较长时间。

(2)公司控制权分散,公司容易被经理人控制。新股发行会稀释原有股权结构,分散公司的经营控制权。同时,流通性强的股票交易,也容易被恶意收购。

(3)不易尽快形成生产力。发行股票吸收的一般都是货币资金,还需要通过购置和建造形成生产经营能力。

(三)利用留存收益

留存收益是指企业从净利润中提留的盈余公积和未分配利润等。企业通过留存收益的方式筹集资金,手续简便易行,既有利于满足企业扩大生产经营规模的资金需求,又能够减少企业的财务风险。

1.利用留存收益的优点

(1)不发生筹资费用。企业从外界筹集长期资本,与股票筹资相比,留存收益筹资不需要发生筹资费用,资金成本较低。

(2)维持公司的控制权分布。利用留存收益筹资,不用对外发行新股或者吸收新投资者,由此增加的权益资本不会改变公司的股权结构,不会稀释原有股东的控制权。

2.利用留存收益的缺点

利用留存收益筹资的数额有限。留存收益的最大数额是企业当期的净利润和以前年度未分配利润之和,不像外部筹资可以一次性筹集大量资金。如果企业发生亏损,那么当年就没有利润留存。另外,股东和投资者从自身期望出发,往往希望企业每年发放一定的利润,保持一定的利润分配比例。

三、负债性筹资

(一)商业信用

商业信用是指企业在商品交易中,以延期付款或预收货款进行购销活动而形成的借贷关系,是企业之间的直接信用。我国商业信用的推行正日益广泛,将逐渐成为企业筹集短期资金的一种重要方式。商业信用的表现形式主要有两种:赊销商品和预收货款。

1.商业信用的优点

(1)使用方便。因为商业信用与商品买卖同时进行,属于一种自然性筹资,不用进行非常正规的安排,而且不需办理手续,一般也不附加条件,使用比较方便。

(2)限制少。商业信用的使用比较灵活且具有弹性。如果公司利用银行借款筹资,银行往往对贷款的使用规定一些限制条件,商业信用则限制较少。

(3)成本低。如果没有现金折扣,或公司不放弃现金折扣,则利用商业信用筹资没有实际成本。

2.商业信用的缺点

(1)商业信用的时间一般较短,尤其是应付账款,不利于公司对资本的统筹运用,如果拖欠,则有可能导致公司信用地位和信用等级下降。另外,如果公司享受现金折扣,则付款时间会更短。

(2)有一定的风险。付款方如果到期不支付货款、长时间拖欠货款,势必影响公司的信誉;收款方如果较长时间不能收回货款,必然影响公司的资金周转,造成生产经营的困难。

(二)银行借款

银行借款是指企业向银行或其他非银行金融机构借入的、需要还本付息的款项,包括偿还期限超过1年的长期借款和不足1年的短期借款。它也是企业筹资的一种重要方式。

1. 银行借款的优点

(1)筹资速度快。与发行债券、融资租赁等债务筹资方式相比，银行借款的程序相对简单，所花时间较短，公司可以迅速获得所需资金。

(2)资本成本较低。利用银行借款筹资，比发行债券和融资租赁的利息负担要低。而且，无须支付证券发行费用、租赁手续费用等筹资费用。

(3)筹资弹性较大。在借款之前，公司根据当时的资本需求与银行等贷款机构直接商定贷款的时间、数量和条件。在借款期间，若公司的财务状况发生某些变化，也可与债权人再协商，变更借款数量、时间和条件，或提前偿还本息。因此，借款筹资对公司具有较大的灵活性，特别是短期借款更是如此。

2. 银行借款的缺点

(1)财务风险较大。借款通常具有固定的利息负担和固定的偿还期限，故借款公司的筹资风险较大。

(2)限制条款多。与债券筹资相比，银行借款合同对借款用途有明确规定，通过借款的保护性条款，对公司资本支出额度、再筹资、股利支付等行为有严格的约束，以后公司的生产经营活动和财务政策会受到一定程度的影响。

(3)筹资数额有限。银行借款的数额往往受到贷款机构资本实力的制约，不可能像发行债券、股票那样一次筹集到大笔资金，无法满足公司大规模筹资的需要。

(三)发行债券

债券是企业为筹措资金而发行的、约定在一定期限内向债权人还本付息的有价证券。债券是持有人拥有公司债权的书面证书，它代表持券人与发债公司之间的债权债务关系。发行债券是企业负债性筹资的一种重要方式，可以为企业获取长期债权资本。债券的发行资格和发行条件都必须符合我国《公司法》的规定。

1. 发行债券的优点

(1)能够锁定资金成本的负担。尽管公司债券的利息比银行借款要高，但公司债券的期限长、利率相对固定。在预计市场利率持续上升的金融市场环境下，发行公司债券筹资，能够锁定资本成本。

(2)一次性筹资数额大。利用发行公司债券筹资，能够筹集大额的资金，满足公司大规模筹资的需要。这是在银行借款、融资租赁等债权筹资方式中，企业选择发行公司债券筹资的主要原因，也能够适应大型公司经营规模的需要。

(3)提高公司的社会声誉。公司债券的发行主体，有严格的资格限制。发行公司债券，往往是股份有限公司和有实力的有限责任公司所为。通过发行公司债券，一方面筹集了大量资金，另一方面也扩大了公司的社会影响，保障了股东控制权。

(4)募集资金的使用限制条件少。与银行借款相比，债券筹资募集资金的使用具有相对灵活性和自主性。特别是发行债券所筹集的大额资金，能够用于流动性较差的公司长期资产上。从资金使用的性质来看，银行借款一般期限短、额度小，主要用途是增加适量存货、扩大经营规模或增加小型设备；反之，债券筹资期限较长、额度较大，用于公司扩展、增加大型固定资产和基本建设投资的需求多采用发行债券方式。

2. 发行债券的缺点

(1)财务风险较高。相对于银行借款筹资，发行债券的利息负担和筹资费用都比较高。而且债券不能像银行借款一样进行债务展期，加上大额的本金和较高的利息，在固定的到期日，将会对公司现金流量产生巨大的财务压力。

(2)发行资格要求高,手续复杂。发行公司债券,实际上是公司面向社会负债,债权人是社会公众,因此国家为了保护投资者利益,维护社会经济秩序,对发债公司的资格有严格的限制。从申报、审批、承销,到取得资金,需要经过众多环节和较长时间。

(3)筹资数量总额有限。公司利用债券筹资一般受一定额度的限制,我国《公司法》规定,公司流通在外的债券累计总额不得超过公司净资产的40%。

(四)融资租赁

租赁是出租人以收取租金为条件,在合同期限内,将资产借给承租人使用的一种经济行为。融资租赁是企业筹集资金的一种方式,用于补充或部分替代其他筹资方式。

1.融资租赁的优点

(1)设备淘汰风险小。当今,科学技术在迅速发展,固定资产更新周期日益缩短。企业设备陈旧过时的风险很大,利用租赁集资可减少这一风险。

(2)到期还本负担轻。租金在整个租期内分摊,不用到期归还大量本金。许多借款都在到期日一次偿还本金,这会给财务基础较弱的公司造成相当大的困难,有时会造成不能偿付的风险。而租赁则把这种风险在整个租期内分摊,可适当减少不能偿付的风险。

(3)融资速度快。租赁往往比借款购置设备更迅速、更灵活,因为租赁是融资与设备购置同时进行,可以缩短设备的购进、安装时间,使企业尽快形成生产能力,有利于企业尽快占领市场,打开销路。

2.融资租赁的缺点

(1)融资成本高。租赁的隐含报酬即租金通常要高于债券利息。在企业发生财务困难时,固定的租赁费也会构成一项较沉重的负担。

(2)丧失资产的残值。租赁期满,资产的残值一般归出租人享有。

第三节　投资管理

一、投资的概念与分类

投资,是指特定经济主体以回收本金并获利为目的,将货币、实物资产等作为资本投放于某一个具体对象,以在未来较长期间内获取预期经济利益的经济行为。简言之,企业投资是企业为获取未来长期收益而向一定对象投放资金的经济行为。例如购建厂房设备、兴建电站、购买股票债券等经济行为,均属于投资,是企业对现在所持有资金的一种运用行为。

投资从不同角度或按照不同的标准有多种分类方法。常见的分类方法有以下几种。

(一)按投资与企业生产经营活动的关系

按投资与企业生产经营活动的关系,企业投资可分为直接投资和间接投资。

(1)直接投资是指企业将资金投放于生产经营,购置各种生产经营用资产,以获取利润的投资。

(2)间接投资又称证券投资,它是指企业把资金投放于金融市场,购买股票、债券、基金等各种有价证券,以取得股利或利息收入的投资。

(二)按投资回收期的长短不同

按投资回收期的长短不同,企业投资可分为短期投资和长期投资。

(1)短期投资又称流动资产投资,它是指能够并且也准备在一年内变现的投资。它包括投放在货币资产、应收款项、存货、短期有价证券和准备在一年内变现的长期有价证券等方面的资金。

(2)长期投资是指一年以上才能收回的投资。它包括投放在固定资产、无形资产、其他长期资产和不准备在一年内变现的长期有价证券等方面的资金。由于长期投资中固定资产占的比重最大,所以,长期投资有时专指固定资产投资。

(三)按投资活动资金投出的方向

按投资活动资金投出的方向,企业投资可分为内部投资和外部投资。

(1)内部投资是指企业将资金投放在内部,购置各种生产经营用资产的投资。通常,内部投资的风险要小于外部投资。

(2)外部投资是指企业以货币资金、实物资产、无形资产等方式或者以购买股票、债券等有价证券方式向其他企业的投资。

(四)按投资对象的存在形态和性质

按投资对象的存在形态和性质,企业投资可分为项目投资和证券投资。

(1)项目投资是一种以特定项目为投资对象的长期投资行为。它的目的在于改善生产条件、扩大生产能力,以获取更多的经营利润。项目投资属于直接投资。

(2)证券投资是以证券为投资对象的投资行为,是企业为了获得预期的不确定收益而进行证券购买,形成金融资产的活动。证券投资的目的,在于通过持有权益性证券,获取投资收益或控制其他企业的财务或经营决策,并不直接参与具体的生产经营过程。因此,证券投资属于间接投资。

二、项目投资

企业项目投资是对特定项目所进行的长期投资行为,它与企业的新建项目或更新改造项目直接相关。从性质上看,它是企业直接的、生产性的投资,通常包括固定资产投资、无形资产投资、开办费投资等内容。与其他形式的投资相比,项目投资具有投资金额大、投资期限长、变现能力差、投资风险高的特点。

(一)项目投资的程序

企业的项目投资程序主要包括以下步骤。

1.项目提出

投资项目的提出是项目投资的第一步,它通常是由企业管理当局或企业高层管理人员根据企业的长期发展战略、中长期投资计划和投资环境的变化,在把握良好投资机会的情况下提出的。

2.项目评价

投资项目的评价主要涉及以下几项工作:

(1)对提出的投资项目进行适当分类,为项目分析和评价做好准备。

(2)计算有关项目的建设周期,测算有关项目投产后的收入、费用和经济效益,预测有关项目的现金流入和现金流出。

(3)运用各种投资评价指标,把各项投资按可行程度进行排序。

(4)根据预测结果,写出详细的评价报告。

3.项目决策

投资项目在经过评价后,应按分权管理的决策权限由企业高层管理人员或相关部门经理做最后决策。投资额小的战略性项目投资或维持性项目投资,其决策一般由部门经理做出,特别重大的项目投资还需要报董事会或股东大会决策。

4.项目执行

投资项目在经过决策同意后,企业要积极筹措资金,实施项目投资。在投资项目的执行过程中,要对工程进度、工程质量、施工成本和工程概算进行监督、控制和审核,谨防工程建设中的舞弊行为,确保工程质量,保证按时完成。

5.项目再评价

在投资项目的执行过程中,应判断原来做出的投资决策是否科学、合理和正确,一旦出现新的情况,就要随时根据变化的情况对投资项目做出新的评价。如果发生了重大变化使原来的投资决策变得不合理,那么,企业就要进行是否终止投资或怎样终止投资的决策,以避免造成更大的经济损失。

(二)项目投资的现金流量

在项目投资决策中,现金流量是指投资项目在其计算期内各项现金流入量与现金流出量的统称。二者的差额为现金净流量,或净现金流量。现金流量是计算项目投资决策评价指标的主要根据和基础数据。

从现金流量的内容来看,现金流量由现金流入量、现金流出量和现金净流量三部分构成。

1.现金流入量

现金流入量是指项目投资所引起的企业现金流入的增加额。主要包括以下内容:

(1)营业现金收入,是指项目投产后企业因销售商品或提供劳务而取得的当期现销收入和收回的前期赊销收入。营业现金收入是现金流入量的主要内容。

(2)固定资产残值变价收入,是指项目报废或中途转让时,固定资产报废清理或转让的变价收入扣除清理费用后的净额。

(3)垫支的流动资金回收收入,是指项目终结时收回的原垫支在流动资产的流动资金。

(4)其他现金流入。

2.现金流出量

现金流出量是指项目投资所引起的企业现金流出的增加额,主要包括以下内容:

(1)建设投资,是指建设期内所发生的固定资产、无形资产和开办费等投资的总和,主要有土地购置成本或租赁费用、土建工程费用、购买生产设备及其安装支出、人员培训费用等。

(2)流动资产投资,是指为正常经营活动而投放在流动资产上的流动资金。

(3)付现成本,是指项目运营期内需用现金支付的各种成本费用。

(4)所得税,企业缴纳的所得税也可通过现金支付,故属于现金流出。

(5)其他现金流出。

3.现金净流量

现金净流量是指一定时期内的现金流入量与现金流出量的差额,又称为“增量现金流”。现金净流量可以逐期计算,也可以整个项目持续计算。在进行项目投资决策时,应考虑不同时期的现金净流量,即计算年现金净流量。用公式表示为:

年现金净流量=年现金流入量−年现金流出量

（三）项目投资评价

项目投资评价是通过计算项目投资评价指标来评价独立项目或互斥项目的可行性。项目投资评价指标是评价投资方案是否可行及不同方案优劣的标准。选择客观、恰当的投资评价分析方法是正确进行投资决策的前提。

目前，企业投资决策评价过程中常用的指标根据是否考虑货币时间价值，可分为非贴现指标和贴现指标。非贴现指标是指在计算过程中不考虑资金的时间价值因素的指标，又称为静态指标，包括投资回收期和投资报酬率。贴现指标是指在计算过程中考虑资金价值的指标，又称为动态指标，包括净现值、现值指数和内含报酬率。

三、证券投资

证券是指票面载有一定金额、代表财产所有权或债权、可以有偿转让的凭证。证券种类主要包括国库券、短期融资券、可转让存单、企业股票和债券等。证券投资是企业以购买股票、债券等有价证券的方式向其他单位进行投资，以期在未来获得投资收益的经济行为。企业股票和债券是构成资本市场的两大主要力量，是企业证券投资的主要对象。

（一）证券投资的一般程序

1. 合理选择投资对象

合理选择投资对象是证券投资成败的关键，企业应根据一定的投资原则，认真分析投资对象的收益水平和风险程度，以便合理选择投资对象，将风险降到最低限度，取得较好的投资收益。

2. 委托买卖

由于投资者无法直接进场交易，买卖证券业务需委托券商代理。企业可通过电话委托、移动终端委托、计算机终端委托、递单委托等方式委托券商代为买卖有关证券。

3. 成交

证券买卖双方通过中介券商的场内交易员分别出价委托，若买卖双方的价位与数量合适，交易即可达成，这个过程称作成交。

4. 清算与交割

企业委托券商买入某种证券成功后，即应解交款项，收取证券。清算即指证券买卖双方结清价款的过程。

5. 办理证券过户

证券过户只限于记名证券的买卖业务。当企业委托买卖某种记名证券成功后，必须办理证券持有人的姓名变更手续。

（二）证券投资的风险

证券投资风险就是某一证券投资决策预期收益的不确定性。就证券投资而言，其风险主要来源于以下几个方面。

1. 违约风险

违约风险是指证券发行人无法按期支付利息或偿还本金的风险。

2. 利率风险

利率风险是指市场利率变化导致证券价格波动而使投资者遭受损失的可能性。在市场经济条件下，利率由金融市场的资金供求状况来决定。随着市场供求格局的变化，利率水平也会随之发生改变，证券的价格将随利息率的变动而变动。一般来说，市场利率上升，会导致证券价格下跌;相反,市场利率下降,则促使证券价格上升。

3. 购买力风险

购买力风险又称通货膨胀风险,是指由于通货膨胀而使投资者出售证券或到期回收时,所获取资金的实际购买能力下降的风险。

4. 流动性风险

流动性风险又称变现能力风险,是指企业无法在短期内以合理价格出售有价证券的风险。也就是说,如果投资人遇到另一个更好的投资机会,需要在短期内出售现有的有价证券,以便实现新的投资,但如果找不到愿意出合理价格的买主,这样,投资者就会丧失新的投资机会或者蒙受损失。

5. 市场风险

市场风险是指因证券市场变化不定,证券的市价有较大的不确定性,从而造成投资者损益的不确定性。如国家宏观经济政策变化、经济是否景气、突发性事件等,均可能会引起证券市场各种证券价格的大幅涨跌,而使投资者损益难以预计。

【微阅读】 触碰投资红线,中银、光大理财公司被首批处罚

中国银行保险监督管理委员会(以下简称银保监会)近日披露,中银理财有限责任公司(以下简称中银理财)、光大理财有限责任公司(以下简称光大理财)因违反《银行业监督管理法》第二十一条、第四十六条和相关审慎经营规则分别被罚 460 万元和 430 万元,中国光大银行、中国银行也因"老产品规模在部分时点出现反弹"等问题分别被罚 400 万元、200 万元,四家机构合计被罚 1 490 万元,成为首领罚单的理财子公司。

6 月 2 日,银保监会连发四张罚单,披露了其 2021 年针对部分理财公司及其母行开展的理财业务专项现场调查结果,严肃查处了违法违规案件。

据了解,为了控制投资风险,银保监会发布的理财新规列出了三条投资红线,即每只公募理财产品持有单只证券或单只公募证券投资基金的市值不得超过该理财产品净资产的 10%;全部公募理财产品持有单只证券或单只公募证券投资基金的市值,不得超过该证券市值或该公募证券投资基金市值的 30%;全部理财产品持有单一上市公司发行的股票,不得超过该上市公司可流通股票的 30%。此次中银理财和光大理财均触犯了三条投资要求中的前两条。

针对银保监会的罚单,光大理财 6 月 2 日晚间发布情况说明称,公司逐条制定整改措施,并在现场调查过程中立查立改,除移动办公平台的安全管控正在持续优化整改中外,其他问题均已整改到位。

资料来源:聂国春. 中银、光大理财公司被首批处罚[N]. 中国消费者报,2022-06-10.

(三)证券投资的收益

证券投资的风险与收益总是相伴的。证券投资收益是指投资者进行证券投资所获得的净收益。证券投资收益主要来源于两个方面,即投资利润和资本利得。

1. 投资利润

投资利润是指企业进行证券投资所获得的股利、股息和利息等。证券本身是一种财产性权利,反映了特定的财产权,证券持有人可以通过行使该项财产权而获得收益,如取得股息收入(股票)或者取得利息收入(债券)。

2. 资本利得

资本利得是指证券买卖价格的差额。证券市场的价格是波动的,证券持有人可以通过转让证券获得收益，如二级市场上的低价买入、高价卖出，证券持有人可通过差价获得收益。

在财务管理中，衡量证券投资收益通常使用相对数，即证券投资收益率。证券投资收益率一般用收益额与投资额之比表示。

第四节 收益分配管理

一、收益分配概述

（一）收益分配的含义

企业在日常生产经营活动中生产的产品或劳务经销售等活动产生了收入后，需要进行相应的分配。这些收入分配主要体现为两个方面：一是弥补为取得收入而发生的耗费，这部分称为成本费用；二是弥补成本费用之后剩余部分形成的利润要按一定顺序分配。

由此可以得出，企业广义收益分配不仅包括收入弥补成本费用，而且包括收入扣除成本费用之后的利润分配。利润分配是收益分配的第二层内容，也是狭义的收益分配。若成本费用包括了利息和所得税，则利润表现为净利润。需要说明的是，本教材所指收益分配是指对净利润的分配。

（二）收益分配的原则

1. 依法分配原则

企业的收益分配必须依法进行。为了规范企业的收益分配行为，维护各利益相关者的合法权益，国家颁布了相关法规。这些法规规定了企业收益分配的基本要求、一般程序和重要比例，应当认真执行，不得违反。

2. 分配与积累并重原则

企业的收益分配必须坚持积累与分配并重的原则。企业通过经营活动赚取收益，既要保证企业简单再生产的持续进行，又要不断巩固企业扩大再生产的财力基础。恰当处理分配与积累之间的关系，留存一部分净收益以供未来分配之需，能够增强企业抵抗风险的能力，同时，也可以提高企业经营的稳定性与安全性。

3. 兼顾各方利益原则

企业的收益分配必须兼顾各方面的利益。企业是经济社会的基本单元，企业的收益分配涉及国家、企业股东、债权人、职工等多方面的利益。正确处理他们之间的关系，协调其矛盾，对企业的生存发展是至关重要的。企业在进行收益分配时，应当统筹兼顾，维护各利益相关者的合法权益。

4. 投资与收益对等原则

企业进行收益分配应当体现谁投资谁受益、收益大小与投资比例相对等的原则。这是正确处理投资者利益关系的关键。企业在向投资者分配收益时，应本着平等一致的原则，按照投资者的投额比例进行分配，不允许任何一方随意多分多占，以从根本上实现收益分配中的公开、公平和公正，保护投资者的利益。

5. 资本保全的原则

合理的利润分配关系必须建立在资本保全的原则基础之上。为此，企业应正确确认一定时期的盈利，确保向投资者分配的利润是投资者资本增值的部分，而不是投资者资本金的返还。

(三)收益分配的内容

根据我国《公司法》及相关法律制度的规定,公司净利润的分配应按照下列顺序进行。

1.弥补以前年度的亏损

企业由于经营不善造成的亏损可以用下一年度的税前利润弥补;下一年度的税前利润不足以弥补的,可以在五年内用税前利润连续弥补;连续五年未弥补完的亏损,可用税后利润弥补。

2.提取法定盈余公积金

法定盈余公积金是按照有关规定强制性提取的,目的是为了保全资本,防止企业滥用税后利润。法定盈余公积金按照净利润扣除弥补亏损后余额的10%提取,累计达到注册资本的50% 时可不再提取。

3.提取任意盈余公积金

任意盈余公积金是企业按照公司章程或董事会决议确定的比例自愿提取的。

4.向股东分配股利

根据《公司法》的规定,公司弥补亏损和提取公积金后,所余税后利润可以向股东、投资者分配股利、利润。其中有限责任公司股东按照实缴出资比例分配红利,股份有限公司按照股东持有的股份比例分配红利。

二、股利分配政策

(一)剩余股利政策

企业当期实现的利润可以用于股利的发放,也可以用于满足企业投资机会所需资金。剩余股利政策是指企业生产经营所获得的税后利润首先应较多地考虑满足企业有利可图的投资项目的需要,即增加资本或公积金,只有当增加的资本额达到预定的目标资本结构(最佳资本结构)后,如果有剩余,再派发股利;如果没有剩余,则不派发股利。这种股利政策有利于保持公司的最优资本结构,其比较适合于新成立的或处于迅速成长的企业。

(二)固定股利政策

固定股利政策是企业将每年派发的股利额固定在某一特定水平上,然后在一段时间内不论企业的盈利情况和财务状况如何,派发的股利额均保持不变。它通过稳定的股利支付,向投资者传递企业经营状况和财务状况良好的信息,有利于树立企业形象,稳定股价,同时还能满足投资者对股利的偏好。但是如果公司业绩下滑、利润大幅削减时还采用这种股利政策,则会增加企业的财务压力。

(三)固定股利支付率政策

固定股利支付率政策是企业确定一个股利占盈余的比率,并长期按此比率从净利润中支付股利的政策。在这一股利政策下,各年股利额随公司经营的好坏而上下波动,获得较多盈余的年份股利额较高,获得盈余少的年份股利额较低。主张采用此政策的人认为,通过固定的股利支付率向股东发放股利,能使股东获得的股利与企业实现的盈余紧密配合,以真正体现"多盈多分,少盈少分,无盈不分"的原则。

(四)低正常股利加额外股利政策

低正常股利加额外股利政策,是指企业事先设定一个数额较低的经常性股利额,一般情况下,企业每期都按此金额支付正常股利,只有企业盈利较多时,再根据实际情况发放额外股利。额外股利并不固定,完全视企业经营的实际情况而定。这种股利政策使企业财务具有较大灵活性，同时又使投资人的最低股利收入得到保障。

三、股利支付的程序

股份有限公司向股东支付股利主要经历股利宣告日、股权登记日、除息日和股利支付日。

（一）股利宣告日

股利宣告日，即公司董事会将股利支付情况予以公告的日期。公告中将宣布每股支付的股利股权登记期限、除去股息的日期和股利支付日期。

（二）股权登记日

股权登记日，即有权领取股利的股东有资格登记的截止日期。只有在股权登记日前在公司股东名册上有名字的股东，才有权分享股利。

（三）除息日

除息日，是指股利所有权与股票本身分离的日期，即将股票中含有的股利分配权予以解除，即在除息日当日及以后买入的股票不再享有本次股利分配的权利。我国上市公司的除息日通常是在股权登记日的下一个交易日。

（四）股利支付日

股利支付日，即向股东发放股利的日期。

四、股利支付的形式

股利的支付形式有多种，常见的有以下几种。

（一）现金股利

现金股利是以现金支付的股利，它是股利支付的主要方式。公司支付现金股利除了要有累计盈余（特殊情况下可用弥补亏损后的盈余公积金支付）外，还要有足够的现金，因此公司在支付现金股利前必须筹备充足的现金。

（二）股票股利

股票股利是公司以增发股票的形式支付的股利。

（三）财产股利

财产股利是以现金以外的资产支付的股利，主要是以公司所拥有的其他企业的有价证券，如债券、股票等，作为股利支付给股东。

（四）负债股利

负债股利是公司以负债支付的股利，通常以公司的应付票据支付给股东，在不得已的情况下也可发行公司债券以抵付股利。财产股利和负债股利实际上是现金股利的替代。这两种股利支付形式目前在我国公司实务中很少使用，但并非法律所禁止。

【小案例】 山西蓝焰控股股份有限公司 2023 年度利润分配实施公告

在中国经济持续增长的背景下，上市公司的财务表现和利润分配方案备受市场关注。利润分配不仅是企业内部的利益分配问题，也是对企业外部投资者信心的体现。良好的利润分配政策有助于提高企业的市场竞争力，吸引更多投资者关注。

山西蓝焰控股股份有限公司2023年度利润分配实施公告

本章小结

财务管理是企业管理的重要组成部分，是有关企业资金获得和有效使用的管理工作。财务管理就是要合理有效地规划设计和运作“资金流”，即资金本身不能“断流”，同时还要和“物流”“人力”能够匹配，共同支撑企业的经营管理。

本章通过“辉山乳业资金链断裂”的案例说明了财务管理对于企业经营管理的重要性，阐述了财务关系、财务活动等基本概念和重要的价值观念，并按照财务管理的内容搭建框架结构，对筹资管理、投资管理、收益分配管理作了较全面的说明。

习题

一、单选题

1.(　　)指企业遵照国家法律和政策的要求，从不同渠道、用各种方式，经济有效地筹措和集中所需资金的过程。

A.筹集资金　　B.运用资金　　C.营运资金　　D.分配资金

2.下列各项中不属于财务管理目标的是(　　)。

A.利润最大化　　B.股东财富最大化

C.客户满意度最大化　　D.企业价值最大化

3.财务决策的必要前提是(　　)。

A.财务预测　　B.财务计划　　C.财务控制　　D.财务分析

4.企业通过发行债券、向银行借款、融资租赁等方式筹集到的资金是(　　)。

A.自有资金　　B.借入资金　　C.资本金　　D.营运资金

5.下列选项中，属于筹资渠道的是(　　)。

A.发行股票　　B.融资租赁　　C.银行信贷资金　　D.发行债券

6.投资者以机器设备作价向企业投资，对企业而言，这种筹资方式是(　　)。

A.商业信用　　B.融资租赁　　C.银行借款　　D.吸收直接投资

7.在项目投资中运用各种投资评价指标，分析各投资项目的可行性并按照可行程度进行排序，这项工作属于(　　)阶段。

A.项目提出　　B.项目评价　　C.项目决策　　D.项目执行

8.随着市场供求格局的变化，利率水平也会随之发生改变，证券的价格将随利息率的变动而变动，这种不确定性属于证券投资的(　　)。

A.违约风险　　B.利率风险　　C.流动性风险　　D.市场风险

9.比较而言，(　　)能使公司在股利发放上具有较大的灵活性。

A.剩余股利政策　　B.固定股利政策

C.固定股利支付率政策　　D.低正常股利加额外股利政策

10.(　　)是指股利所有权与股票本身分离的日期。

A.股利宣告日　　B.股权登记日　　C.除息日　　D.股利支付日

二、多选题

1. 企业的利益相关者主要有（　　）。

A. 企业职工　　B. 企业股东　　C. 企业债权人　　D. 企业债务人

2. 下列选项中，属于权益性筹资方式的有（　　）。

A. 发行股票　　B. 银行借款　　C. 商业信用　　D. 利用留存收益

3. 按投资与企业生产经营活动的关系，企业投资可分为（　　）。

A. 内部投资　　B. 外部投资　　C. 直接投资　　D. 间接投资

4. 股利支付的形式有（　　）。

A. 现金股利　　B. 股票股利　　C. 股票回购　　D. 负债股利

5. 项目投资中，现金流出量主要包括（　　）。

A. 建设投资　　B. 流动资产投资　　C. 付现成本　　D. 所得税

三、判断题

1. 就上市公司而言，将股东财富最大化作为财务管理目标的优点之一是容易被量化。（　　）

2. 在市场竞争的情况下，高风险的项目期望报酬高；反之，低风险的项目期望报酬低。（　　）

3. 发行债券筹集到的资金，企业不用偿还本金，财务风险较小。（　　）

4. 一般情况下，项目投资是企业直接的、内部的长期投资。（　　）

5. 企业在进行收益分配时，必须首先提取法定盈余公积金，直至累计达到注册资本的50%时方可停止提取。（　　）

四、简答题

1. 利润最大化作为财务管理的目标，在实践运用中反映出哪些缺点？

2. 与权益性筹资方式相比，负债性筹资方式的优缺点有哪些？

3. 分析股票投资的风险。

4. 简述项目投资中现金流量的构成。

5. 企业在利润分配时应该考虑哪些因素？

五、论述题

某中小企业财务主管急需为本企业筹集一笔小额资金，选择了银行短期借款这种筹资方式，请论述其选择该筹资方式的理由和利用该筹资方式的基本程序。

六、案例分析

湖北A股份有限公司对外投资公告

（一）对外投资概述

公司为调整资产结构，合计投入现金1 250万元设立了洋澜湖渔业开发有限公司等7家渔业开发公司，经营范围为水产品养殖、销售。公司均占注册资本的100%。公司现拟以所属的洋澜湖渔场等7家渔场的养殖水面使用权（无形资产）作为出资分别对7家渔业公司进行增资，投资标的涉及金额合计 83 114 130.09 元，其中：现金 12 500 000 元，无形资产 70 614 130.09 元（其中：28 857 400 元用于增资注册资本、41 756 730.09 元用于增资资本公积）。本次交易不构成关联交易。

（二）投资主体的基本情况

作为本次投资主体的 7 个养殖湖面均没有法人资格，属于公司 100%拥有，目前除武昌鱼良种场，其他都处于对外租赁状态，每年合计租金约 220 万元。

（三）投资标的的基本情况

本次公司增资的资产不存在抵押、质押或者其他第三人权利；不存在涉及重大争议、诉讼或仲裁事项，查封或者冻结等司法措施。本次被增资的公司经营范围均为水产品养殖、销售。公司 100%出资，均占注册资本的 100%，其中现金出资部分均为公司自有资金。

（四）对外投资主要内容

公司本次对外投资累计金额 83 114 130.09 元，其中：现金 12 500 000 元，无形资产 70 614 130.09 元，占上市公司最近一期经审计净资产的 37%。本次交易经公司董事会批准后，相关部门进行工商变更手续。

（五）对外投资对上市公司的影响

（1）本次对外投资的资金系公司自有资金。

（2）本次对外投资对上市公司未来财务状况和经营成果无重大影响。

（六）对外投资的风险分析

（1）投资标的无财务、市场、技术、环保、项目管理、组织实施等因素可能引致的风险。

（2）投资行为可能未获得相关部门批准的风险。

思考：

（1）湖北 A 股份有限公司与被投资的 7 个养殖湖面形成何种财务关系？

（2）公司投资所需资金的获得渠道有哪些？简要谈谈你对筹资与投资之间关系的认识。

（3）公司投资可能会存在哪些风险？

第九章　人力资源管理

主要知识结构图

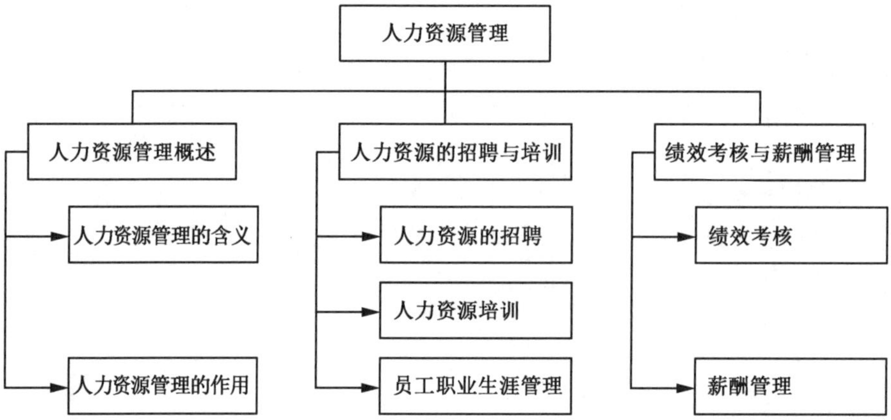

教学目标

● 帮助学生了解人力资源管理的概念及其在现代企业管理中的重要性，认识到人力资源管理对组织战略和员工个人发展的双重支持作用。

● 帮助学生掌握人力资源招聘与培训的技巧。引导学生认识员工职业生涯管理对于提升员工满意度、忠诚度和绩效的积极作用，掌握自我认知、职业目标设定、职业路径规划、能力提升和职业调整与适应的方法和工具。

● 帮助学生掌握绩效考核与薪酬管理的理论与实践。使学生认识到绩效考核和薪酬管理的公平性、透明性，能够设计并实施科学合理的绩效考核和薪酬管理体系，以激励员工、留住人才、提高企业绩效。

● 培养学生的公正意识和责任感，培养学生对人力资源管理的社会责任感，理解其在促进企业可持续发展、构建和谐社会中的作用。

开篇案例

小米人力资源管理实践:精英汇聚与激励驱动的企业发展之道

小米科技有限责任公司,自2010年成立以来,凭借其独特的市场定位和创新的商业模式,在短时间内迅速崛起为全球知名的智能手机及智能家居生态链企业。小米的成功背后,是其卓越的人力资源管理实践,这不仅为公司吸引和留住了一大批优秀人才,更为企业的持续创新和发展提供了强大的动力。

小米的人力资源管理实践:

1. 精英招聘策略

小米在招聘过程中始终坚持"最聪明的人才,成本是最低的"这一理念。公司不仅通过严格的社招和校招流程选拔人才,还特别注重候选人的责任心、自我驱动力和对共同梦想的追求。小米的社会招聘坚持精选原则,确保每一个加入的员工都符合公司的文化和战略需求。而校园招聘则面向全球,涵盖了多个板块,如全球招聘、新零售招聘、未来星招聘等,以吸引不同领域的顶尖人才。

2. 全方位培训体系

小米于2019年创立了企业大学"清河大学"(后更名为集团学习发展部),致力于为各部门、各级别员工提供线上线下的培训。公司针对不同层级的员工设计了多样化的培训项目,如针对应届生的"繁星计划",针对管理层的"星火计划""火炬计划""燃计划"等。这些培训项目不仅帮助员工快速融入公司文化,还通过系统的课程设计和实战演练,提升了他们的专业技能和领导力。

3. 激励措施多样化

小米在人才激励方面做得尤为出色。公司自上市以来已推出多次股权激励计划,如"青年工程师激励计划"和"新十年创业者计划",旨在激发员工的创业激情,使他们与公司共同成长。这些股权激励计划不仅覆盖了公司的核心技术人才,还涵盖了年轻的管理干部,确保了公司人才的稳定性和长期发展。此外,小米还设立了"百万美金技术大奖",以表彰和激励技术团队在研发与创新方面的卓越表现。这些激励措施不仅提高了员工的积极性和忠诚度,还有效促进了公司的技术创新和业务发展。

小米人力资源管理对企业发展的推动作用:

小米的人力资源管理实践对企业发展影响深远。通过精英招聘策略,小米汇聚了一大批专业技能卓越、责任心强、自我驱动力足的人才,为公司创新与发展奠定了坚实基础。全方位的培训体系助力员工技能提升,增强职业竞争力,使企业更具适应性和灵活性,在市场竞争中保持领先。多样化的激励措施,如股权激励计划和技术大奖,有效激发员工积极性和创造力,不仅提高了工作动力,还促进了技术创新和业务发展。这些实践共同为小米的持续增长提供了有力保障,推动了企业的蓬勃发展。

资料来源:

行者无疆. 小米的人才培养秘籍:全方位的培训与激励体系[EB/OL]. (2025-02-06). https://baijiahao.baidu.com/s? id=1823302160297927322.

培训人生态圈. 雷总发布会又火了！小米人才管理全方位解析[EB/OL].（2025—03—03）. https://baijiahao.baidu.com/s? id=1825533146880530850.

第一节　人力资源管理概述

人力资源管理在现代企业管理中占据着至关重要的地位。首先，人力资源管理是现代企业管理的核心组成部分。企业的各项活动都依赖于员工的参与和努力，而人力资源管理负责对员工进行招聘、选拔、培训、绩效管理、薪酬福利设计等一系列工作，以确保企业能够吸引、留住和激励优秀的人才，为企业的发展提供强有力的人力支持。

其次，人力资源管理的理念和策略应与现代企业管理的总体目标相契合。现代企业管理强调创新、竞争力提升和可持续发展，人力资源管理需要围绕这些目标来制定和实施相关政策，比如通过培训和发展计划提升员工的创新能力，以适应企业不断变化的发展需求。管理的本质就是管人。人力资源管理的核心思想在于认识人性、尊重人性，强调"以人为本"。它关注人的全面发展，通过科学的管理方法，协调人与事的关系，处理人与人的矛盾，充分发挥人的潜能，使人尽其才，事得其人，人事相宜，以实现组织目标。

一、人力资源管理的含义

人力资源管理(Human Resource Management，HRM)是在经济学与人本思想指导下，通过招聘、甄选、培训、报酬等管理形式，对组织内外相关人力资源进行有效运用，以满足组织当前及未来发展的需要，保证组织目标实现与成员发展的最大化的一系列活动的总称。它涵盖了预测组织人力资源需求并作出人力需求计划、招聘选择人员并进行有效组织、考核绩效支付报酬并进行有效激励、结合组织与个人需要进行有效开发以便实现最优组织绩效的全过程。

【小思考】

党的二十大报告中明确提出"我们要坚持教育优先发展、科技自立自强、人才引领驱动，加快建设教育强国、科技强国、人才强国，坚持为党育人、为国育才，全面提高人才自主培养质量，着力造就拔尖创新人才，聚天下英才而用之"。

想一想：党的二十大提出"聚天下英才而用之"，结合开篇案例（小米人力资源管理实践），分析企业如何通过人力资源管理实践响应国家战略，实现"人才引领驱动"与"科技自立自强"的双向赋能？

二、人力资源管理的作用

人力资源管理的作用广泛而深远，它涉及企业的各个方面，是推动企业持续发展和竞争力提升的关键因素。具体来说主要有以下几个方面的作用。

（一）在组织战略层面的作用

1. 支持组织战略

人力资源管理通过深入了解组织的愿景、使命和目标，能够制定出与之相匹配的人才战略。这包括确定关键岗位的人才需求、制定招聘计划、设计符合组织文化的薪酬体系等，为组织的战略转型和长期发展提供有力的人才保障。

2.优化资源配置

人力资源部门通过高效的招聘和配置流程，能够吸引并筛选出最符合组织需求的候选人，并将其配置到最合适的岗位上。这有助于实现劳动力资源的最优配置，提高团队的整体效能。

（二）在员工管理与发展方面的作用

1.员工培训与发展

人力资源管理通过定期的培训计划，帮助员工不断提升专业技能和知识水平，适应不断变化的市场环境。这种培训不仅限于新员工入职培训，还应涵盖在职员工的持续教育和职业发展，为组织的长期发展奠定坚实基础。

2.绩效管理

绩效管理是人力资源管理的核心环节之一，它关注员工的工作结果、工作过程中的行为和能力。通过定期的绩效评估，人力资源部门可以及时发现员工的问题和不足，提供有针对性的改进建议和培训机会。同时，绩效管理也是员工晋升和薪酬调整的重要依据，有助于维护组织的公平性和稳定性。

3.薪酬福利管理

人力资源部门负责设计和实施合理的薪酬体系，确保员工的薪酬与其贡献相匹配。通过合理的薪酬体系，组织可以吸引和留住优秀人才，提高员工的满意度和忠诚度。此外，提供多样化的福利选择，如健康保险、退休计划、带薪休假等，可以增强员工的归属感和幸福感。

（三）对企业经营与发展的综合作用

1.促进生产经营顺利进行

通过人力资源的有效管理，不断协调劳动力之间、劳动力与劳动资料和劳动对象之间的关系，充分利用现有的生产资料和劳动力资源，形成最优的配置，从而保证生产经营活动有条不紊地进行。

2.提高劳动生产率

为劳动者创造一个适合他们所需要的劳动环境，使他们乐于工作，并能积极主动地把个人劳动潜力和智慧发挥出来，为企业创造出更有效的生产经营成果，从而达到提高生产效率的目的。

3.提高经济效益

科学配置人力资源，合理组织劳动力，可以让企业以最小的劳动消耗取得最大的经济成果。在市场经济条件下，加强人力资源管理有助于企业争取利润最大化、价值最大化。

4.推动现代企业制度建立

注重和加强对企业人力资源的开发和利用，搞好员工培训教育工作，是实现企业管理由传统管理向科学管理和现代管理转变不可缺少的环节。

第二节　人力资源的招聘与培训

一、人力资源的招聘

人力资源是企业最重要的资源，而招聘是企业与潜在员工接触的第一步。人们通过招聘环节了解企业，并最终决定是否愿意为它服务。但是，如果高素质员工不知道企业的人力资源需求信息，或者虽然知道但对这一信息不感兴趣，或者虽然有些兴趣但还没达到意愿申请相关岗位的程度，那么企业就没有机会选择这些高素质员工。因此企业只有对招聘环节进行有效的设计和良好的管理，才能获得高素质员工。

(一)人力资源招聘的原则

为把招聘工作做好，真正选到企业所需的人员，在招聘工作中必须按照人力资源管理的客观规律办事，遵循反映这些客观规律的科学原则去开展工作。这些原则如下所述。

1. 因事择人原则

所谓因事择人，就是员工的选聘应以实际工作的需要和职位的空缺情况为出发点，根据职位对任职者的资格要求选用人员。

2. 能级匹配原则

招聘应该本着因职选人、因能量级的原则，既不可过度追求低成本，造成小材大用，也不可盲目攀比，造成大材小用。小材大用会导致贻误工作，而大材小用则会导致学历虚高或是人才高消费。能级匹配原则要求在招聘中“不求最好，但求合适”，即在合适的基础上要给岗位胜任度留有一定的空间，挑选既能较大程度满足岗位能力需求，又能具备一定的提升空间和培养潜力的人才，使其“永远有差距，永远有追求”。坚持能级匹配原则可以有效提高人员稳定性，减少新员工流失率。

3. 德才兼备原则

人才招聘中必须注重应聘人员的品德修养，在此基础上考察应聘者的才能，做到以德为先、德才兼备。

4. 用人所长原则

所谓用人所长，是指在用人时不能够求全责备，管理者应注重发挥人的长处。完全意义上的“通才”“全才”是不存在的，即使存在，企业也不一定非要选择这种“通才”，而应该选择最适合空缺职位要求的候选人。

5. “宁缺毋滥”原则

可招可不招时尽量不招，可少招可多招时尽量少招。招聘来的人不一定能充分发挥其作用，而企业则是创造效益的集合体。因而，制定招聘决策时一定要树立“宁缺毋滥”的观念，一个岗位宁可暂时空缺，也不要让不合适的人占据。

(二)人力资源招聘的流程与渠道

1. 人力资源招聘的流程

人力资源招聘的流程是指企业内出现职位空缺到候选人正式到岗的整个过程。招聘工作同时涉及人力资源管理部门和用人部门，其流程包括招聘需求分析、制订招聘计划、确定招聘策略、招聘实施、招聘评估。图 9.1 是完整的招聘流程图。

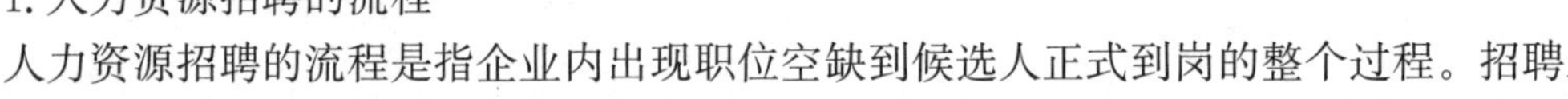

图 9.1 招聘流程图

(1)招聘需求分析

分析职位空缺、确定招聘需求是整个招聘活动的起点，只有明确了空缺职位的数量、类型和具体要求，企业才能开始制订招聘计划。人力资源需求通常是由用人部门根据本部门的人员配置情况提出的。由于招聘需求往往受制于企业的人员预算，因此，用人部门应该和人力资源部门根据企业战略发展和实际业务的变化来确定人员的预算，并以人力资源规划、职位分析为基础，最终确定职位的空缺情况。

（2）制订招聘计划

招聘计划是企业招聘的重要依据，也是人力资源业务规划的关键部分。通过定期或不定期招聘各类人才，为企业人力资源系统提供保障。其主要内容如下：

①招聘标准：人力资源与用人部门需充分沟通，查阅职位说明书，明确录用标准与资格条件，涵盖知识背景、工作技能、经验、个性品质、价值观及身体素质等方面。同时，区分必备与期望素质，确保招聘人员符合实际需求。

②招聘范围：即企业开展招聘工作的范围。范围越大效果越好，但成本也越高，所以需适度。确定时考虑两因素：一是空缺职位类型和当地劳动力市场状况，高层次、特殊职位人才通常大范围招聘，基层人员可在当地招；二是劳动力市场供求关系，当地供给充足可本地招聘，紧张则扩大范围。

③招聘规模：指企业拟通过招聘活动吸引的应聘者数量。需确定招聘录用人数及达到规定录用率所需人员。人数过多会增加成本和甄选难度，过少则限制挑选范围影响质量，应控制在合理范围，实际常用“招聘金字塔”确定人数。

④招聘预算：录用一人所需费用为招聘总费用除以雇用人数。此外，还需计算人工费用（招聘人员工资、福利、差旅费、加班费等）、业务费用（电话、服务、资料、信息服务、广告、物资及邮资费用等）和一般管理费用（设备折旧、水电、办公用具等费用）。

（3）确定招聘策略

招聘策略的制定对企业获取合适人才至关重要。当招聘的需求获批后，选择合适的招聘渠道成为关键，这直接关乎招聘对象的来源、范围、整体质量和数量，毕竟应聘人数越多，选到合适人才的可能性越大。在招聘过程中，招聘人员发挥着关键作用，他们直接与求职者接触，其素质高低对招聘成效影响巨大。招聘人员通常由人力资源部工作人员、用人单位负责人和专家等组成，具体可视招聘职位而定，且应具备良好品德和个人修养、相关专业知识，掌握面试技巧以及在面试时保持公平公正客观的态度。此外，招聘时间的确定也不容忽视，要准确预估从候选人应聘到录用的时间间隔，避免因人员缺位影响企业正常运转，及时填补职位空缺。而招聘地点则需综合考虑所招人员的数量和质量以及招聘成本等因素来确定。

（4）招聘实施

招聘实施是企业吸纳人才的关键环节，涵盖人力资源招募、甄选与录用三大重要部分。在人力资源招募阶段，企业需采用恰当方式吸引胜任的求职者应聘，这主要包含两项关键任务。一方面，要依据不同招聘岗位选择合适的招聘渠道发布招聘信息，内部招聘通常采用内部公告或部门推荐，外部招聘则需分析各类信息发布渠道效果，兼顾覆盖面广和针对性强，综合招聘岗位特点、时间、地点以及成本等因素，精心安排发布方式；另一方面，接受应聘者咨询并收集求职材料，招聘人员需及时整理应聘人员信息，若发现应聘者数量或质量欠佳，应及时调整信息发布渠道与方法。

人力资源甄选是运用科学方法全面了解应聘人员知识、能力、个性特征、品质和动机等，从中挑选出最契合空缺岗位要求人选的过程。一般历经初步筛选、甄选测试、面试和背景调查、体格和体能检查以及录用决策等环节，但具体程序会因企业规模、岗位性质和工作要求而异。甄选内容应围绕测试应聘者未来工作表现，避免与工作无关的私人问题，此环节是招聘工作中最为复杂艰难的阶段,直接影响招聘工作的效率和效果。

人力资源录用是招聘活动的关键阶段,是企业层层筛选后的慎重决策。其主要任务是作出录用决策,依据结果通知录用人员报到,安排上岗前培训,签订劳动合同或聘任合同,设定试用期进行实际考察,同时企业还需妥善制作和管理录用文件。

(5)招聘评估

招聘评估是指企业按照一定的标准,采用科学的方法,对招聘活动的过程及结果进行检查和评定,总结经验,发现问题,在此基础上不断改进招聘方式,提升招聘效率的过程。招聘评估主要包括招聘数量、招聘质量及招聘成本评估三个方面。

招聘评估是招聘程序中最后一个环节,也是最容易被忽视的环节。任何一次招聘都会存在这样或那样的问题,如招聘渠道、招聘方法选择不当,招聘地点不当,选人标准过高或过低等,都会影响招聘成本和招聘效果。在招聘活动结束后对招聘作一次全面、深入、科学和合理的评估,可以及时发现问题并加以解决,同时为改进今后的招聘工作提供了依据。

以上介绍了企业招聘工作过程的5个阶段及各个阶段应完成的主要任务。当然,这个程序也不是固定不变的。企业在招聘的具体操作过程中,可以根据实际情况的需要,对其中的一两个环节进行变通,灵活安排,以节省招聘成本,提高招聘效率。

2.招聘的渠道与方法

招聘渠道是指企业用来寻找、吸引和筛选合适候选人的各种途径和方法。它是企业获取人才的主要方式,直接影响招聘的效率和质量。招聘渠道可以分为内部招聘和外部招聘两大类,每类下又有多种具体的方法和工具。

(1)内部招聘

内部招聘是从企业内部现有员工中选拔合适的人才来填补职位空缺。这种方式适用于企业有充足的人才储备,且员工能力能够满足岗位需求。主要方法有以下几种:

①内部晋升和工作轮换:通过提拔优秀员工或轮换岗位来填补空缺。

②工作告示法:通过企业内部系统(如企业微信、钉钉、内部邮件)发布职位空缺信息。

③内部推荐:员工推荐熟悉的同事或下属。

④人才库和继任计划:利用企业的人才储备或培养计划填补职位。

(2)外部招聘

外部招聘是从企业外部获取所需人才,适用于企业内部无法满足需求或需要引入新思想、新技术的情况。主要方法有以下几种:

①网络招聘:通过专业招聘网站(如智联招聘、前程无忧、猎聘、BOSS直聘)发布招聘信息。其优点是成本低,传播速度快,覆盖面广。但缺点是信息过载,筛选难度大。

②社交媒体招聘:利用LinkedIn、微信、微博、抖音等平台发布招聘信息。其优点是精准定位目标人群,互动性强,适合年轻人才。缺点是需要持续维护和运营。

③猎头公司招聘:通过专业猎头公司寻找高级人才。优点是针对性强,适合招聘稀缺或高端人才。缺点是费用昂贵(通常为年薪的20%~30%)。

④校园招聘:面向大专院校和职业学校招聘应届毕业生。优点是招聘成本低,可培养潜力人才。缺点是学生缺乏工作经验,适应期较长。

⑤员工推荐:鼓励现有员工推荐外部人才。其优点是推荐人了解企业和岗位需求,匹配度高。缺点是可能形成“小圈子”,影响公平性。

⑥灵活用工平台:通过灵活用工平台(如猪八戒网、自由职业者平台)招聘兼职、临时或项

目制员工。其优点是适合短期或项目制需求，成本较低。缺点是员工忠诚度较低，管理难度较大。

⑦AI 招聘工具：利用 AI 技术进行简历筛选、面试安排和人才匹配。优点是提高招聘效率，减少人为偏见。缺点是技术成本较高，可能忽略某些软技能。

除此之外还有几种传统招聘渠道随着科技快速发展，已逐渐被淘汰或使用频率大幅降低。如报纸和杂志广告招聘，传播效率低，成本高，受众有限。广播招聘，信息传递单一，缺乏互动性，受众逐渐减少。传统招聘会，受时间和地点限制，效率较低，逐渐被虚拟招聘会取代。

总之，招聘渠道是企业获取人才的关键途径，选择合适的招聘渠道可以显著提高招聘效率和质量。企业应根据自身需求和实际情况，灵活组合内部和外部招聘渠道，尤其是利用新兴技术，以实现最佳招聘效果。

【小思考】

你认为在招聘中，AI 技术能否完全替代人工判断？如何平衡技术效率与人才多样性需求？

二、人力资源培训

美国经济学家西奥多·W. 舒尔茨（Theodore W. Schultz）提出的人力资本理论指出，培训绝非可有可无的选择性活动，而是人力资源管理体系中至关重要的组成部分，本质上是对人力的战略性投资。在舒尔茨看来，人力如同物质资本一样，通过持续的教育培训投入，能够显著提升个体的知识、技能和能力水平，从而实现人力资本内涵的有效扩张。作为人力资本内涵扩张的有效途径，培训已成为现代企业组织获取竞争优势的有力武器。

在人力资源管理中，培训是指企业通过有计划、系统性的学习和实践活动，帮助员工提升知识、技能、态度和行为，以更好地适应岗位需求、提高工作效率，并促进个人职业发展。培训是人力资源管理的重要组成部分，旨在提升员工的能力，进而推动企业整体绩效的提升。

（一）培训的目的

一般认为培训的目的在于让员工掌握培训项目中所强调的知识、技能和行为，进一步讲，是让员工提高自我意识、转变态度和动机，改善员工工作绩效并提升组织的整体绩效。这是组织进行培训的初衷和根本原因，也是衡量培训开发工作成败的根本性标准，具体目标包括：

提升员工技能：帮助员工掌握岗位所需的专业技能和知识。

提高工作效率：通过培训减少工作中的错误，提升生产力。

适应变化：帮助员工适应新技术、新流程或新环境。

促进职业发展：为员工提供职业发展机会，增强员工的归属感和忠诚度。

增强企业竞争力：通过培训提升员工整体素质，增强企业的市场竞争力。

（二）培训的类型

员工培训从不同的角度可以划分为不同的类型。

1. 按照培训内容的不同

可以将培训开发分为基本技能培训、专业知识培训和工作态度培训。基本技能培训是通过培训使员工掌握从事职务工作必备的技能；专业知识培训是通过培训使员工掌握完成本职工作所需要的业务知识；员工态度培训是通过培训改善员工的工作态度，使员工与组织之间建立起互相信任的关系，使员工更加忠诚于组织。这三类培训对于员工个人和组织绩效的改善都具有非常重要的意义。因此,在培训中应予以足够的重视。

2.按照培训的对象不同

可以将培训分为新员工培训和在职员工培训。新员工培训又称向导性培训或岗前培训,主要是让新员工了解组织的工作环境、工作程序、人际关系等;在职员工培训是对组织中已有的人员的培训,主要是为了提高现有员工的工作绩效。

3.按照培训的目的不同

可以将培训分为应急性培训和发展性培训。应急性培训是组织急需什么知识、技能就培训什么。例如,企业计划新购一台高精度的仪器,而目前又没有员工能够操作,就需要进行针对此仪器的应急性培训。发展性培训是从组织长远的发展需要出发而进行的培训。

4.按照培训的形式不同

可以将培训分为岗前培训、在职培训和脱产培训。岗前培训也称入职培训或引导培训,是为了员工适应新的岗位工作需要而进行的培训;在职培训就是在工作中直接对员工进行培训,员工并不离开实际的工作岗位;脱产培训是让员工离开工作岗位,进行专门性业务和技术培训。

(三)培训的流程

组织培训工作要做到行之有效,首先必须建立一套比较完善的培训流程。一般来说,完整培训流程包括培训需求分析、培训计划制订、培训活动实施、培训效果评价四个阶段,每个阶段都有各自不同的内容和任务,如图 9.2 所示。

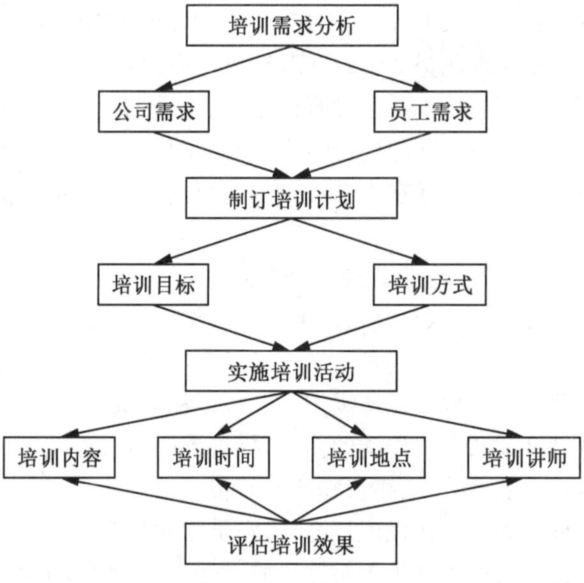

图 9.2 培训流程图

1.培训需求分析

培训需求分析作为现代培训教育的首要与必经环节,是指通过对组织及其成员的目标、技能、知识、态度等的分析,来确定个体现有状况与应有状况的差距以及组织与个体的未来状况。主要对三个方面进行分析:第一是组织分析,分析企业的战略目标和培训需求;第二是任务分析,即确定岗位所需的技能和知识;第三就是人员分析,主要是评估员工的现有能力与岗位要求之间的差距。

2. 培训计划制定

在明确了培训需求以后，就可以确定培训的目的和计划了。培训计划的制订则可以使培训目标变为现实。所谓培训计划是根据组织的近期、中期、远期的发展目标，对企业员工培训需求进行预测，然后制订培训活动方案的过程。培训计划主要包括确定培训目标、培训内容、培训形式、培训人员以及培训预算等工作。

3. 实施培训活动

培养计划明确了培训的目标，确定了培训的范围、方法、组织管理等工作，为培训的实施提供了依据。组织的培训计划制订好后，就可以实施培训活动了，它包括选择培训机构、培训教师、培训教材、培训时间和地点等工作。

4. 培训效果评估

培训的某一项目或某一课程结束后，一般要对培训的效果进行评价和反馈，以便找出受训者和组织从培训中获得的收益。对于员工来讲，收益意味着学到了新的知识和技能，个人得到了成长和提高。对于组织来说，则是带来了整体绩效的提高、顾客满意度的增加。

评估培训效果是指针对培训结果，运用一定的方法或测量标准检验培训是否有效的过程。培训效果评估是一个完整的培训流程的最后环节，它既是对整个培训活动实施成效的评价与总结，同时评估结果又为下一个培训活动确定培训需求提供了重要信息。

有关培训效果评估的最著名的模型是由柯克帕特里克提出的。从评估的深度和难度看，柯克帕特里克的模型包括反应层、学习层、行为层和结果层 4 个层次（见表 9.1），这也是培训效果评估的主要内容。

表 9.1　柯克帕特里克的四层次评估标准框架

层　次	标　准	重　点
1	反应	受训者满意程度
2	学习	知识、技能、态度、行为方式等方面的收获
3	行为	受训者在工作中行为的改进
4	结果	受训者在培训后获得的绩效

三、员工职业生涯管理

员工职业生涯管理是指组织通过系统化的方法和工具，帮助员工规划、发展和实现其职业目标的过程。它不仅是员工个人的责任，也是组织人力资源管理的重要组成部分。通过职业生涯管理，组织可以提升员工的工作满意度、忠诚度和绩效，同时实现组织的人才储备和战略目标。

（一）自我认知

自我认知是职业生涯管理的基础，只有充分了解自己，才能做出适合的职业选择和发展规划。首先，兴趣是职业选择的重要驱动力。了解自己对哪些领域或工作内容感兴趣，可以帮助选择适合的职业方向。例如，喜欢与人打交道的人可能更适合销售、咨询或人力资源等职业，而喜欢研究和技术的人可能更适合科研或技术开发岗位。工具如霍兰德职业兴趣测试（RIASEC 模型）可以帮助识别个人的职业兴趣类型。

其次，价值观决定了个人的职业满意度和长期职业发展方向。例如，有些人看重工作与生活的平衡，而有些人则追求高收入或社会影响力。通过明确自己的核心价值观（如成就感、独立性、团队合作等），可以更好地选择与之匹配的职业和组织文化。

再者，性格影响个人在职场中的行为方式和适应能力。例如，外向型性格的人可能更适合需要频繁沟通和协作的岗位，而内向型性格的人可能更适合独立工作或深度思考的岗位。工具如MBTI（迈尔斯—布里格斯性格类型指标）可以帮助了解个人的性格倾向。

最后，能力与优势是职业发展的重要支撑。能力包括专业技能（如编程、设计、财务分析等）和通用能力（如沟通能力、领导力、问题解决能力等）。通过识别自己的核心优势，可以在职业发展中扬长避短，选择能够发挥自身优势的岗位。工具如盖洛普优势识别器（Strengths-Finder）可以帮助发现个人的核心优势。

（二）职业目标设定

职业目标是职业生涯管理的方向标，明确的目标可以帮助个人集中精力，避免盲目发展。短期目标（1—3年）通常是具体的、可操作的，例如完成某个职业资格认证、提升某项技能、获得某个岗位的晋升等。短期目标应与当前的工作内容和职业发展阶段紧密相关。

中期目标（3—5年）通常是职业发展的阶段性成果，例如成为某个领域的专家、担任团队负责人、实现跨部门转型等。中期目标应考虑到行业趋势和个人成长潜力。

长期目标（5年以上）通常是职业发展的终极愿景，例如成为行业领袖、创业、实现财务自由等。长期目标应具有激励性，同时也要考虑到现实可行性。

在设定职业目标时，可以遵循SMART原则：Specific（具体）、Measurable（可衡量）、Achievable（可实现）、Relevant（相关）、Time-bound（有时限）。例如，目标应明确具体，如“成为项目经理”而不是“获得晋升”；目标应可量化，如“年薪达到××万元”或“完成××项目”；目标应具有挑战性但不过于理想化；目标应与个人的职业发展方向和价值观一致；目标应有明确的时间节点。

（三）职业路径规划

职业路径规划是职业生涯管理的核心环节，它帮助个人明确如何从当前状态达到职业目标。垂直晋升是指在现有领域内向上发展，例如从普通员工晋升为经理、总监或高管。垂直晋升通常需要具备较强的专业技能、领导能力和战略思维。

横向发展是指跨领域或跨职能的转型，例如从技术岗位转向管理岗位，或从市场营销转向产品管理。横向发展可以帮助个人拓宽职业视野，提升综合能力。

多元化发展是指在多个领域或职能中积累经验，例如同时具备技术、管理和创业经验。多元化发展适合那些希望在职业生涯中保持灵活性和适应性的人。

在职业路径规划中，可以使用一些工具来帮助明确发展方向。例如，职业地图通过绘制职业发展路径图，明确每个阶段的目标和所需能力；职业导师通过与行业专家或资深人士交流，获取职业发展的建议和指导。

（四）能力提升

能力提升是实现职业目标的关键，持续学习和成长是职业生涯管理的核心。专业技能是根据职业目标，学习相关的专业知识和技能。例如，技术人员可以学习最新的编程语言，市场营销人员可以学习数据分析工具。通过参加培训、考取职业资格证书、阅读专业书籍等方式提升专业技能。

通用能力包括沟通能力、团队协作能力、领导力、时间管理能力等。这些能力在各个职业领域都至关重要，可以通过实践、培训和反馈不断提升。

学习方式多种多样，包括正式学习（如参加课程、培训、研讨会等）、非正式学习（如通过阅读、在线学习、实践项目等方式积累经验）和社交学习（如通过与同事、导师、行业专家交流，获取知识和经验）。

（五）职业调整与适应

职业生涯是一个动态的过程，个人需要根据外部环境的变化和自身需求的变化，灵活调整职业规划。环境变化包括行业趋势（如数字化转型、人工智能的兴起等趋势可能对某些职业产生重大影响）、组织变革（如公司重组、并购、战略调整等可能影响个人的职业发展机会）和经济环境（如经济衰退或繁荣可能影响就业市场和职业选择）。

个人需求变化包括随着年龄、家庭状况、健康状况等变化，个人的职业目标和优先事项可能会发生变化。例如，年轻时可能更关注职业成长和收入，而中年后可能更关注工作与生活的平衡。

调整策略包括重新评估职业目标（根据变化的环境和需求，重新设定职业目标）、学习新技能（通过学习和培训，提升适应新环境的能力）和寻求支持（通过职业导师、社交网络等获取支持和建议）。通过这些策略，个人可以更好地适应变化，实现职业目标。

第三节　绩效考核与薪酬管理

企业根据发展战略制定相应的人力资源管理战略，进行人力资源规划、工作分析、招聘、甄选、培训、人员配置、绩效管理和薪酬管理等一系列人力资源活动，最终目的是实现企业的绩效。绩效管理是企业人力资源管理的重要环节，选择合适的绩效考评方法，构建系统的绩效管理制度，并有效地执行，可以显著地提高企业的业绩。

绩效考核是绩效管理中的一个核心环节，企业通过绩效考核评估员工的表现，帮助企业优化管理，而薪酬管理是设计薪资结构，激励员工。两者结合可以提高员工积极性，促进企业发展。绩效考核为薪酬管理提供依据，同时合理的薪酬体系也能促进员工重视绩效考核，形成良性循环。

一、绩效考核

绩效考核又称为绩效评估，是指收集、分析、评价和传递员工在其工作岗位上的工作行为和工作结果方面信息的过程，衡量其对组织目标的贡献。

绩效考核是对之前一段时间的工作总结，同时，考核结果为相关人事决策（晋升、解雇、加薪、发放奖金）等提供依据。要实现企业的目标和赢得竞争优势就必须对员工的工作行为和结果进行有效的管理。绩效考核是对员工的绩效进行管理的主要手段，也是管理人员承担的一项重要管理活动。绩效考核是绩效管理的重要组成部分，通过绩效考核可以为企业的绩效管理提供资料，帮助企业提高绩效管理的有效性。绩效考核成功与否不仅取决于考核本身，而且在很大程度上取决于与考核相关联的整个绩效管理过程，有效的绩效考核有赖于整个绩效管理活动的成功开展。下面介绍几种常用的绩效考核方法。

（一）关键绩效指标

关键绩效指标（Key Performance Indicators，KPI），源于彼得·德鲁克的目标管理理论

(MBO),强调通过量化指标衡量组织、部门或个人对战略目标的贡献度。其核心逻辑是将复杂目标拆解为可测量的"关键少数"指标,遵循"二八法则"(80%的成果由20%的关键行为驱动)。

实施步骤如下:

(1)明确目标:首先明确企业的战略目标,确定需要关注的绩效领域。

(2)制定指标:在目标领域内,识别并设定关键绩效指标,确保指标具有可衡量性、相关性和时效性。

(3)分配责任:将KPI指标分解到各部门和员工,明确每个人的职责和任务。

(4)监控进度:定期收集和分析KPI数据,监控实际绩效与目标值的差距,及时发现问题。

(5)评估与反馈:对KPI进行评估,将结果反馈给相关部门和员工,提出改进建议,并给予优秀绩效的奖励。

(6)持续优化:根据评估结果和实际情况,对KPI进行必要的调整和优化,确保考核体系始终与企业战略目标保持一致。

(二)目标与关键成果法

目标与关键成果法(Objectives and Key Results,OKR)是一种战略执行工具,旨在通过设定激励性目标(Objectives)和可衡量的关键成果(Key Results),将组织的愿景转化为可操作的行动计划。其核心逻辑是通过"挑战性目标"驱动创新,并通过"结果导向"确保执行效率。

1. OKR的设计原则

"少即是多":在单个周期内,设定3—5个目标。过多的目标会导致资源分散和注意力不集中,影响执行效果。每个目标对应2—5个关键成果。关键成果是衡量目标达成情况的具体指标,数量过多会增加复杂性,不利于聚焦。

"自下而上"对齐:团队和个人OKR需与组织战略目标逐层对齐,而非单向分解。

"失败容忍"文化:接受关键成果未完全达成,但需复盘学习。OKR鼓励设定挑战性目标,因此不完全达成关键成果是可以接受的。关键在于从失败中学习和改进。如谷歌公司允许关键成果的达成率为70%,这体现了对挑战性目标的宽容和对持续改进的重视。

2. 实施流程

阶段1:战略解码。使用战略地图将组织的愿景和战略转化为具体的OKR主题。战略地图是一种可视化工具,帮助组织明确战略目标和关键成功因素,如"技术领先""客户忠诚"等主题,这些主题应直接反映组织的战略重点。

阶段2:目标共创。管理层与团队通过工作坊、头脑风暴等形式共同制定目标。这种共创方式有助于增强团队对目标的认同感和责任感。

阶段3:关键成果量化。关键成果应采用具体的、可量化的指标来衡量。例如,"客户留存率从60%提升至75%"就是一个明确的关键成果。

阶段4:执行与迭代。每周进度检查会(Check-ins)替代传统绩效考核,聚焦障碍解决。传统的绩效考核往往周期较长,无法及时发现问题。OKR强调每周进行进度检查,聚焦于解决执行过程中的障碍和问题。通过定期的进度检查,及时发现和解决问题,确保OKR的执行过程不断优化。

阶段5:复盘与校准。在周期结束时,进行健康度评估,分析OKR的执行情况和达成效果。如Adobe公司的"OKR反思报告"就是一种健康度评估工具。

（三）360 度反馈

360 度反馈是一种多维度、全方位的绩效评估方法，通过收集来自不同来源的反馈，帮助个人或团队全面了解自己的表现、优势和待改进之处。与传统的自上而下的评估方式不同，360 度反馈涵盖了来自上级、同事、下属、客户甚至自我评价的多角度反馈，旨在提供更全面、客观的视角。

360 度反馈的实施流程可以分为几个关键步骤。首先，明确目标是整个流程的起点，需要确定反馈的具体目的，例如提升领导力、改善团队协作或支持个人发展。接下来，设计评估工具，制定评估维度和问卷，确保涵盖量化评分和定性问题，以便全面收集反馈。然后，选择评价者，确定来自上级、同事、下属、客户等多角度的反馈来源，确保评价者与被评估者工作关系密切且具有代表性。

在收集反馈阶段，通过匿名问卷或在线工具收集多角度的评价，确保评价者能够坦诚表达意见。收集完成后，对反馈数据进行分析，汇总评分和定性评论，生成详细的评估报告，报告中通常包括各维度的评分对比、自我评价与他人评价的差异以及具体的改进建议。随后，进入反馈与辅导环节，向被评估者解读报告，帮助其理解反馈内容，并制定具体的改进计划。

最后，跟踪改进是确保反馈效果的关键步骤，定期检查改进计划的执行情况，并在后续周期中重新评估，以衡量进展和调整方向。通过这一完整的流程，360 度反馈能够有效促进个人和团队的成长与发展。

（四）平衡计分卡

平衡计分卡（Balanced Score Card，BSC），由罗伯特·卡普兰（Robert Kaplan）与戴维·诺顿（David Norton）于 1992 年提出。其核心思想是将组织的战略目标转化为可操作的具体指标，这些指标分为四个维度：财务、客户、内部流程、学习与成长。这四个维度不仅涵盖了传统财务指标，还引入了非财务指标，从而帮助企业更全面地评估和管理其绩效。平衡计分卡的实施流程如下。

首先，以企业的共同愿景与战略为内核，运用综合与平衡的哲学思想，依据企业结构，将公司的愿景与战略转化为下属各责任部门（如各事业部）在财务、客户、内部经营过程、学习与成长等四个方面的系列具体目标（即成功的因素），并设置相应的四张计分卡，其基本框架如图 9.3 所示。

其次，依据各责任部门分别在财务、客户、内部经营过程、学习与成长四方面设置可具体操作的目标及对应的绩效考核指标体系，这些指标不仅与公司战略目标高度相关，而且是以先行与滞后两种形式，同时兼顾和平衡公司长期和短期目标、内部与外部利益，综合反映战略管理绩效的财务与非财务信息。

最后，由各主管部门与责任部门共同商定各项指标的具体评分规则。一般是将各项指标的预算值与实际值进行比较，对应不同范围的差异率，设定不同的评分值。以综合评分的形式，定期（通常是一个季度）考核各责任部门在财务、客户、内部经营流程、学习与成长四个方面的目标执行情况，及时反馈，适时调整战略偏差，或修正原定目标和考核指标，确保公司战略得以顺利与正确地实行。

（五）数字化时代绩效考核的创新方向

随着数字化转型的深入，传统的绩效考核方法，如 KPI、360 度反馈等逐渐显露出局限性。数字化时代需要更加敏捷、数据驱动和员工导向的绩效考核方法。例如，作为全球领先的互联网科技公司，随着字节跳动业务的全球化扩张和团队规模的迅速增长，传统的绩效管理模式已难以适应公司的发展需求。特别是在面对全球化团队协同困境和新生代员工倦怠危机时，字

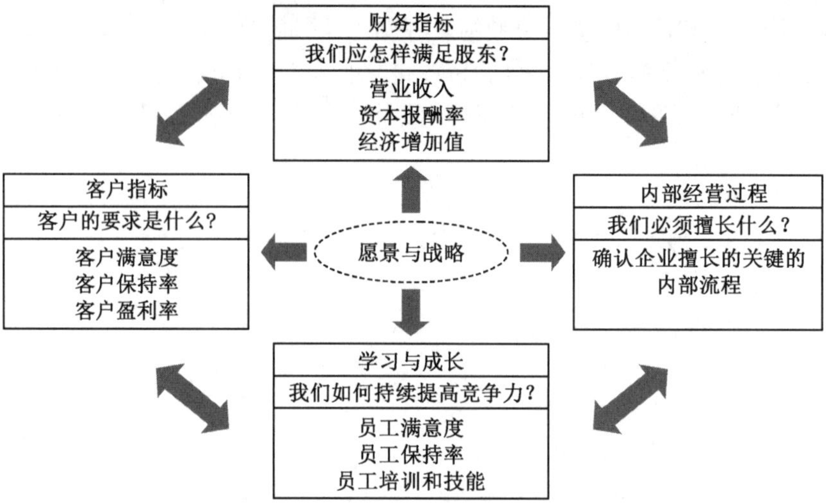

图 9.3 平衡记分卡

节跳动亟需一种新的绩效管理方式来提升团队效率和员工幸福感。于是,“飞书绩效革命”应运而生。以下介绍几种创新的绩效考核方法。

1. 游戏化考核(Gamification in Performance Evaluation)

将任务完成度转化为积分或徽章,通过排行榜激发竞争,设置短期挑战,如“月度销售冠军”。完成任务后即时发放奖励,如礼品卡、额外休假等。例如德勤(Deloitte)公司,在培训项目中引入游戏化考核,员工完成课程后获得积分,积分可兑换奖励。在使用这一创新考核方法后,该公司课程完成率提升 50%,员工参与度显著提高。游戏化考核法适用于销售团队,尤其是零售、保险行业的绩效考核。对于培训与发展项目,如新员工入职培训也是适用的。

2. AI 驱动的智能考核(AI-Powered Performance Evaluation)

通过 AI 工具,如 Workday、SAP SuccessFactors 等自动采集员工行为数据,如代码提交量、客户反馈等行为数据对员工的绩效进行分析,生产定制化改进建议。除此之外企业还可以利用机器学习预测绩效风险,如预测高离职倾向员工。

例如 IBM 公司,使用 Watson 分析员工项目贡献与协作模式,生成绩效报告并提供发展建议。管理者决策效率提升 40%,员工发展计划也得到了针对性增强。AI 驱动的智能考核法适用于知识密集型组织,如咨询、研发类的企业或者大规模企业。

3. 幸福感与绩效双维度考核(Well-being and Performance Evaluation)

企业将员工幸福感指标,如工作满意度、心理安全等指标纳入考核体系。将幸福感与绩效双维度进行平衡性评估,既关注绩效结果,也评估可持续性,如工作负荷是否合理。并提供如心理咨询、弹性工作制等资源支持,以提升员工的幸福感。

Salesforce 公司是全球领先的客户关系管理(CRM)软件提供商,成立于 1999 年,总部位于美国旧金山。该公司在绩效考核中加入“幸福感指数”,并根据结果调整管理策略,如减少会议频率。然后发现员工敬业度提升 20%,绩效稳定性增强。幸福感与绩效双维度考核法适用于高压力行业如金融、医疗类公司,或者注重员工体验的组织如科技类公司、非营利机构。

【微阅读】 腾讯的“打怪升级”绩效管理模式

在企业管理中，绩效管理是提升员工积极性和组织效能的关键环节。腾讯，作为互联网行业的佼佼者，独创了“打怪升级”绩效管理模式，通过游戏化设计激发员工内在动机，提升工作绩效。本案例将深入剖析这一模式的实施细节、特点与优势，带您领略腾讯独特的绩效管理智慧。

腾讯的“打怪升级”绩效管理模式

二、薪酬管理

薪酬管理是企业人力资源管理中的重要组成部分，它涉及如何确定、分配和调整员工的薪酬，以达到激励员工、留住人才、提高企业绩效的目的。

(一)薪酬管理的含义与作用

薪酬管理是指企业在经营战略和发展规划的指导下，综合考虑内外部各种因素的影响，确定薪酬体系、薪酬水平、薪酬结构、薪酬构成；明确员工所应得的薪酬，并进行薪酬调整和薪酬控制的过程。它是企业在组织发展战略指导下，对员工薪酬支付原则、薪酬策略、薪酬水平、薪酬结构、薪酬构成进行确定、分配和调整的动态管理过程。

薪酬管理的作用主要有三个方面。第一，激励员工。通过合理的薪酬管理，可以激发员工的工作热情和创造力，提高工作效率和绩效。第二，留住人才。合理的薪酬福利制度可以吸引和留住优秀的人才，减少人才流失，为企业的长期发展提供稳定的人才支持。第三，提高企业绩效。薪酬管理可以促进员工努力工作和积极进取，提高企业的绩效和竞争力。

(二)薪酬管理的内容

1.薪酬策略制定

薪酬策略制定是薪酬管理的基础，需要考虑到组织的战略目标、竞争对手的薪酬水平、行业的薪酬趋势以及员工的期望等因素。在制定薪酬策略时，需要明确薪酬的定位和目标，确定薪酬的总体水平和分配原则，以及制定不同岗位的薪酬差异化政策等。

2.薪酬体系设计

薪酬体系设计是制定和建立组织内部薪酬制度的过程。需要考虑到组织的岗位结构、薪酬差异化、绩效考核和激励机制等因素。虽然薪酬体系设计是组织内部薪酬制度，但是也需要考虑外部公平性的平衡问题(行业薪酬水平)，否则也难以达到激励员工、留住人才的目的。总之，薪酬体系设计的目标是要实现薪酬的内外公平，即内部岗位之间的薪酬差异要合理，与外部市场的薪酬水平相适应。

3.绩效考核与奖励

绩效考核与奖励是薪酬管理的核心内容之一，它是根据员工的工作表现和绩效水平来确定薪酬的重要依据。需要建立公正、透明和有效的机制，激励员工的工作积极性和创造力。奖励可以采取多种形式，包括薪酬激励、晋升和职业发展、培训和学习机会等。

4.薪酬调研与市场定位

薪酬调研与市场定位是了解和掌握外部市场的薪酬水平和趋势，为组织的薪酬制度提供参考和依据。薪酬调研的结果可以用于与组织内部的薪酬水平进行比较，确定薪酬的市场定位和调整策略。

(三)薪酬管理的策略

薪酬管理策略是企业人力资源管理中的关键环节，旨在通过科学合理的薪酬制度设计，实现员工激励、成本控制、市场竞争优势等多重目标。

1. 薪酬成本策略

薪酬成本策略强调将薪酬总额视为企业经营成本的一部分，与其他成本项目（如原材料成本、运营成本等）共同纳入总体预算与控制体系。这一策略的核心在于平衡薪酬支出与企业整体财务状况的关系，确保薪酬成本在可控范围内，同时不影响企业的盈利能力和市场竞争力。在实施薪酬成本策略时，企业需综合考虑经营目标、财务状况、市场环境等因素，制定合理的薪酬预算，并对其进行动态监控和调整。

2. 薪酬水平策略

薪酬水平策略是指企业根据自身战略定位、市场薪酬行情以及竞争对手的薪酬水平，制定适合自身的薪酬水平策略。常见的薪酬水平策略包括领先型薪酬水平策略和跟随型薪酬水平策略。领先型薪酬水平策略意味着企业提供的薪酬水平高于市场薪酬中位水平，旨在吸引和留住顶尖人才，提升企业的核心竞争力。而跟随型薪酬水平策略则与市场薪酬中位水平基本持平，旨在保持企业的薪酬竞争力，同时控制薪酬成本。企业需根据自身实际情况和市场环境，选择合适的薪酬水平策略。

3. 薪酬架构策略

薪酬架构策略涉及薪酬的横向架构（薪酬结构或薪酬组合）和纵向架构（薪酬层级和层级关系）。横向架构主要关注薪酬的组成部分，如基本工资、奖金、津贴、福利等，以及各部分之间的比例关系。企业需根据员工的岗位特点、工作性质以及企业的战略目标，设计合理的薪酬结构，以激发员工的工作积极性和创造力。纵向架构则关注薪酬层级和层级关系，包括薪酬等级的设置、薪酬差距的确定以及薪酬晋升路径的规划等。企业需根据员工的职业发展路径和企业的组织结构，设计合理的薪酬层级和层级关系，以促进员工的职业发展和企业的持续发展。

4. 薪酬差别策略

薪酬差别策略强调针对不同的职类、人员采用不同的薪酬水平策略，以体现员工之间的差别。这一策略的核心在于根据员工的岗位价值、工作绩效、个人能力和市场稀缺性等因素，制定差异化的薪酬水平。通过实施薪酬差别策略，企业可以激发员工的内在动力，提高员工的工作满意度和忠诚度，同时优化企业的人力资源配置，提高企业的整体绩效。

5. 薪酬增长策略

薪酬增长策略是指根据企业的绩效和市场变化等因素，适时调整薪酬增长幅度，以保持与市场接轨并激励员工。这一策略的核心在于平衡企业的盈利能力和员工的薪酬增长需求，确保薪酬增长与企业的发展目标相协调。在实施薪酬增长策略时，企业需综合考虑企业的财务状况、市场环境、员工绩效等因素，制定合理的薪酬增长计划，并对其进行动态监控和调整。同时，企业还需关注薪酬增长的公平性和可持续性，确保薪酬增长能够激发员工的工作积极性和创造力，同时不影响企业的长期稳定发展。

综上所述，薪酬管理是企业人力资源管理中的重要环节，它涉及员工的切身利益和企业的长远发展。因此，企业需要制定科学合理的薪酬管理制度和策略，并不断优化和完善薪酬管理体系，以实现企业的可持续发展和员工的个人成长。

【小案例】 传统激励方法失效了怎么办？

H公司是一家中国跨国企业，主要业务是生产、销售重型机械。这家企业在巴西、德国、美国等很多国家都设置了生产基地。但是该企业到非洲某国建厂时就遇到了问题。他们对战略、营销可能遇到的障碍都做了预案，可是到了那就发现，遇到的问题比这要低级得多。之所以会遇到传统激励手段失灵的问题，就是因为它需要雇用大量外籍员工，而文化差异给他们带来意想不到的麻烦。他们遇到的第一问题居然是员工不准时上班。让员工准时来上班,这居然能成问题。而且还别小看,流水线上少一个人,那整个机器就转不起来。

公司管理人员开始尝试。首先是做思想工作,告诉当地人守时是一种美德,结果根本没人听。于是换招,发奖金,还是没用。当地的消费场所很少,满足基本需求后,多出来的那一点收入吸引力非常弱。如果给更多,算下来又会亏本。让管理人员更头疼的是在开始建厂之前H公司就跟该国政府达成协议要解决当地就业问题,政府要求外国公司必须雇用一定比例的本地人,所以面对不准时上班的当地员工,他们也不能辞掉。最后企业采取“中国特色”的解决方案:评劳模。每个季度评一次,谁按时上班,就给谁发大奖状、大红花。当然这个奖状不是随便发的,是邀请当地政府官员来给员工颁奖,并且把奖状送到人家家里去。采用“锣鼓喧天,鞭炮齐鸣”,声势浩大的架势去发,颁奖队伍进村就四处嚷嚷,把全村村民吸引出来围观。政府官员亲自把奖状颁发给劳模,还给劳模父母握手并说:感谢您,生了个好儿子。这一举动一下子就让全村人感受到:这个人肯定很厉害,村里从来没有人能获得政府奖励。

这还没完,他们还把“洋劳模”的照片放在官网上,请当地媒体去报道。接受采访时,“洋劳模”就对着摄像机说:“我是劳模!”那股自豪劲儿,隔着屏幕都能感受到。厂里还造了一座名人堂,当地人去参观,一定能看到劳模笑得无比灿烂的大头像。这个制度刚施行的时候,没几个人能达标。企业说没事,坚持评。一段时间后,达标的人多起来,大家开始准时上班了。一年后,靠着劳模制度,企业基本解决了旷工问题。

资料来源:李育辉. 李育辉组织行为学讲义[M]. 北京:新星出版社,2021.

思考:

非经济激励手段在跨文化管理中的适用性与局限性。

本章小结

本章全面介绍了人力资源管理的基本概念、作用,招聘与培训,绩效考核与薪酬管理等内容。通过本章的学习,学生应能够理解人力资源管理在现代企业管理中的核心地位,掌握人力资源招聘、培训、绩效考核和薪酬管理的关键方法和技巧。同时,学生还应认识到员工职业生涯管理对于提升员工满意度和组织绩效的重要性,并能够在实际工作中灵活运用所学知识,设计并实施有效的人力资源管理策略,以支持组织的战略目标和员工的个人发展。

习题

一、单选题

1. 人力资源管理的核心思想是(　　)。

A. 以财为本　　B. 以人为本　　C. 以物为本　　D. 以技术为本

2. (　　)不是人力资源招聘的原则。

A. 因事择人　　B. 德才兼备　　C. 以貌取人　　D. 能级匹配

3. 人力资源招聘的流程不包括(　　)环节。

A. 招聘需求分析　　B. 制订招聘计划　　C. 招聘实施　　D. 招聘结果固化

4. 按照培训内容划分的培训类型是(　　)。

A. 新员工培训 B. 在职员工培训 C. 基本技能培训 D. 脱产培训

5. 在培训效果评估中，(　　)评估的是受训者在工作中行为的改进。

A. 反应层 B. 学习层 C. 行为层 D. 结果层

6. (　　)绩效考核方法强调通过量化指标衡量组织、部门或个人对战略目标的贡献度。

A. 360 度反馈 B 关键绩效指标(KPI)

C. 目标与关键成果法(OKR) D. 平衡计分卡

7. 目标与关键成果法(OKR)的核心逻辑不包括(　　)。

A. “少即是多” B. “自上而下”对齐

C. “失败容忍”文化 D. “自下而上”对齐

8. (　　)不属于薪酬管理的作用。

A. 激励员工 B. 留住人才

C. 降低企业成本(不考虑人力资源价值) D. 提高企业绩效

9. 薪酬管理策略中，薪酬成本策略的核心在于(　　)。

A. 提高员工薪酬 B. 平衡薪酬支出与企业整体财务状况

C. 超越竞争对手薪酬水平 D. 最大化员工福利

10. 以下方法中不属于数字化时代绩效考核的创新方向的是(　　)。

A. 游戏化考核 B. AI 驱动的智能考核

C. 传统 KPI 考核 D. 幸福感与绩效双维度考核

二、多选题

1. 人力资源管理在组织战略层面的作用包括(　　)。

A. 支持组织战略 B. 优化资源配置

C. 促进员工个人发展 D. 提高企业经济效益

2. 人力资源招聘的渠道可以分为(　　)。

A. 内部招聘 B. 外部招聘

C. 网络招聘 D. 校园招聘

3. 培训的目的通常包括(　　)。

A. 提升员工技能 B. 提高工作效率

C. 降低企业成本 D. 促进职业发展

4. 绩效考核中常用的方法有(　　)。

A. 关键绩效指标(KPI) B. 目标与关键成果法(OKR)

C. 360 度反馈 D. 平衡计分卡

5. 薪酬管理的内容包括(　　)。

A. 薪酬策略制定 B. 薪酬体系设计

C. 绩效考核与奖励 D. 薪酬调研与市场定位

三、判断题

1. 人力资源管理是现代企业管理的核心组成部分，不涉及企业的财务活动。(　　)

2. 在人力资源招聘中，“宁缺毋滥”原则意味着即使岗位空缺，也不应降低招聘标准。(　　)

3. 培训是人力资源管理的重要组成部分，但它只是一种投资，不会立即产生经济效益。（ ）

4. 绩效考核只关注员工的工作结果，不考虑工作过程中的行为和能力。（ ）

5. 薪酬管理的作用仅限于激励员工，与留住人才和提高企业绩效无关。（ ）

四、简答题

1. 简述人力资源管理的含义及其在现代企业管理中的作用。
2. 列出人力资源招聘的主要流程，并简要说明每个流程的主要任务。
3. 解释什么是职业生涯管理，并说明它对企业和员工的意义。
4. 简述关键绩效指标(KPI)和目标与关键成果法(OKR)的主要区别。
5. 说明薪酬管理在企业人力资源管理中的重要作用。

五、论述题

结合实际情况，谈谈绩效管理在现代企业管理中的重要性及其面临的挑战。

六、案例分析

字节跳动“飞书绩效革命”：OKR与幸福感双引擎驱动

字节跳动(ByteDance)，作为全球互联网科技领域的佼佼者，其旗下产品TikTok已在全球范围内赢得了超过10亿用户的喜爱。然而，在2023年，这家全球领先的科技企业面临了两大严峻挑战。一方面，其遍布全球50个国家的2万名员工，由于时差和文化差异的存在，团队间的目标对齐变得异常困难。以纽约团队为例，其OKR(目标与关键成果)完成率仅为62%，严重影响了公司的整体运营效率。另一方面，公司中国总部的95后工程师群体，由于长时间处于高强度的工作状态，2023年第三季度的离职率较上一年同期上升了35%。员工匿名调研结果显示，“工作幸福感”评分仅为58分，凸显出新生代员工对于当前工作环境的严重不满和倦怠情绪。

1. 破局行动：

面对这些挑战，新任CHO(首席人力资源官)李然果断提出了“绩效革命计划”，旨在通过一系列创新策略，从根本上改变公司的绩效管理方式，提升员工的幸福感和工作效率。

该计划的核心策略之一是对OKR系统进行4.0升级。公司开发了“飞书OKR Pro”系统，这一系统支持多语言实时翻译与时区自适应功能，使得全球员工能够更加高效地进行目标对齐，对齐效率提升了40%。同时，引入了“动态KR”机制，允许团队每月根据数据反馈调整30%的关键成果，使得目标设定更加灵活和贴合实际。

除了对OKR系统的升级，李然还提出了幸福感量化管理的策略。公司将“心理安全指数”和“工作负荷健康度”纳入了绩效考核体系，这两项指标的权重占到了20%。此外，公司还推出了“字节疗愈假”制度，员工可以申请最长7天的带薪心理健康假，以缓解工作压力。2024年，这一制度的使用率达到了23%，充分显示了员工对于这一制度的认可和欢迎。

为了进一步激发员工的积极性和创造力，公司还推出了游戏化激励措施。上线了“字节宇宙”积分系统，员工完成OKR后可以获得NFT勋章，这些勋章可以兑换跨境休假、硅谷研学等丰厚奖励。同时，全球团队之间还开展了“创新马拉松”PK赛，胜出团队将直接获得下季度的预算追加权，这一举措极大地激发了团队间的竞争意识和创新精神。

2. 实施效果：

截至2024年第四季度，这些创新策略已经取得了显著成效。全球OKR对齐率从62%提升至89%，TikTok北美市场的日活用户(DAU)增长了27%。员工幸福感评分也大幅上升至82分，中国总部95后工程师的留存率提高了45%。此外，“字节宇宙”积分兑换率达到了91%，跨时区协作项目数量更是实现了翻倍增长。这些数据充分证明了“绩效革命计划”的有效性和成功性。

资料来源：根据钛快讯、DoNews等网络资料整理。

思考：

1. 字节跳动的“绩效革命”如何体现人力资源管理与企业全球化战略的协同？
2. OKR与幸福感双维度考核可能存在哪些冲突？如何平衡“结果导向”与“员工体验”？
3. 谈一谈游戏化激励在欧美与中国团队中的效果差异及应对策略。

参考文献

陈国海，高志强，刘苏秦，等. 企业文化[M]. 北京：清华大学出版社，2024.

戴淑芬. 管理学教程[M]. 北京：北京大学出版社，2022.

迪尔，肯尼迪. 企业文化——企业生活中的礼仪与仪式[M]. 李原，孙健敏，译. 北京：中国人民大学出版社，2008.

符国群，费显政. 市场营销学[M]. 北京：清华大学出版社，2023.

符国群. 从供需"匹配"视角重新诠释和理解市场营销——兼论市场营销知识体系的构建[J]. 营销科学学报，2021，1(01)：17－30.

郭咸纲. 西方管理思想史[M]. 北京：世界图书出版公司，2010.

胡媛媛，陈守明，仇方君. 企业数字化战略导向、市场竞争力与组织韧性[J]. 中国软科学，2021(S1)：214－225.

黄旭. 战略管理：思维与要径[M]. 北京：机械工业出版社，2022.

黄永生，郭晓静. 制造业企业供应链数字化转型研究[J]. 物流科技，2024，47(24)：136－139.

姜元元，王开智，朱铭扬. 大数据在采购供应商管理中的应用[J]. 中国物流与采购，2024，(15)：61－62.

科特，赫斯克特. 企业文化与经营业绩[M]. 李晓涛，译. 北京：中国人民大学出版社，2004.

科特勒，阿姆斯特朗，洪瑞云，等. 市场营销原理[M]. 亚洲版. 赵占波，姚凯，等，译. 北京：机械工业出版社，2020.

孔茨. 管理学[M]. 马春光，译. 北京：经济科学出版社. 2011.

雷恩. 管理思想史[M]. 孙健敏，李原，等，译. 北京：中国人民大学出版社，2009.

雷阎正，袁春衡，董衍，等. "双碳"战略引领下的大型航空制造企业能源管理改革实践[C]//中国企业改革与发展研究会，中国企业改革 50 人论坛. 中国企业改革发展优秀成果 2023(第七届)下卷. 中航西安飞机工业集团股份有限公司.

李本光，郝天军，岳红. 财务管理[M]. 济南：山东大学出版社，2018.

李贺. 财务管理学[M]. 上海：上海财经大学出版社，2022.

李健. 现代企业管理[M]. 哈尔滨：哈尔滨工业大学出版社，2021.

李君，苏浩. 财务管理学[M]. 北京：机械工业出版社，2023.

李林. 市场营销学[M]. 4 版. 北京：北京大学出版社，2024.

李沛强，肖如斐. 战略管理理论与案例[M]. 北京：清华大学出版社，2021.

刘春佳，钟薇. KPI 与 OKR 融合：打造协同高效的绩效管理[J]. 人力资源，2024，(24)：53－55.

罗宾斯. 管理学[M]. 北京：中国人民大学出版社，2023.

马珂，卢文平，田波，等. 数字化时代供应链智慧物流与库存管理研究[J]. 中国商论，2024，33(23)：89－92.

潘姝洁. 数字化背景下的中小企业绩效管理创新研究[J]. 产业与科技论坛，2024，23(21)：191－193.

彭良平，刘凌云. 人力资源管理[M]. 武汉：湖北科学技术出版社，2021.

彭新良，刘婷婷，马潇宇，等. 我国供应链发展特点、存在问题及对策[J]. 供应链管理，2025，6(01)：10－18.

彭杨娇. 数字化转型背景下的企业战略管理模式创新研究[J]. 老字号品牌营销，2025，(02)：124－126.

秦德智，秦超，蒋成程. 企业文化软实力与核心竞争力研究[J]. 科技进步与对策，2013，30(14)：95－98.

秦婧怡. 国企"党建＋"企业文化对员工组织公民行为的影响研究[D]. 西安：西安理工大学，2024.

任润，张正堂，张一驰. 人力资源管理教程[M]. 北京：北京大学出版社，2024.

沙因. 组织文化与领导力[M]. 4 版. 章凯，罗文豪，译. 北京：中国人民大学出版社，2014.

石伟. 企业文化[M]. 北京：中国人民大学出版社，2020.

唐海生. 幸福感对政府绩效评价的影响研究——基于 PSM－DID 的因果推断分析[J]. 长江论坛，2024，(04)：47－57.

王关义，刘益，刘彤，等. 现代企业管理[M]. 6 版. 北京：清华大学出版社，2023.

王永贵，项典典. 数字营销——新时代市场营销学[M]. 北京：高等教育出版社，2023.

王永贵. 市场营销[M]. 2 版. 北京：中国人民大学出版社，2022.

魏想明，张瑞林. 管理学[M]. 武汉：湖北科学技术出版社. 2019.

希特，爱尔兰，霍斯基森. 战略管理：概念与案例[M]. 刘刚，梁晗，耿天成，等，译. 北京：中国人民大学出版社，2018.

俞燕，王莺，李巧玲. 现代企业管理[M]. 慕课版. 北京：人民邮电出版社，2021.

尤建新，邵鲁宁. 企业管理概论[M]. 6 版. 北京：高等教育出版社，2018.

张德，吴剑平. 企业文化与 CI 策划(第五版)[M]. 北京：清华大学出版社，2020.

张维. 关键绩效指标在企业绩效考核中的应用探讨[J]. 商业文化，2025，(04)：134－136.

章雪飞. 企业成本管理存在的问题及对策探析——以京东物流为例[J]. 现代营销(下旬刊)，2024(11)：107－109.

赵曙明，刘洪，李乾文. 人力资源管理与开发[M]. 2 版. 北京：北京大学出版社，2021.

赵颖婷. 全链路视角下跨境电商供应链优化与创新研究[J]. 中国商论，2025，34(04)：81－84.

中国注册会计师协会. 公司战略与风险管理[M]. 北京：中国财政经济出版社，2024

周恩毅，贺凡. 华为公司企业文化的激励作用[J]. 经营与管理，2022(03)：82－82.

周庆海，叶小芬. 财务管理学[M]. 武汉：湖北科学技术出版社，2021.

周三多，陈传明，刘子馨，等. 管理学——原理与方法[M]. 上海：复旦大学出版社，2024.